VADIER

PRÉSIDENT DU COMITÉ DE SURETÉ GÉNÉRALE

SOUS LA TERREUR

Collection Bonneville.

ALBERT TOURNIER

VADIER

PRÉSIDENT DU COMITÉ DE SÛRETÉ GÉNÉRALE

SOUS LA TERREUR

(D'APRÈS DES DOCUMENTS INÉDITS)

PRÉFACE DE JULES CLARETIE

DE L'ACADÉMIE FRANÇAISE

PARIS

ERNEST FLAMMARION, ÉDITEUR

26, RUE RACINE, 26

Tous droits réservés

PRÉFACE

La Révolution Française a longtemps ressemblé, pour la majorité du public, à une sorte de torrent impétueux qui, roulant, emportant hommes et choses, ne laissait reconnaître dans son courant et son écume que quelques individualités éclatantes, comparables à des troncs d'arbres entraînés... La foule retenait les noms de quelques héros admirables ou tragiques. Les philosophes attribuaient à Tout le Monde, au *citoyen Tout le Monde,* dans le grand drame du siècle dernier, le rôle prépondérant comme si le chœur eût été le principal personnage de la tragédie. Mais, pour la foule comme pour les penseurs, les artisans les plus utiles, les acteurs les plus importants, bien qu'ils n'eussent pas tous occupé le premier plan de la scène, étaient regardés comme des comparses négligeables. C'est notre temps (ceci soit dit à sa gloire) qui, par l'étude des détails, la biographie complète des hommes, a complété, restitué, remis en pleine vérité l'histoire de cette période héroïque, douloureuse, éclatante, d'où le monde moderne est sorti, dans les cris, les larmes et la joie d'un enfantement.

Par toute une suite de monographies, on nous a fait connaître les méconnus, les calomniés et les ignorés. Et tel, qui semblait le plus obscur ouvrier de l'œuvre générale, nous est apparu comme un homme de premier ordre, tandis que les comédiens en évidence s'effaçaient malgré les retentissantes tirades de leur rôle. Chaque année nous a apporté ainsi une révélation nouvelle.

On croyait bien connaître Danton avant M. Sorel. Que de traits cependant on ignorait, relatifs à la politique étrangère ! Combien de faits a éclaircis M. Aulard ! Michelet serait heureux de ces efforts, de ces recherches, de ces voyages à la découverte de la vérité. M. Albert Tournier vient d'ajouter un livre durable à tous ces livres qui sont autant de pierres, souvent très artistiquement travaillées et sculptées — telle l'œuvre présente — ajoutées à l'édifice général dont l'avenir seul jugera l'étonnant ensemble.

M. Tournier est un artiste et un historien. On retrouvera cette double qualité dans les pages qu'on va lire et qu'il m'a été donné de parcourir sur *épreuves*. Ce livre mériterait une étude plus complète que notre préface. Cette étude, c'est à la critique historique qu'il appartient de la faire. L'auteur de ces quelques pages de présentation ne veut que faire connaître en peu de lignes l'auteur de cette biographie et le but poursuivi par l'écrivain.

M. Tournier est enfant de Pamiers, comme le redoutable président du Comité de Sûreté générale dont il a écrit l'histoire. Resté pyrénéen à Paris et fidèle à la terre natale, il en a célébré les gloires, peint les fiers paysages, écrivant après un *Chansonnier Provençal* — car il est félibre comme tout bon méridional — un livre exquis avec Paul Arène : *Des Alpes aux Pyrénées*. C'est surtout un volume ardent et enthousiaste intitulé : *Gambetta*, qui me l'a fait connaître. Livre singulièrement mouvementé, dramatique, car M. Albert Tournier a le *don de vie*. Il avait travaillé jadis à faire élever un monument à Lakanal, l'homme de l'instruction publique à la Convention. Il a voulu en élever un autre à l'un des triumvirs qui passent inquiétants, sur le ciel d'orage de la Révolution : Amar, Vadier, Voulland... Et, fils de l'Ariège, il a étudié avec une patience rare et une érudition puisée aux sources, la vie dramatique du représentant de l'Ariège. Ici, le félibre a fait place à l'historien.

Dans l'existence trop tôt et trop cruellement terminée de Gambetta, M. Tournier avait surtout célébré un homme de mansuétude et d'enthousiasme.

Le patriotisme de Vadier est rigoureux et terrible.
Aussi bien pour l'étude de ces deux hommes de
gouvernement, les procédés de l'écrivain ont-ils été
différents. La biographie de Gambetta est faite, par
M. Tournier, de souvenirs qui auraient disparu avec
les contemporains (telle, par exemple, que nous
souhaiterions d'en avoir une pour un Danton); le
portrait de Vadier est tracé d'après les documents
patiemment recherchés, trouvés dans les Archives.

Mais l'une et l'autre de ces études ont ce que n'a
pas toujours la froide histoire : l'attrait singulier
d'une évocation. Michelet, je le répète, les eût goû-
tées. Et M. Tournier réagit contre la tendance actuelle
de certains historiens qui, pour l'appréciation des
hommes et des événements de la fin du XVIII° siècle
sont au-dessous de l'état d'esprit des Thiers et des
Mignet en pleine Restauration. Il serait même intéressant de rechercher les causes de cette orientation
nouvelle. M. Tournier, lui, aime ce qu'il aime sans
atténuation.

Je me rappelle une conversation de l'auteur de ce
livre à Orange, à travers les rues ombreuses,
pendant que j'allais préparer au Théâtre Romain une
de ces représentations d'Art qui consolent des tristesses ou des cruautés de la Politique. M. Tournier
me disait, avec une ferveur vaillante, les efforts,
les luttes de Vadier et je songeais, en pensant à
Sophocle, le poète de la pitié, que l'intégrité ne perd

rien cependant à être faite aussi de tendresse et de bonté. Mais à l'heure où Vadier agissait, la *sensibilité* était dans les mots, l'inflexibilité dans les actes. Le terrible homme subit — et fit — la terrible loi de son temps. Macaulay, qui n'est pas un Jacobin, n'a-t-il pas écrit une admirable page sur les sombres ouvriers du salut public?

Le but qu'a voulu atteindre et qu'a touché M. Albert Tournier est donc la mise en pleine lumière d'une des figures les plus mystérieuses et les plus inquiétantes de la fin du siècle dernier. Vadier est comme un fragment de lave refroidie du volcan. Ce fils de l'Ariège disparaît dans la tourmente comme le romain dans la nuée et il ne semble avoir laissé qu'un souvenir, celui d'une légende redoutable et farouche. La République a ses Olivier Le Dain dont s'empare l'imagination des hommes. Le conventionnel Vadier est de ceux-là.

L'homme qui, dès le 14 juillet 1791, à l'Assemblée Nationale traitait le roi de « brigand couronné » et proposait sa *déchéance*, qui réclamait, pour la proclamer cette déchéance, une Convention Nationale (il s'en faisait un titre plus tard), Vadier fut un farouche homme d'action.

— Je ne fréquente pas la tribune, » disait-il, à la tribune même.

Et quelqu'un lui répondait : « Tant mieux, monsieur, tant mieux ! »

Mais cet orateur sans phrases — qui rappelait qu'à « l'heure des *dragées mortifères* pour le peuple au Champ de Mars » il avait été le premier « qui ait eu le courage de donner sa voix pour nommer une Convention » — avait des mots incisifs, des phrases luisantes et nettes comme un couperet. Lors du jugement de Louis XVI : « Je vote pour la mort ; je ne suis qu'un *applicateur passif* de la loi. »

A Danton (24 nivôse an II) il répond : « Je ne connais point de patriotisme sans vertu ni probité. » Il flétrit à propos de la Compagnie des Indes et de Fabre d'Églantine la *turpitude financière*. Présidant la Convention le 30 nivôse, il s'écrie un peu emphatiquement : « Tous les trônes tomberont en poudre devant la majesté de la patrie française ! »

Esprit dur et sec au surplus, répondant à une députation d'Américains qui viennent réclamer la liberté de Th. Payne, il dit nettement : « Si Payne a été l'apôtre de la liberté, s'il a coopéré puissamment à la révolution d'Amérique, son génie n'a pas aperçu celle qui a regénéré la France ! »

Dans le rapport qu'il présente aux Jacobins sur Catherine Théos (le 28 prairial an II, présidence de Fouché), il parle de l' « indignation bien difficile à contenir à la vue d'une tourbe de pygmées, d'embryons, de fous et d'imbéciles que certains meneurs moins fanatiques encore que fourbes, méchants, pervers et conjurateurs, poussent dans le crime, façonnent à la révolte, au meurtre, au massacre et à l'égorgement du peuple entier et de la liberté. » Et qui sont ces *meneurs*? Quel est le meneur principal? Vadier le dit, c'est Robespierre : « ce personnage astucieux qui a su prendre tous les masques et qui, lorsqu'il n'a pas su sauver ses créatures, les a envoyées, lui-même, à la guillotine. »

Et Vadier ajoute :

« Personne n'ignore qu'il défendit ouvertement Bazire, Chabot et Camille Desmoulins. » Hélas! Robespierre n'avait pas assez ouvertement ni assez complètement défendu son ami Camille! Pour Vadier, Maximilien est le *tyran* et on sait le rôle décisif du terrible homme au 9 thermidor.

A son tour le conventionnel de l'Ariège devait connaître la proscription et M. Tournier nous fait assister d'une façon très vivante aux débats de la Haute-Cour de Vendôme. Vadier déraciné connut toutes les tristesses des vaincus de la politique.

On lui faisait un crime de sa probité même. Rouyer, aux Cinq-Cents, parlait de « *l'être exécrable aux soixante ans de vertu, Vadier.* »

Le fils de Vadier voulait le défendre. Ordre du jour des Cinq-Cents. Vadier fils doit rester muet. Les adversaires de Maximilien lui avaient, en thermidor, fermé la bouche avec un caillot du sang de Danton. Robespierre avait laissé couler le sang de Camille. Celui-ci devant les Brissotins livrés à

l'échafaud s'était écrié : « C'est moi qui les tue ! »
La logique de la terreur poussait, l'un après l'autre,
les individus à l'abîme. Et tous, travaillant à l'œuvre
commune, s'égorgeaient ainsi dans la nuit ! Un
rayon de pitié dans cette ombre, et que de puissants
cerveaux et de grands cœurs eussent été sauvés !

Vadier survécut. Il survécut pour porter le deuil
de la République et traîner dans l'exil l'amère tristesse des regrets et garder sur sa lèvre l'arrière-goût
des vieilles haines. Je n'ai pas vu, au cimetière de
Bruxelles, la tombe de Vadier. Le vieux conventionnel est longtemps demeuré couché dans la terre
de souffrance à côté du peintre David, son collègue.
David repose maintenant au Père-Lachaise et Vadier
est toujours là-bas, où en 1828 on l'a enfoui. J'ai voulu
jadis, développant un admirable chapitre d'Edgar
Quinet, écrire un livre, annoncé et entamé : la
Convention en Exil. Le sombre Vadier y aurait eu sa
page que M. Albert Tournier vient d'ailleurs d'écrire
magistralement. Il y a dans l'attitude inflexible du
proscrit une impression de raideur sculpturale. Le
vieillard erre, ruminant ses redoutables souvenirs,
sous les arbres du Parc. Il voit passer ces soldats
hollandais que chassera bientôt le drapeau tricolore.
Il songe à tant d'espoirs détruits, à tant de rêves
brutalement bafoués ! Qui sait si, pour ces cœurs de
pierre, impénétrables à la crainte de la mort, hau-
tains devant la guillotine, l'exil n'a pas été la peine

la plus forte, la torture la plus cruelle, l'enseigne-
ment le plus profond ?

Mais non, Vadier n'avait rien appris, rien oublié.
Il mourait intact dans la déroute de la liberté et la
défaite de la France. Deux ans de vie encore et il
eût eu sur son cercueil un pan d'étendard aux trois
couleurs.

Il a mieux aujourd'hui. Il a, comme une couronne
mortuaire, un livre décisif que M. Tournier dépose
sur sa tombe. Et, après avoir lu les pages éloquentes
consacrées par l'écrivain chaleureux à l'énigmatique
conventionnel, on aura pour Vadier une pitié que,
dans son implacable foi, il n'eût pas pour tout le
monde, et on se dira qu'il lui sera, même par ses
adversaires, beaucoup pardonné parce qu'il a beaucoup aimé le peuple et la patrie.

Jules CLARETIE.

Dessiné d'après nature par Gabriel.

ce 2 floréal de l'an 2 ou
la repub. fr. une et indiv.

Vadier à son ami Chaudron —

Voici, mon cher collègue, la
suite d'éclaircissements que
je t'ai annoncés. Ta ca[...]
[...] usage je [...] la [...]
[...] n'écrirai pas le [...]

de rédiger nos victoires, tous
les jours, de la liberté en
défendent ce ty ne agostant
ne auraniat encore d'être
ajoute à l'ceuvre magnets,
les graphiens peut-êttes
sous les vos ges ferme une
ligue d'eglon de Ja l'ears.
ils s'enferpont à toutz
iauchez. Dico veaile
ye'aynts tael de Trophées.
la leberté n'ité yious
traicète dans l'intérieur
je travaces que j'ea faies

jalbues comme d'une
naitresse, je suis fi
ou brogues feut aslicter
et que je crocie que guat
deni fratsounsef
je l'embrasse cordialement
Nadicin

AVANT LA TERREUR

VADIER

AVANT LA TERREUR

CHAPITRE PREMIER

AVANT LES ÉTATS GÉNÉRAUX

Le gouvernement révolutionnaire. — Un homme de gouvernement.
— Vadier. — Police politique sous l'ancien régime. — La Sûreté
générale sous la Révolution. — Les ascendants de Vadier. —
L'évêque François de Camps. — M. de Verthamon. — Vadier
écolier. — Vadier volontaire et officier d'infanterie. — Le régiment
de Piémont à la bataille de Rosbach. — Vadier agriculteur. —
Vadier conseiller au présidial. — Les présidiaux sous l'ancien
régime. — Une exécution capitale en 1772.

L'histoire militaire, oratoire, diplomatique de la Révolution a été fouillée, jusque dans ses moindres détails,
par les plus nobles esprits de ce siècle. On a moins étudié
le mécanisme intérieur de son gouvernement. Les hommes
qui furent chargés de présider à son fonctionnement sont

encore submergés par la légende sanglante de la Terreur.
Aujourd'hui, à cent ans de distance, il est permis d'envisager avec calme et impartialité les circonstances terribles
au milieu desquelles ces législateurs prirent en main le
gouvernail. S'il est relativement facile d'exercer le pouvoir
à des heures tranquilles, le fardeau est autrement lourd
de gouverner un pays en proie aux horreurs de la guerre
civile et menacé dans son intégrité par l'invasion étrangère. Les mesures prises visaient uniquement des conspirateurs; la plupart des contre-révolutionnaires conspiraient à l'intérieur, entretenaient une correspondance
suivie avec les émigrés, énervaient la défense nationale.
Apitoyons-nous sur les victimes, mais plaignons aussi le
sort des hommes contraints à une sévérité inflexible par
la dureté impétueuse des événements pour ne récolter au
bout de leur mission que des calomnies, la proscription
ou la mort.

En cette mêlée confuse, sous le ciel orageux de la
Révolution française, dans des éclairs de tempête, apparaît la figure sarcastique et livide, irritée et railleuse de
Vadier. Dès la Constituante, après la fuite à Varennes, il
propose la déchéance du roi; à la Convention, il réclame
sa mort; il combat ensuite énergiquement les menées fédéralistes des Girondins. L'un des plus acharnés parmi
les meurtriers de Danton, il partage à l'égard du grand
patriote l'erreur criminelle de ses collègues. Dans le secret des Comités, il résiste à Robespierre alors tout-puissant et au lendemain de la fête de l'Être-Suprême, où
l'Incorruptible, avec son bouquet d'épis noué de rubans
tricolores, avait joué au grand prêtre, il raille, au plein
jour de la tribune, les pontifes et leur cortège de momeries; le disciple de Voltaire, de Diderot, des philosophes
du XVIIIe siècle se dresse en face des continuateurs attar-

dés de Rousseau, et tandis que Maximilien est au fauteuil, sérieux, impassible, attristé, un homérique éclat de rire fait prompte justice de cette tentative de recul.

Un instant éclairé par ces tragiques lueurs, Vadier rentre soudain dans l'ombre : il demeure énigmatique, mystérieux, déconcertant. Présidant le terrible Comité de Sûreté générale, où Fouquier-Tinville vient prendre les ordres du gouvernement, il a charge de poursuivre les ennemis intérieurs, tandis que le Comité de Salut public veille aux frontières, les deux Comités se contrôlant d'ailleurs et approuvant réciproquement leurs actes. Son idée fixe est de punir les scélérats qui égorgent la patrie. La République qui envoie le doux Lakanal dans la tranquille Dordogne et le sauvage Carrier en plein brasier de sauvagerie vendéenne, proportionne exactement le degré de résistance à la violence des poussées hostiles.

Vadier est au centre de cette action intérieure. Patriote ombrageux, logicien implacable, sa colère pourrait n'être faite que de bonté exaspérée. Son âme est pleine de remous et de contradictions : soupçonneux et crédule, madré et naïf, capable de ménagements et susceptible de brutalité, ce sceptique a le fanatisme de la Révolution. Homme d'action et procédurier, portant des coups droits et habile à prendre ses ennemis au lacet d'un texte juridique, courageux et obéissant parfois aux suggestions de la peur, ce Gascon spirituel et sociable a des côtés primitifs de troglodyte des Pyrénées natales. Aimant son pays d'origine, qu'il a habité cinquante ans, il aide à la formation du département et peut désigner nominativement les perturbateurs du nouveau régime. Esprit essentiellement pratique, uniquement préoccupé des contingences, ennemi des chimères et du rêve, il a pourtant son idéal de patrie qu'il veut libre et forte. Homme de gouverne-

ment et provincial aux vertus bourgeoises, il vit à l'écart
des factions, aime le foyer, marie ses enfants, songe à
ses moissons, escalade les sommets, puis boit jusqu'à la
lie la coupe de sang et de larmes du pouvoir, se voit persécuté et parcourt les douloureuses stations du calvaire
de l'exil, ayant joué son rôle à la fois bouffon et tragique,
tour à tour Othello et Triboulet, Géronte et Torquemada.

Intraitable, de volonté supérieure, on le sent dominé
par un amour exalté et fiévreux du peuple. Dans son style,
aucune trace des nobles et pathétiques sentiments de la
Gironde. La passion l'entraîne. Son éloquence s'éloigne
de la haute sérénité, de la belle gravité de langage des
orateurs de la Constituante. Vous chercheriez vainement
dans ses discours le charme ou la grâce : sans velléités de
finesse ou d'analyse, ils procèdent par attaque directe et
par personnalités. Le sarcasme et la provocation ont remplacé les artifices académiques, et des prétentions au sublime y coudoient le grotesque. La note qui le concerne,
fournie par le ministre de la police au gouvernement de
la Restauration, retrace assez exactement les étapes mou-
vementées de sa carrière : « Conseiller au présidial de
Pamiers à l'époque de la Révolution, il fut nommé en
1789 député du Tiers État de cette sénéchaussée aux États
généraux, où il ne prit jamais la parole que pour attaquer
les autorités et la royauté, sans ménager même la personne du monarque. Élu en 1792 député de l'Ariège à la
Convention nationale, il y vota la mort de Louis XVI, fut
un des partisans de la révolution du 31 mai, et fit poursuivre les administrations accusées de fédéralisme avec
une fureur qui tenait encore plus à son caractère qu'à ses
principes. Devenu successivement président de la Convention et des Jacobins et membre du Comité de Sûreté
générale pendant l'époque de la plus grande terreur, il

monta très souvent à la tribune et y parla quelquefois de
manière à faire douter si sa raison n'était pas aliénée.
L'acharnement qu'il mit depuis à poursuivre Robespierre
ne put faire oublier la part qu'il avait eue à tous ses
crimes; et un mois après, il fut vivement dénoncé par
Lecointre, comme un des chefs des terroristes et parut à
la tribune un pistolet à la main comme prêt à se tuer si
la Convention ne proclamait pas son innocence et ne rendait pas justice à ses soixante ans de vertus. Il se rappro-
cha alors davantage des Jacobins, essaya de faire corps
avec eux pour résister au torrent de la réaction, fut compris dans le décret d'accusation porté contre Barrère,
Billaud et autres, et enfin condamné à la déportation. Il
parvint à s'échapper, fut arrêté de nouveau dans le courant de mai, comme complice de Babœuf et, acquitté de
cette accusation, le gouvernement consulaire le mit en
surveillance en 1799 et le réintégra ensuite dans ses droits
de citoyen. Depuis lors, il a vécu dans l'obscurité et traîné
péniblement son existence dans la capitale. » Cet homme
avait excité à un très haut degré les haines de ses contemporains qui l'appellent le vieil Inquisiteur, le Démon
du Midi, la Bête du Gévaudan.

Ce personnage devait piquer la curiosité. Thiers et
Mignet le passent pourtant sous silence; Louis Blanc et
Michelet lui consacrent à peine deux lignes hautaines;
Vallon lui reproche d'avoir poursuivi ses ennemis avec
l'acharnement de la hyène et d'être souterrainement
cruel. C'est bien vite juger celui que Robespierre [1] clas-
sait parmi les hommes de tête et de cœur; celui que son
adversaire, Courtois de l'Aube, signalait comme une des
grosses colonnes de l'édifice révolutionnaire.

1. Papiers trouvés après sa mort.

Il nous a paru intéressant d'évoquer cette personnalité curieuse ensevelie dans la poussière du passé, et il s'est trouvé, après examen, que les documents soigneusement recherchés[1], par le seul fait de leur juxtaposition chronologique et de leur méthodique coordination, présentaient l'intérêt le plus poignant, le plus dramatique et éclairaient d'une vive lumière tout un côté inexploré de nos sombres annales : l'histoire nationale se reflétant dans l'existence particulière d'un citoyen, on saisit mieux les éléments en ébullition dans la prodigieuse fournaise et l'on suit avec l'intérêt que procurerait le roman le plus

1. En dehors des histoires générales et locales sur la Révolution, du *Moniteur*, des journaux, mémoires, libelles et pamphlets du temps, voici les principales sources auxquelles nous avons puisé pour le récit de la lamentable odyssée du thermidorien. Les pièces qui vont suivre sont, à de très rares exceptions près, entièrement inédites; l'absence de tout travail antérieur justifie amplement l'abondance de notre partie documentaire.

Archives du tribunal de Pamiers.

Archives des communes de Pamiers et de Cherbourg.

Archives du département de l'Ariège.

Archives nationales (section judiciaire et administrative) aux cartons suivants : F7 4643 (Dossier provenant de la Sûreté générale). — F7 4774⁶⁷ (apposition et levée des scellés). — F7 6296. — F7 4369 (mise en jugement de Vadier). — AD XVIII^b 66 (Discours, rapports, opinions de Vadier). — A A 53, n° 1496. — C 259, cote 541. — W 560, n° 7. — W 564, n° 6 (section judiciaire). — A A 49, n° 1408. A A 53, n° 1495. — F7 6707-6715. — D III, 345 (Chaudron-Rousseau). — W, 544 (Camp de Grenelle). — A F II, 87. (Mission de Chaudron-Rousseau dans l'Ariège.) — A F II, 134, 255, 260, 264 (Mission des représentants près l'armée des Pyrénées-Orientales). — A F II, 87. (Mission de Baby). — F7 6327. — F7 6715 (Exil de Vadier).

Archives de la préfecture de police. — Archives historiques et administratives du ministère de la guerre. — Collection Portiez, de l'Oise, à la bibliothèque du Palais-Bourbon. — Bibliothèque Nationale. — Bibliothèque du musée Carnavalet.

Diverses collections privées, mises à contribution, sont venues grossir notre collection particulière : Collections Baylac, près Montaut; — Paul-Émile Desserre de Pontaut, à Cahuzac; — Subra-Du-

palpitant, dans le cœur, dans l'esprit et dans l'âme d'un
individu, à travers mille incidents dramatiques, les diverses
répercussions de la vie publique de tout un peuple. On
retrouve alors l'éloquence et l'émotion jusque dans la
sécheresse brutale du document.

Aucune pensée d'apologie ou de dénigrement systéma-
tiques ne pouvait nous guider dans ces recherches pour-
suivies sans idée préconçue d'exalter ou de traîner sur
la claie le législateur qui supportait, il y a cent ans, sa
lourde part du fardeau gouvernemental. L'impartialité est
pour le narrateur un devoir d'autant plus impérieux qu'il
se trouve fatalement placé entre deux catégories de lecteurs animés de sentiments irréductibles et contradictoires. On aura beau écrire et parler : pour apprécier les
hommes de la Révolution, la postérité sera divisée en
deux camps hostiles, comme le furent les contemporains.
Les uns suivront le conseil de Virgile au poète de Flo-
rence, lorsque, parcourant les cercles vertigineux de l'enfer dantesque, ils traversaient le séjour des malheureux
dont le cœur ne fut secoué de leur vivant que par les haines
et les rancunes : ils jetteront un regard dédaigneux et pas-
seront. Les autres mettront les erreurs indéniables et les
crimes historiques sur le compte des passions irrésistibles
du moment, au passif des inextricables difficultés d'une
situation pleine de périls, troublée par les discordes ci-

quier ; — Baptiste Grilh, à Pamiers ; — Étienne Charavay ; —
Auguste Dide, ancien directeur de la *Révolution française*, qui
s'était rendu acquéreur des papiers de Chaudron-Rousseau à la
vente Walferdin ; Walferdin, le propre neveu du représentant de la
Haute-Marne, fut un collectionneur émérite des œuvres d'art et des
documents historiques du XVIIIe siècle.

De plus, toutes les fois que l'éloignement m'empêchait de contrôler directement l'exactitude d'une pièce, j'ai trouvé à distance le
plus aimable empressement auprès de M. Pasquier, le consciencieux
et distingué archiviste départemental de l'Ariège.

viles et l'invasion étrangère ; ils garderont à ces hommes,
au plus profond de l'âme, une éternelle reconnaissance
pour les mâles efforts qui sauvèrent la patrie et, quoi qu'il
advienne, il les salueront toujours comme des rédemp-
teurs.

Malgré de nombreuses erreurs, nées des haines atroces
qui bouleversèrent si cruellement les consciences en ces
temps agités, on peut affirmer que Vadier fut l'un des fondateurs de la République, l'un de ceux qui s'appliquèrent
à défendre, avec le plus d'acharnement, l'intégrité de la
patrie, l'un de ceux qui surent démasquer la trahison et
punir les traîtres. Les gouvernants de la Révolution adop-
tèrent dans leur conduite politique la maxime de Richelieu : « En matière d'État, il faut fermer la porte à la
pitié. » Appréciant cette grande époque avec la sérénité
du génie, Joseph de Maistre écrivait sous le Directoire,
presque au lendemain de la tourmente : « Qu'on y réflé-
chisse bien ! on verra que, le gouvernement révolutionnaire une fois établi, la France ne pouvait être sauvée que
par les Jacobins. Le Roi n'a jamais eu d'allié, et c'est un
fait assez évident que la coalition en voulait à l'intégrité
de la France... Nos neveux, qui s'embarasseront très peu
de nos souffrances et danseront sur nos tombeaux, riront
de notre ignorance actuelle (1797). Ils se consoleront aisément des excès que nous avons vus et qui auront conservé
l'intégrité du plus beau royaume après celui du ciel. »

Selon le mot fort juste de Moïse Bayle, par les mesures
vigoureuses qu'il a prises, le Comité de Sûreté générale a
concouru à sauver la patrie. Ces hommes étaient les premiers à gémir des excès auxquels ils furent entraînés.
Alexandre de Beauharnais, sous les verrous à la prison
des Carmes, n'écrivait-il pas lui-même, dans une lettre à
sa femme, le 4 thermidor an II : « Dans les orages révo-

lutionnaires, un grand peuple qui combat pour pulvériser
ses fers doit s'environner d'une juste méfiance et plus
craindre d'oublier un coupable que de frapper un innocent. »

Vadier fut de fait le chef de la police politique durant
toute la Terreur. La police est la fonction par laquelle le
gouvernement assure la sécurité des citoyens : à mesure
que la civilisation se développe, la police devient de plus
en plus générale.

Au moyen âge, la police fut nécessairement locale, conformément à la dispersion politique qui caractérise cette
époque. Mais, à partir du quatorzième siècle, à mesure
que la royauté réunit en un faisceau compact les éléments
épars de la nation française, la police se généralise selon
les lois historiques de son évolution. Richelieu lui donna
sa première consistance systématique en l'appliquant surtout à Paris, qui était tout à la fois l'expression et la condition de l'unité de la patrie. Louis XIV suivit et continua
ce développement qui se poursuivit jusqu'à la Révolution
française. Mais, comme toutes les institutions de l'ancienne monarchie, la police resta néanmoins incohérente,
sans coordination précise rattachant les polices locales à
la police générale. L'ancien régime était surtout caractérisé par ce défaut d'homogénéité résultant des privilèges
territoriaux et sociaux. Malgré les efforts de la royauté, la
police devait être profondément affectée par cette situation. Suivant la théorie nouvelle solidement établie par le
chef actuel du positivisme, la Révolution française continua et sut mener à bonne fin l'évolution antérieure en
fixant désormais l'homogénéité nationale que la royauté

avait préparée et poursuivie sans pouvoir l'atteindre. La
Constituante, en effet, a, pour la première fois, organisé
le système de la police générale avec le caractère de simplicité qui doit lui convenir. La conception de la grande
Assemblée était remarquable et merveilleusement conçue
sauf le défaut d'harmonie entre la généralité des règles et
la spécialité des agents qui, émanant de l'élection, avaient
un caractère local. C'est à leur indépendance trop grande
du pouvoir central qu'est due la situation anarchique des
années qui suivirent [1].

Comme son nom l'indiquait, le Comité de Sûreté générale devait veiller à la sûreté de l'État. Au Comité de Salut
public appartenait le gouvernement, le contrôle des autorités constituées et des agents de l'exécutif. Le Comité
de Sûreté générale s'occupait de la police et des personnes.
Dans les réunions générales des deux comités, on avisait
chaque semaine aux mesures indispensables à la tranquillité publique : « Aucune institution révolutionnaire, dit
Mortimer Ternaux, ne fut plus despotique que le Comité de
Sûreté générale. Son histoire, qui n'est écrite nulle part,
est inscrite partout. A la différence du Comité de Salut
public, où la nature et la gravité des questions débattues
entretenaient une ampleur de vues qui n'était pas sans
grandeur, la mission du Comité de Sûreté générale, res-
treinte aux questions de personnes, ne pouvait développer
que les instincts bas et cruels de l'humanité. Occupés
chaque jour à recevoir des dénonciations, vivant dans

1. Cette très importante considération s'applique du reste aux
divers éléments du système élaboré par la Constituante. M. Pierre
Laffitte a développé admirablement cette conception originale dans
son livre sur la Révolution française et dans ses cours du Collège
de France.

l'atmosphère des prisons, commandant au Tribunal révolutionnaire, investis de pouvoirs sans contrôle et sans limites, ses membres ne tardèrent pas à couvrir leurs préventions et leurs excès du manteau commode de la raison d'État. » Dussault [1] en trace ce portrait : « Leur teint et leur physionomie étaient flétris, sans doute par le genre de travaux pénibles et nocturnes auxquels ils se livraient. L'habitude et la nécessité du secret avaient imprimé sur leur visage un sombre caractère de dissimulation. Leurs yeux caves, ensanglantés, avaient quelque chose de sinistre. Le long exercice du pouvoir avait laissé sur leur front et dans leurs manières je ne sais quoi d'altier et de dédaigneux. »

En décrivant la composition et les attributions du Comité de Salut public, Mallet-du-Pan n'omet pas de rappeler le Comité de *Sûreté générale*. Investi de la surveillance la plus étendue, autorisé à recevoir les délations, à dénoncer lui-même et à faire saisir arbitrairement les citoyens, ses fonctions redoutables lui assuraient une influence qui ne l'était pas moins : « C'est l'inquisition d'État que dirige le Comité de Salut public. Jusqu'ici, il avait conservé à ce dernier fidélité et obéissance. Robespierre et ses collègues le tenaient en laisse ; mais leurs ennemis sont parvenus à jeter entre les deux conseils des semences de discorde et de rivalité. Je suis instruit que Vadier et Vouland, membres du Comité de Sûreté générale, y ont formé un parti actif et nombreux contre le Comité de Salut public. Ces deux hommes, privés par eux-mêmes d'une consistance suffisante, sont très probablement des agents d'une faction plus cachée, gouvernée par des chefs plus puissants.

1. *Fragments pour servir à l'histoire de la Convention nationale.*

Cette scission finira par conduire ses auteurs à l'échafaud ou par soustraire le Comité de Sûreté générale à celui de Salut public. »

Passons rapidement en revue l'organisation des lois de police et de sûreté générale pendant la période conventionnelle.

Déjà, sous la Législative, Gensonné avait présenté un projet de décret pour l'organisation d'une police de sûreté générale, veillant sur les crimes de haute trahison. Le Comité de surveillance de l'Assemblée législative s'appelle déjà Comité de Sûreté générale [1]. Le 18 octobre 1792 on nomme une commission extraordinaire de douze membres pour prendre connaissance de tous les complots tramés contre la liberté dans l'intérieur de la République. Cette commission fut supprimée le 31 mai 1793. La Convention ordonna que les papiers seraient remis au Comité de Salut public. Le 10 mars 1793 est établi le tribunal criminel avec jurés. Un décret du 27 mars met hors la loi les aristocrates et les ennemis de la Révolution. Le tribunal révolutionnaire est installé, le 29 mars, par un décret portant peine de mort contre ceux qui provoqueraient au rétablissement de la royauté et à la dissolution de la Convention nationale.

Le 5 septembre 1793, sous la présidence de Billaud-Varennes, création des armées révolutionnaires. Le 17 septembre, décret contre les suspects : sont déclarés tels ceux qui soit par leur conduite, soit par leurs relations, soit par leurs propos, se sont montrés partisans de la tyrannie, du fédéralisme ou ennemis de la liberté ; ceux

---

1. Cf. *Les Origines du Comité de Sûreté générale de la Convention*, par A. Métin, dans la *Révolution française* (mars et avril 1895).

auxquels ont été refusés des certificats de civisme, et tous
les ci-devant nobles qui n'ont pas constamment manifesté
leur attachement à la Révolution. Un décret ordonne, le
7 brumaire an II, aux juges du Tribunal criminel extraordinaire de clore les procédures et instructions, lorsque le
jury déclare avoir acquis la conviction et porte, en outre,
que ce tribunal s'appellera, dorénavant, *Tribunal révolutionnaire*.

Le 4 décembre 1793, une loi organise le gouvernement
révolutionnaire : tous les corps constitués et les fonctionnaires publics sont mis sous l'inspection immédiate du
Comité de Salut public et du Comité de Sûreté générale.
Le 8 ventôse, après un discours de Saint-Just sur les arrestations, un décret renforce les pouvoirs du Comité de
Sûreté générale. Le 27 germinal, Saint-Just présente un
rapport sur la police générale de la République.

Enfin, le 22 prairial, est promulgué le terrible décret
portant peine de mort contre les ennemis du peuple.
« Sont réputés tels, dit ce décret, ceux qui cherchent à
anéantir la liberté par force ou par ruse ; à avilir la Convention nationale et le gouvernement révolutionnaire dont
elle est le centre ; à égarer l'opinion et empêcher l'instruction du peuple ; à dépraver les mœurs et à corrompre
la conscience publique ; enfin, à altérer la pureté des principes révolutionnaires. La preuve nécessaire pour les
condamner est toute espèce de document matériel ou
moral qui peut naturellement obtenir l'assentiment d'un
esprit juste et raisonnable. La règle des jugements est la
conscience des jurés éclairés par l'amour de la patrie, leur
but, le triomphe de la République et la ruine de ses ennemis. S'il existe des documents du genre ci-dessus, il ne
sera pas entendu de témoins. Il n'y aura plus de défenseurs
officieux, si ce n'est pour les patriotes calomniés. »

C'est en vertu de cette législation que non seulement contre-révolutionnaires et royalistes, mais aussi les Girondins, Danton et Robespierre furent traînés au couperet. C'était bien mal connaître l'âme humaine de ne pas comprendre que le système de la Terreur, en supprimant quelques adversaires, grossirait au centuple le nombre des ennemis de la Révolution. Mais en face de l'invasion et de la guerre civile, le sentiment de la Convention fut qu'il fallait déployer une implacable sévérité. Pour comprendre un tel état d'âme, résultat d'un irrésistible élan patriotique, il suffit de détacher cette conclusion des *Souvenirs du général Jarras*, apportant comme dernière preuve à la trahison de Bazaine son témoignage de soldat : « Aujourd'hui j'en suis arrivé presque à comprendre les massacres de 92, les horreurs de la Révolution et j'ai regretté hautement à Metz de ne pas voir arriver ces anciens commissaires de la Convention aux armées, qui faisaient tomber les têtes des généraux et ne leur laissaient d'autre alternative que de vaincre ou de mourir ! » A ce point de vue, la vie de Vadier ne pouvait manquer d'offrir le plus vif intérêt ; car il fut, sous la Terreur, un homme énergique de gouvernement. Il nous a paru curieux d'observer son effort mêlé à l'action collective. Les documents patiemment rassemblés que nous livrons aujourd'hui au public éclairent très vivement l'une des physionomies les plus singulières de la Révolution. Vadier occupa avant tout un poste de combat ; il joua dans le grand drame un des premiers rôles. Le personnage peut inspirer une antipathie des plus répulsives : on ne s'en trouve pas moins en présence d'une pièce essentielle dans le formidable outillage d'attaque et de défense intérieure du gouvernement révolutionnaire.

Le représentant qui, dès le lendemain de la fuite à Varennes, réclamait à la tribune de la Constituante la déchéance et le jugement du Roi; le législateur qui présida successivement le Comité de Sûreté générale, le club des Jacobins, la Convention elle-même; l'homme à qui Fouquier-Tinville était obligé de rendre un compte quotidien des opérations du tribunal révolutionnaire; le député qui, en attendant d'être à son tour attaqué et proscrit, entra victorieusement en lutte contre Danton, dont il remplissait de colère et d'effroi l'âme magnanime, contre Robespierre, dont la dictature lui paraissait aussi rétrograde qu'injustifiable, mérite mieux que les appréciations sommaires de la grande histoire et la rancune tenace d'adversaires intéressés.

Comme président du Comité de Sûreté générale, Vadier dirigea les opérations d'un service dont le fonctionnement allait devenir redoutable. Il fut le chef de la police révolutionnaire. Lorsque la Convention nationale, sous l'énergique impulsion de Danton, eut enfin établi un gouvernement, la nécessité d'une police générale politique devint évidente en face des résistances intérieures qui trouvaient un appui dans les pouvoirs locaux. De là le Comité de Sûreté générale et l'importance du rôle de Vadier. La fonction était rendue difficile par l'insuffisance d'une organisation centrale d'agents : il fallut y suppléer par les missions des représentants et la création des agents nationaux, secondés par les comités de surveillance dont le Comité de Sûreté générale sut faire un si large emploi. C'était la police volontaire, la meilleure de toutes, vu le zèle à l'heure du péril, mais dont le rôle fort heureusement ne peut être que passager. Le grand reproche adressé à Robespierre au 9 thermidor fut d'avoir cherché, dans un but personnel, à s'emparer de la police générale: c'est l'origine de sa

lutte avec Vadier, qui dans cette circonstance crut céder à
la raison, à l'intérêt de la patrie.

Recherchons rapidement qu'elle fut, avant 93, l'existence du vieux légiste en qui devait palpiter anxieuse l'âme
même de la Terreur.

Le 6 janvier 1705, régnant très cher prince Louis, par
la grâce de Dieu, roy de France et de Navarre,
Pierre Vadier,
Natif de la ville d'Amiens en Picardie, assisté et con-
seillé de son frère aîné Guillaume Vadier, et de ses amis,
Louis Bréal, promoteur du diocèse de Pamiers, Jean-Pierre
Borelly, juge de la dite ville, et Alexandre Ferrier de
Brassac, bourgeois de la même ville,
Et demoiselle Anne de Traversier,
Fille de feu noble François de Traversier de la Pujade,
assistée de dame Anne de Lamoric, veuve du sieur de la Pu-
jade, sa mère; de nobles Jérôme et Louis de Traversier de
la Pujade, ses frères, et de dame Magdeleine de Labat de
Miglos, veuve du sieur Paul Teynie, ancien mousquetaire
du roy,
Se donnaient leur foi en légitime mariage pour le solen-
niser, suivant les formes de l'église catholique, aposto-
lique et romaine.
La demoiselle Anne de Traversier, pour le support des
charges du mariage, apportait la terre de Mongascon,
située près de Chalabre. Pour le plaisir et agrément que
Guillaume Vadier prenait à ce mariage, il faisait donation
irrévocable à son frère, qui l'en remerciait très humblement, d'une somme de six mille livres. Monseigneur illus-
trissime et révérendissime messire Jean-Baptiste de Verthamon, évêque et seigneur de Pamiers, président né des

États de Foix, daignait honorer le contrat de sa signature [1].

De cette union naquit Guillaume Vadier, receveur des décimes du clergé, qui fut le père du conventionnel.

Son grand-oncle, qui implanta la famille dans le comté de Foix, y avait été amené par son compatriote François de Camps, fils d'un quincaillier d'Amiens. Ce prélat fut nommé par le Roi évêque de Pamiers, en 1682; mais la cour de Rome ne voulut pas l'agréer, à raison des difficultés survenues à propos de la régale. Louis XIV maintint son candidat en fonction et de Camps administra le diocèse jusqu'en 1693. Rome s'obstinant à refuser les bulles, le roi, après l'avoir dédommagé par l'abbaye de Signy, en Champagne, le remplaça par M. de Verthamon, docteur en Sorbonne, fils d'un conseiller au Parlement de Paris.

D'après Saint-Simon, l'abbé de Camps, qui mourut en 1721, avait fait preuve d'esprit et de capacité dans l'affaire de la régale, en faveur de laquelle il avait fortement bataillé: il aimait la bonne compagnie, fréquentait les savants, était estimé pour sa mesure et sa sagesse et avait entièrement conquis la bienveillance du Roi, à qui il allait fréquemment faire sa cour.

M. de Verthamon, au dire de ses contemporains, fut un prélat modèle. Hostile à la pluralité des bénéfices, il résidait en son diocèse avec une exemplaire assiduité. Éclairé, prudent, sincère, il était d'un tempérament fier, hardi, bouillant. D'une extrême bonté et de belle prestance, estimant les dames d'illustre qualité, il a laissé le souvenir d'un prélat magnifique, d'un administrateur vigilant et plein de générosité.

1. Étude de Mᵉ de Faure-Massabrac, notaire à Pamiers, recto 318; — recto 826 B; — recto 937.

Guillaume Vadier bénéficia de ses largesses. Par donation du 17 juillet 1740, messire Jean-Baptiste de Verthamon, conseiller du Roy en ses conseils, « pour récompenser Guillaume Vadier, son maître d'hostel des bons et agréables services que le dit Seigneur évêque a receus de luy, et qu'il espère et entend qu'il lui rendra à l'avenir » lui alloue une pension viagère et annuelle de quatre cents livres. Nous retrouvons des actes ultérieurs, notamment le 26 mai 1749, pour l'acquisition, moyennant 12.600 livres, du domaine de Peyroutet par le même Guillaume Vadier élevé au rang de receveur des deniers du clergé. Nous insistons sur ces minimes détails, car les ennemis du conventionnel ne manquèrent pas de lui reprocher, comme une tare d'origine, cette demi-domesticité épiscopale [1]. Les contre-révolutionnaires s'attirèrent plus d'une inimitié

1. C'est à tort, comme on a pu le voir, que, pour l'humilier, les ennemis de Vadier ont écrit que son père était porte-queue et laquais. Le fait importe très peu en lui-même, mais néanmoins cette tradition fausse a été pieusement recueillie par ses adversaires. Vadier répondit à l'un d'eux : « Avec quelle bassesse ce calomniateur prend-il l'occasion d'attaquer jusqu'à mon origine ?... Tu mens là-dessus, vil imposteur, comme sur tout le reste ; mon père eût-il été tel que tu le dépeins, je ne rougirois pas de lui appartenir, puisqu'il a vécu sans reproche, et qu'il a emporté à sa mort les regrets et l'estime de tout le monde, et surtout des pauvres ; il étoit receveur des décimes et non pas *cuisinier*. S'il a existé des épigrammes là-dessus, le mépris qu'elles méritoient a dû en éterniser l'oubli. » Aux archives du département de l'Ariège se trouvent divers documents, entr'autres le procès du 30 avril 1735 entre les fermiers de la dîme de Saurat et le chapitre de Pamiers, où Marc-Guillaume Vadier, père du conventionnel, instrumenta comme collecteur des dîmes du diocèse. Nous avons eu sous les yeux (*Collection Baptiste Grilh*) divers procès-verbaux et inventaires relatifs à la succession de MM. Verthamon (1735) et de Fénelon-Salignac (1741), évêques de Pamiers où le sieur Vadier est désigné avec son titre de receveur des décimes du diocèse. Les fonctions des ascendants de Vadier s'exerçant sur toute l'étendue d'un diocèse, étaient équivalentes à celles de trésorier-payeur général.

terrible par leurs attaques inconsidérées, leur vanité
sotte, leur mépris de bon ton, leurs dédains prétendus
aristocratiques.

Le fils de Pierre Vadier fut l'héritier de son oncle Guillaume : il lui succéda comme collecteur des décimes et
eut, de son mariage avec dame Philippe de Massot, Vadier
(Marc-Guillaume), né à Pamiers le 17 juillet 1736, celui-
là même dont on va retracer l'orageuse carrière[1].

1. *Baptême de Marc-Guillaume Vadier* : L'an mil sept cent trente-
six et le dix-septième juillet est né Marc-Guillaume-Alexis Vadier,
fils légitime et naturel à M. Victor Vadier, bourgeois et receveur
des décimes du clergé de Pamiers et Mlle Philippe de Massot, mariés
de la paroisse Notre-Dame-du-Camp et a été ondoyé et reçue l'eau
le même jour par moi curé, subsigné dans la maison de M. Vadier,
par permission de MM. les vicaires généraux. Les cérémonies du
baptême ont été suppléées le vingt-neuvième du même mois dans
l'église du Camp. Parrain a été Marc Lefèvre, avocat en parlement,
frère à la mère dudit garçon baptizé et marraine demoiselle Catherine Vadier, sœur au père dudit enfant. Présant : MM. Pierre
Noailles, chanoine ; Pierre Flouret, chanoine ; M. Léonard Dalon,
Joseph Rigal, Jean Bellondrade, François Palmade, signés avec le
parrain et moy curé. — Noailles. — Flouret. — Lefèvre. —
Dalon. — Palmade. — Rigal. — Bellondrade. — Marast, chanoine et curé.

Ordonnance de M. le sénéchal de Pamiers, du 16 juillet 1770, qui
ordonne que le nom d'Alexis sera joint à ceux de Marc-Guillaume
Vadier, ayant été omis lors du baptême du sieur Vadier. Marast,
chanoine et curé (Etat civil de la commune de Pamiers).

La maison natale de Vadier est située rue des Nobles ou du
Vieux-Evêché, « confrontant du levant et midy M. Charly, procureur du roy, couchant la dite rue du Vieux-Evêché ». La mère du
futur conventionnel la vendit, le 9 octobre 1755, à Jean-Baptiste
Doumene, chirurgien-juré, et acquit celle de la rue Boulbonne, habitée par Vadier avant la Révolution. Cette maison qui, autrefois,
et même il y a une quinzaine d'années était une maison bourgeoise,
confortablement organisée, est aujourd'hui convertie en logements
ouvriers. La pièce principale existait encore il y a trois ans ; elle
avait conservé l'aspect d'un salon provincial au XVIIIe siècle ; ses

Après d'excellentes études [1] au collège des Jésuites de Pamiers, continuées à l'école de droit de Toulouse, Vadier s'engagea dans le régiment de Piémont et y acquit une lieutenance sous le nom de Montfort, tiré d'une de ses terres. A ce titre, il servait sous les ordres du maréchal de Soubise. Il put mesurer l'humiliante dégradation des armées de l'ancien régime, commandées, selon le mot

principaux ornements étaient des moulures de plâtre représentant des flûtes, des hautbois, des lyres, des colombes.

La maison de campagne était à Peyroutet dans la plaine de Montaut; la maison d'habitation des maîtres, complètement séparée de celle des colons quoique portant le nom de château, n'est qu'une habitation confortable et grande, mais sans style. Elle est entourée d'arbres séculaires qui la rendent très agréable.

Dans la bibliothèque de Peyroutet, nous avons retrouvé les œuvres de Voltaire, de Mably, de Saint-Evremond, l'Histoire des Stuarts d'Angleterre par David Hume, l'Histoire du règne de Charles-Quint par Robertson, l'Encyclopédie, etc., etc., qui ont dû appartenir au conventionnel.

1. L'intermédiaire des *Chercheurs et des Curieux* (en 1865, p. 766), signale un *Prædium rusticum* du P. Vanière offert en prix à Vadier, alors dans sa treizième année. Une inscription gravée en lettres d'or sur le plat de la reliure apprend que ce fut un prix donné en 1749 au collège des Jésuites de Pamiers par le marquis de Bonnac. Le donateur était le fils de l'ambassadeur de France à Constantinople qui fut l'ami de Racine. L'attestation, écrite par le préfet des études à l'intérieur de la reliure, relève complaisamment tous les mérites du lauréat, pour lequel le prix de vers latins fut en même temps, à vrai dire, un prix d'excellence ou de vertu; la voici :
« *Ego infra scriptus in collegio Appamiensi Societatis Jesu scolarum præfectus, testor Marcum-Guilhelmum-Alexium Vadier, humanistam, in solemni distributione præmium orationis strictæ meritum ac consecutum esse, eumque insuper pietate, ingenio ac indole adolescentem esse numeris omnibus absolutum. In cujus rei fidem, has ei litteras manu propria subscriptas et collegii sigillo munitas dedi, Appamiis, die* 28 *va mensis Julii, anno Domini* 1749. »

La signature est effacée; au-dessous, le sceau du collège subsiste mais légèrement oblitéré. D'après cela, on voit que la *Biographie universelle* de Michaud se trompe grandement, quand elle avance que Vadier avait fait « des études médiocres ».

cruel mais vrai du grand Frédéric, par des généraux toujours battus, jamais battants. Il se trouvait comme lieutenant à Rosbach. Sa présence à cette bataille désastreuse
servit plus tard de prétexte à de nombreuses épigrammes.

Pilhes devait lui décocher ce quatrain, quarante années
plus tard :

> Eh bien ! pauvre affranchi, que devient ta fierté ?
> Horace, ton ami, t'a-t-il déconcerté ?
> Tu ferais bien en tout de suivre ses principes,
> Toi qui fus à Rosbach ce qu'il fût à Philippes.

Et l'avocat Linguet faisait ainsi débuter une de ses
satires :

> Guerrier trop leste à Rosbach,
> Robin trop grave à Pamiers.

Nous avons examiné au dépôt général de la guerre les
rapports officiels sur la campagne d'Allemagne (1757). Le
régiment de Piémont fut un des plus éprouvés ; dans
l'état des officiers tués, blessés ou prisonniers qui fut
envoyé à Versailles après la honteuse déroute du 5 novembre, il est compris pour soixante-dix-neuf officiers.
« L'infanterie prussienne, dit la *Relation officielle*, avait
paru sur la hauteur et marchait sur le flanc de notre infanterie. Les premiers bataillons de Piedmont qui faisaient
la droite des deux lignes, marchèrent sans tirer un coup
jusqu'à quarante pas des Prussiens, malgré un feu très
vif de mousqueterie et de canon, mais jamais il ne fut
possible de les mener plus avant, ils tournèrent le dos,
plièrent et furent suivis de toute l'infanterie ; tout se
mêla, et il fut impossible d'y mettre aucun ordre et de
l'arrêter, quoique M. le prince de Soubise et tous les officiers généraux et particuliers y fissent tout ce qui était

possible. Récapitulant, le régiment de Piedmont a été jusqu'à quarante pas des ennemis et n'a plié qu'après avoir
beaucoup perdu. Les officiers, tant généraux que supérieurs et subalternes et ceux de l'état-major, y ont fait
très bien. Aussi, il n'y en a guère qui n'ayent été tués,
démontés ou touchés. »

Le Grand Frédéric, dans ses *Mémoires*, raconte ainsi sa
victoire : « Le général Keithz manœuvra avec tant de célé-
rité qu'il arriva sur le flanc de l'ennemi sans en être
aperçu et partit avant qu'il y eut un escadron en bataille,
les manœuvres de l'empereur, et les cavaliers de l'empire
furent culbutés et mis en déroute sans peine, il en fut de
même successivement de toute la cavalerie française,
quoiqu'elle combattit avec beaucoup d'audace et de
valeur. Le Roy qui était derrière le régiment de Bruns-
wick qui formait l'aile gauche de l'infanterie, dès qu'il vit
le succès de sa cavalerie bien établi, ordonna à six bataillons d'infanterie de marcher ; ils mirent sans aucune
peine le désordre dans l'aile droite de l'infanterie française qu'ils prenaient en flanc, et comme cette attaque
était soutenue par 53 pièces de canon que nous avions eu
le temps de placer avantageusement, le désordre devint
bientôt général dans l'armée française, qui abandonna
40 pièces de canon, quelques équipages, le champ de
bataille, 1.300 morts, 2.200 prisonniers, 4 drapeaux et
étendards. L'armée du Roy la poursuivit jusqu'à Burg-
wesben, la nuit ne permit pas de pousser plus loin. »

Le prince de Soubise n'a rien perdu de sa belle assurance ; il écrit à la cour, de Northausen, le 13 novembre 1757 : « M. de Richelieu me mande qu'il m'envoie
M. de Maillebois. J'en suis fort aise. En deux ou trois
heures de travail, l'aménagement des quartiers sera décidé
et nous ne perdrons pas un moment pour y faire entrer

les troupes... Le roi de Prusse est depuis plusieurs jours à Leipzig... M. de Custine y a vu Sa Majesté prussienne. Il me mande qu'il en a été parfaitement bien traité, que leurs épées leur ont été rendues et que le roi de Prusse avait ajouté : — Je ne puis, Monsieur, m'accoutumer à regarder les Français comme mes ennemis . . . . Les suites de cette malheureuse journée ne seront pas aussi funestes qu'on aurait dû le craindre. La conservation et le rétablissement de l'armée sont les deux grands objets qui doivent occuper. Je vois avec chagrin que les officiers demandent beaucoup de congés et de passeports pour retourner en France. Il y en a beaucoup qui ne se cachent point de la résolution où ils sont de ne point revenir, si leur état ne change point. Il est certain qu'ils ont beaucoup souffert pendant la campagne et leur situation misérable a causé de grands désordres auxquels il faut remédier. »

Vadier fut du nombre de ces officiers mécontents[1] : en tout cas, ils n'avaient guère lieu d'être satisfaits de la capacité du commandement. Le régiment de Piémont opéra sa retraite sur Heiligenstadt, par Sunderhausen, Elgenrode, Berntroda ; attendant des circonstances plus favorables, les bataillons prirent leurs cantonnements d'hiver autour d'Heiligenstadt, à Geisleden, Creuzeber et Steiten ; puis le 29 décembre 1757, à Cologne, Neuss, Dusseldorf.

L'expérience avait paru suffisante à Vadier qui rapide-

---

1. Donnons les notes conservées aux *Archives administratives* du ministère de la guerre, relatives au court passage de Vadier dans l'armée : « Vadier (Marc-Guillaume), dit Vadier de Montfort, fils de Guillaume et de Philippe de Massot, né le 17 juillet 1736, à Pamiers. Volontaire au régiment de Piémont (infanterie), en... 1753. — Lieutenant le 1er septembre 1755 : a abandonné. — Remplacé le 1er janvier 1758. — Campagne ; 1757, Allemagne. »

ment écœuré, abandonna la carrière militaire pour rentrer auprès de sa mère et se consacrer à des travaux d'exploitation rurale dans son domaine de Peyroutet, situé sur les bords du Crieu, dans la riante plaine de Montaut, qu'égayent, dans le lointain bleu, les fières et gracieuses dentelures des Pyrénées [1].

Ces occupations agricoles donnant à son activité un aliment insuffisant, il acheta la charge de conseiller à la sénéchaussée et au présidial de Pamiers. Les provisions furent accordées par le Roi en faveur de M. G. A. Vadier, avocat en Parlement, pour remplacer Jean-Baptiste Lafage décédé, dont la famille avait vendu la charge à l'impétrant. Revêtues de la signature du Roi, le 8 août 1770, ces provisions furent enregistrées à la sénéchaussée le 7 septembre suivant.

Cette installation ne se fit point sans difficultés. Darmaing, premier avocat du roi, opposait un refus constant à la remise des arrêts concernant la réception et l'installation de Vadier. La Chambre du conseil dut porter plainte au Parlement de Toulouse à raison du refus déplacé de M. Darmaing, « attandu que l'installation du sieur Vadier ne peut être retardée sous aucun prétexte, s'agissant de l'exécution des ordres du Roy, consignés dans les provisions dudit sieur Vadier et arrêts de ladite

---

1. Nous le retrouvons, dans les actes ultérieurs, se rendant acquéreur, le 6 septembre 1763, de la seigneurie du Carla qu'il échangea l'année suivante, le 4 septembre 1764, contre le domaine de Nicol, voisin de Peyroutet, appartenant à dame Rose-Victor Lavaisse, femme de Mᵉ Laurent Angleviel de la Beaumelle. Dans le contrat d'échange passé à la métairie de la Nogarède, juridiction de Mazères, Marc Guillaume Vadier est qualifié ancien officier d'infanterie, seigneur du Carla. Il défriche ses domaines, et à raison de ces travaux de défrichement, il obtint, le 29 septembre 1767, un dégrèvement d'impôts.

cour, dans le cas que l'affaire traîneroit en longueur
demander que, par provision monsieur Darmaing faira
passer au parquet des gens du Roy les dittes provisions,
arrêts de la cour et autres pièces dont s'agit, pour qu'il
soit procédé sans retard à l'installation du sieur Vadier[1]. »

Les présidiaux[2] étaient des juges supérieurs auxquels on
en appelait des sentences rendues par les justices seigneuriales. Au criminel, ils avaient à juger sans aucune espèce
d'appel les vols à main armée, les brigandages sur les
grandes routes, les révoltes et rassemblements en armes,
les levées de troupes faites sans autorisation, les crimes
de fausse monnaie, les attentats commis par les vagabonds
ou par des soldats en marche. Ces officiers royaux, s'in-
gérant dans les affaires quotidiennes des municipalités,
furent les agents très actifs de la centralisation dans les
provinces. Lorsque la monarchie française voulut, vers le
milieu du XVIe siècle, faire sentir l'action royale et introduire un ordre relatif au milieu de l'anarchie judiciaire de
l'époque, elle avait institué les présidiaux, non sans résistance de la part des parlements et des représentants de
la vieille justice féodale qui voyaient avec un regret non
dissimulé restreindre leurs attributions.

Au milieu de ce dédale inextricable et confus des juri-
dictions, c'est bien un but de centralisation que poursui-
vaient les rois en établissant des présidiaux dans des villes
où les justices seigneuriales se disputaient l'entière juridiction comme à Beauvais, comme à Pamiers. Le nombre
de ces tribunaux fut presque doublé de 1580 à 1710; la
plupart de ces créations apparaissent en des moments où

1. Procès-verbal du 4 septembre 1770.
2. Voir dans la *Nouvelle revue historique* (1895) une intéressante
étude sur l'organisation et l'histoire très peu connue des présidiaux,
par E. Laurain.

le fisc cherchait par tout moyen à combler le trésor vidé
par les guerres.

Lorsque les finances[1] traversaient une crise difficile, on
procédait à la vente des offices. Mais on invoquait le
bien des sujets, unique préoccupation du roi et de ses
ministres. C'était un ornement donné à une ville comme
Pamiers « assise au milieu du comté de Foy, dans une
grande plaine arrosée d'une rivière, la cathédrale de la
province, habitée de grand nombre de gens de sçavoir qui
faute d'employ sont contrains de vivre dans l'oisiveté[2]. »

Nous avons consulté les procès-verbaux des délibérations sur les affaires d'ordre intérieur prises en la chambre
du conseil par les magistrats du présidial et de la sénéchaussée de Pamiers. Ce registre[3] va de mai 1771 en
mars 1783.

Au milieu de magistrats toujours prêts à s'échauffer la

---

1. Ces charges de judicature, disait un autre édit, sont d'un facile
débit à cause « de la douceur d'une vie oisive qui se rencontre dans
cet employ ! » Elles étaient d'ailleurs fort peu productives et pour
les occuper, il fallait avoir sinon la fortune, du moins une honnête
aisance.

Les savants jurisconsultes Pothier et Domat étaient simples conseillers aux présidiaux d'Orléans et de Clermont.

Les présidiaux qui avaient cet avantage d'être plus à portée des
justiciables pour les procès inférieurs, ne connaissaient plus, avant
89, soit en première instance, soit par appel, que des contestations
qui n'excédaient pas la somme de 2.000 livres.

Dans les cérémonies publiques, les juges des présidiaux, revêtus
de leurs robes rouges, avaient rang au-dessus des maires, gouver-
neurs et échevins des villes; ils avaient la préséance sur les gentils-
hommes et sur les chapitres des cathédrales.

Lorsque la Révolution poussa dans l'abîme toute cette organisation
vermoulue, les présidiaux, supprimés par les décrets des 6, 7 et
11 septembre 1790, furent remplacés par les tribunaux de district.

2. Édit de création d'un présidial à Pamiers, en décembre 1646.
(Arch. nat., A D II², n° 41.)

3. Archives du tribunal de Pamiers, B. 190.

bile sur des futilités, Vadier se montre toujours conciliant
et courtois ; il expose ses idées, mais il se range volontiers à l'avis d'un collègue, si de bonnes raisons lui sont
fournies.

Aussi Vadier est-il très souvent choisi comme syndic.

Ces délibérations intérieures de la Compagnie sont
d'une importance médiocre ; elles ont pour objet des
conflits de pouvoir et plus souvent des questions de préséance.

Les magistrats du présidial jugent à propos de protester
contre l'installation d'un nouveau parlement à Paris, le
29 mai 1771. Le 14 juillet, ils délibèrent sur les projets
de la commission nommée par le Roi, en vue de réformer
et de réduire les communautés religieuses du royaume :
on s'occupe des Dominicains qui ont rendu de réels services à la ville et l'on envoie à l'évêque un mémoire favorable ; de même pour les Augustins, qui occupent à
Pamiers un couvent très important et très ancien, où fut
tenu, en 1464, un chapitre général de l'ordre.

Le 23 juillet, une imposition nouvelle ayant été substituée au don gratuit, la Compagnie dénonce le fermier qui
fomente de prétendues révoltes pour répandre la terreur
dans la ville et la rançonner plus aisément. Elle s'émeut
de mémoires calomnieux contre des juges, de libelles
diffamatoires contre le premier Président du Parlement
de Toulouse.

Une sentence capitale, exécutée le 22 juillet 1772, donne
lieu à des incidents caractéristiques. Le malfaiteur Paul
Alazel avait tenté deux fois de se suicider dans sa prison.
M. de Leyroulles, lieutenant de la maréchaussée du pays
de Foix, en résidence à Pamiers, refuse deux de ses
hommes pour prêter main-forte au concierge. Les char-
pentiers et les maçons refusent également leur concours :

un charretier, tranche d'un coup de hache, le manche de
la hallebarde de l'exempt qui est venu réclamer ses services. On requiert un étranger qui, moyennant trois livres
consent à trainer le tombereau. Les officiers municipaux
font défense au valet de ville de se mêler de l'affaire qui
incombe aux huissiers de la cour. Le lieutenant prolonge
l'embarras en refusant des cavaliers pour le cortège, si
l'on ne mettait en tête « un trompette ou un héraut, comme
à Perpignan ». La situation se prolonge jusqu'à cinq heures
du soir et cesse seulement sur la menace de surseoir à
l'exécution et de rendre le lieutenant responsable du
retard ; les cavaliers purent partir sous la direction de
l'exempt. Il avait fallu requérir le major de la compagnie
bourgeoise et placer des garnisaires chez le charpentier
pour le contraindre à la construction de la potence.

A une messe célébrée pour le repos de l'âme de Louis XV,
le présidial se fâche contre le chapitre cathédral qui ne
lui a pas décerné, au chœur, les hautes stalles du côté
droit, immédiatement après les chanoines. Les magistrats
l'emportent, mais le chapitre cathédral se venge à la pro-
cession du Saint-Sacrement ; il néglige de distribuer des
cierges, suivant l'usage, aux officiers du présidial qui sont
obligés d'en envoyer acheter en ville. Ce refus des cierges
est l'objet d'un mémoire à consulter ; l'affaire fut portée
devant le Parlement de Toulouse pour obtenir un arrêt en
la matière.

Le 27 avril 1777, Vadier porte plainte contre un greffier
qui, en marge d'un jugement rapporté par lui-même, avait
ajouté des notes de nature à contredire les assertions
insérées dans le texte.

L'année suivante, des conflits de juridiction se produi-
sent avec la maîtrise de Foix et le présidial de Toulouse.
Il importe de veiller à la conservation du siège : Vadier

rend hommage au zèle des syndics. A la mort du marquis de Bonnac, Vadier est député avec le juge-mage et deux autres conseillers auprès du fils pour exprimer les regrets de la Compagnie. M. de Bonnac avait préservé le pays d'une épizootie et le 10 mai 1776, débarrassé la ville de Pamiers « d'une administration vicieuse ».

Vadier vivait donc en bons termes avec tous ses collègues ; aussi le 29 juin 1790, en audience présidiale, lorsque fut décidée la prestation du serment civique, après les discours et réquisitions du procureur, on envoya copie collationnée du procès-verbal de la séance à M. Vadier, « conseiller au présent siège et député à l'assemblée nationale » avec prière de le mettre sous les yeux de cette auguste assemblée, comme un gage de l'adhésion de la cour à ses principes, de son respect et de sa reconnaissance.

CHAPITRE II

A LA CONSTITUANTE

Un placard séditieux. — Vadier, député aux États-Généraux. — La
ville de Pamiers et le comté de Foix. — Création du département
de l'Ariège. — La Révolution à Pamiers. — Opinion de Vadier
sur l'affaire de Pamiers. — Lettres de Vadier à la municipalité. —
Création d'un tribunal de commerce. — Discours contre l'inviolabilité royale. — Rétractation de Vadier. — Invectives de Marat. —
Discours contre la création d'une garde royale. — Vadier désigné
à la reconnaissance publique. — Retour triomphal à Toulouse et à
Pamiers.

Comme magistrat, Vadier s'était signalé par son zèle à
défendre les intérêts des malheureux et à poursuivre les
prévaricateurs. Sa popularité dans le comté de Foix était
grande au moment de la convocation des États-Généraux.
De tous les côtés éclatait la colère contre l'ordre écono-
mique et politique qui allait disparaître. Au cours de
l'hiver 1788, dans la nuit du 5 décembre, une main inconnue placardait cet avis sur le pilier des halles de Pamiers :

AVIS

« Sensibles à la vue de l'affreuse misère qui menace le
peuple et qui commence même à se faire sentir par la
négligence des magistrats et l'avarice de quelques parti-

culiers, nous tâchons de le consoler en lui apprenant que, outre le blé qu'on porte toutes les semaines des pays voisins, il y a de notre conoissance quatorze mille setiers de bled enfermés dans quelques greniers de la ville, lesquels nous pourrons enfoncer dans le besoin. Nous avons lieu de croire que cet avis sera connu de MM. de la police et qu'il excitera leur vigilance engourdie. Sans quoi nous nous réservons de faire connoître au peuple les infamies qui le tiennent oprimé et lui prometons un chef pour l'exécution. »

L'échevin arrachait ce placard, qui donna lieu, devant le parlement, à une volumineuse procédure, clôturée par une ordonnance de non lieu.

Tel était l'état des esprits, lorsque, six mois après, Vadier fut nommé par l'Assemblée primaire de Pamiers l'un des quatre délégués devant faire partie de l'Assemblée générale chargée de la rédaction des *cahiers* et finalement de l'élection des députés du Comté aux États-Généraux. Cette première désignation parut scandaleuse au représentant du ministère public, Jérôme Darmaing; il en avise, en ces termes le garde des sceaux : « Les créatures du juge-mage Marquié de Cussol n'ont pas cessé de promener dans l'assemblée, pendant tout le temps qu'elle a tenue, d'y briguer, d'y cabaler et ils sont parvenus enfin, d'y faire nommer quatre députés d'entre eux : le fils d'un laquais d'un ancien évêque de Pamiers qui a acheté un office de conseiller ; le fils d'un autre laquais du dernier évêque qui a levé une boutique de marchand ; le fils d'un cardeur de laine qui a pris le grade d'avocat ; et un tailleur tenant boutique ouverte, frère du secrétaire du juge-mage.

Voilà les quatre beaux représentants que le juge-mage

a fait nommer par ses menées au mépris des officiers de
la ville, des officiers de justice, des anciennes familles
bourgeoises, intéressés au bien de la chose publique et
portés par état et par sentiment à concourir aux vues
bienfaisantes de Sa Majesté. J'ai tout lieu de croire que le
juge-mage continuera de tenir la même conduite dans
l'assemblée générale de la sénéchaussée et qu'il fera
nommer deux représentants du Tiers-État pour les États-
Généraux, peu propres à une assemblée aussi auguste.
J'ai cru, monseigneur, qu'il était de mon devoir de vous
informer de ce qui se passe dans ce siège; mais je vous
supplie en grâce de ne pas me compromettre ni m'expo-
ser à la fureur de gens qui pourraient m'immoler. »

Le 9 avril 1789, Vadier, conseiller au présidial de
Pamiers, était nommé député du Tiers-État. Au moment
où la Révolution l'arracha au cours tranquille de son existence provinciale, il avait cinquante-trois ans. La fortune
territoriale de Vadier était évaluée à trois cent mille livres,
assez joli chiffre pour le pays et pour l'époque. Il cultivait
ses terres, jugeait les cas présidiaux, vivant heureux du
produit de ses domaines intelligemment améliorés et des
émoluments de sa charge, auxquels s'adjoignaient les
épices des plaideurs. Lorsque le démon de la politique
vint le jeter brusquement dans la tourmente, peut-être
songeait-il déjà au repos sous les marronniers et les platanes de Peyroutet, dans la compagnie paisible des historiens, des philosophes, des encyclopédistes, en sa char-
treuse tapissée de glycine, de vigne vierge, de jasmin et
de lierre, que domine de son toit aigu, à la mode des
castels de Gascogne, la tourelle quadrangulaire d'un
pigeonnier.

Le sort en décida autrement.

Le pays qui le choisissait pour représentant fut aux

siècles précédents, pendant l'épopée albigeoise, le théâtre de guerres religieuses, atroces et dévastatrices. Pamiers s'était signalé dans ces luttes par ses tendances profondément démocratiques, par la revendication ardente de ses franchises municipales, par l'esprit positif et diplomatique de ses magistrats, par son humeur indépendante et caustique, par son amour farouche de l'égalité. De là avait pris son essor, un siècle auparavant, Pierre Bayle, polémiste vigoureux, au génie paradoxal, nourri de la tradition gauloise des Rabelais et des Montaigne, dont la vaste érudition et la souplesse prodigieuse excitaient l'admiration de Voltaire et de Frédéric le Grand, et qui donna le premier coup de cloche insurrectionnel dans le domaine de la libre pensée. La terre était dès longtemps préparée pour l'œuvre de régénération réclamée partout avec une énergie que la misère générale devait encore exaspérer.

Avant de quitter ses mandants, Vadier jura dans l'église des Frères-Prêcheurs d'exécuter fidèlement leurs volontés consignées dans les cahiers, conformes au vœu général de la nation, pour la réforme des abus et l'établissement d'un ordre fixe et durable dans toutes les branches de l'administration.

Vadier disparaît dans la pléiade des esprits supérieurs qui guidèrent la Constituante dans ses travaux. Une lettre à Bertrand Dartiguières nous le montre en relations avec Chapelier, le marquis de La Coste, Rabaut Saint-Étienne, Talleyrand, et très préoccupé, au moment des nouvelles divisions administratives, de la formation de son département, dont les députés des provinces voisines voulaient se disputer les lambeaux.

Il informe de ses efforts la municipalité qui, sur la proposition de l'avocat Darmaing prend la délibération sui-

vante[1] : « L'assemblée, vivement pénétrée du zèle avec
lequel M. de Vadier s'est employé à procurer à cette province dans la nouvelle division du royaume un département dont l'établissement pouvait seul sauver cette

1. Nous avons donné intégralement les délibérations et lettres qui
vont suivre dans une brochure publiée à Foix, impr. Gadrat (1895),
sous le titre: *Notes sur les débuts de la Révolution à Pamiers*,
d'après des documents inédits tirés des archives communales de Pamiers. M. Arnaud, professeur au lycée de Foix, qui prépare actuellement sa thèse de doctorat sur la Révolution dans le Sud-Ouest a
bien voulu consulter, à notre demande, le registre des délibérations
municipales de Pamiers. Il était intéressant d'y relever le nom de
Vadier.
  Vadier (fils du député aux États généraux), fait partie d'une députation qui va demander à la municipalité la suppression de l'oc-
troi (30 juillet 1789). — La ville de Pamiers s'adresse aux députés
de la sénéchaussée pour que la région ait un département (18 novembre 1789. — Lettre des députés de la province (au sujet du département. Mention seulement). Députation envoyée à Mirepoix
et Saint-Girons, pour que ces villes demandent à être réunies à la
province de Foix (Vadier, fils, fait partie de la députation). La plupart des villes de la province de Foix demandent la formation d'un
département; la délibération des communes est envoyée aux députés
de la province (30 novembre 1789). — La ville de Mirepoix répond
aux délégués de Pamiers (parmi lesquels Vadier, fils) qu'elle désire
être réunie au département. Les délégués envoient immédiatement
cette résolution à Vadier, député (20 décembre 1789). — Le maire de
la première municipalité élue dit : « Les premiers moments qui nous
ont réunis doivent être consacrés à la reconnaissance, pour témoigner
toute notre affection à M. Vadier, père, notre zélé représentant à
l'auguste Assemblée Nationale, nous ne saurions mieux faire que
d'appeler auprès de nous dans notre première séance ses dignes enfants. » — Unanimement adopté. Le secrétaire greffier est député
devers ces MM. et M. Vadier, cadet fils, avocat en parlement, a pris
séance dans l'assemblée à côté de M. le maire (14 février 1790). —
Il a été représenté à l'assemblée qu'il est de l'intérêt de la commune
de faire retirer de chez M. Siot, de Saint-Paul, avocat au conseil,
rue des Deux-Bourgs, quartier Sainte-Opportune, à Paris, tous les
titres et papiers qui sont en son pouvoir suivant le tableau qu'il en
envoya en 1776, donne pouvoir à M. Vadier, député, de les retirer,
d'en fournir décharge et de les envoyer de suite (probablement au
sujet du partage de la Boulbonne), (29 mars 1790). — Vadier fils,
officier de la garde nationale, fait partie d'une députation de la
garde nationale de Pamiers à une fédération à Toulouse (14 juin 1790).
— Un officier municipal dit : (depuis longtemps, M. Darmaing,
maire, en désaccord avec la municipalité et le conseil général de la
commune sur les mesures à prendre pour rétablir l'ordre, n'assiste

contrée d'une ruine absolue et considérant en outre qu'elle ne peut lui témoigner sa reconnaissance d'une manière plus digne de ses sentiments patriotiques qu'en adoptant provisoirement la garde nationale établie dans cette ville et en ne négligeant aucuns moyens propres à assurer la tranquillité publique, la sûreté des citoyens et l'entière exécution des décrets de l'Assemblée Nationale, a délibéré : qu'il sera fait des remerciements à M. de Vadier au nom de sa patrie, des soins qu'il s'est donnés pour lui faire obtenir un département et que MM. les officiers municipaux lui exprimeront les sentiments inaltérables de la reconnaissance de ses concitoyens. »

M. Vadier exprime sa reconnaissance en son nom particulier et au nom de son père dont il se fait un devoir d'être l'organe.

Le 19 janvier 1790, la municipalité écrit à M. de Vadier :

« Nous avons reçu la lettre que vous nous avez fait l'honneur de nous écrire.

Nous avons été si vivement pénétrés des sentiments de patriotisme que vous y exprimez que nous avons cru ne pouvoir les reconnaître qu'en la mettant sous les yeux de la commune assemblée.

plus aux séances). Vous n'ignorez pas les dangers qu'a courus votre ville soit des ennemis du dedans, soit des ennemis du dehors et vous savez tous avec quelle ardeur M. Vadier s'est réuni à votre député pour déjouer leurs sourdes menées, avec quelle fermeté il a renversé les pratiques artificieuses de vos voisins, jaloux de vos avantages; il n'est plus temps de vous dissimuler que sous le vain prétexte de vos guerres intestines qu'ils fomentaient eux-mêmes, ils voulaient vous dépouiller des établissements dont se prévaut votre ville depuis si longtemps et que dans la régénération présente lui conserve son heureuse position; je propose une adresse à M. Vadier pour l'informer que vous êtes instruits et pénétrés de tous les soins qu'il s'est donnés pour la défense de ses concitoyens (9 janvier 1791). — Le tribunal du district de Mirepoix séant à Pamiers a été installé l'année dernière. M. Vadier, président du même tribunal, était à l'Assemblée nationale, il n'a pu être installé; il le sera demain 12 novembre (11 novembre 1791).

Le suffrage unanime de nos concitoyens vous est le garant de leur reconnaissance et il est dans la délibération dont nous vous envoyons un extrait, vous y verrez qu'en le partageant nous avons désiré que votre lettre fût le signal de la paix et de la concorde entre tous les citoyens; vos enfants ont partagé vos sentiments et les nôtres; nous nous sommes empressés d'inviter la milice nationale à s'unir à nous pour ce grand bien, elle est assemblée dans ce moment, nous espérons qu'en partageant nos sentiments pour vous, elle partagera aussi l'amour de la paix et de la concorde auxquelles vous nous avez invités avec tant de force.

Nous comptons pour rien, monsieur et cher compatriote, tout ce qu'on pourrait regarder comme des sacrifices, il n'en est point à nos yeux, dès que le bien de la patrie doit en résulter, nous nous ferons toujours gloire ainsi que vous de tout rapporter à ce but.

Nous ne pouvons que joindre nos remerciements à ceux de la commune pour les soins que vous vous êtes donnés afin de nous procurer un département; nous vous inviterions à les continuer si nous n'étions convaincus que votre attachement pour notre commune patrie vous pressera plus énergiquement que nos invitations. »

Vadier donna son adhésion à la constitution civile du clergé qui allait entraîner tant de troubles. M. Ch. d'Agoult, évêque de Pamiers, refusait de prêter le serment. Il informait MM. de la commune par une lettre du 4 mars 1791, qu'il ne trahirait point par une démarche aussi lâche que coupable les devoirs sacrés de l'épiscopat : « Jamais, Messieurs, je ne cesserai de mériter votre estime, et la confiance des fidèles dont le salut m'est confié et en leur donnant l'exemple de la soumission la plus entière à la nation, à la loi, et au Roi dans tout ce qui dépend de l'autorité temporelle ; les menaces, les persécutions n'affaibliront jamais ma résistance à tout ce que cette autorité voudrait injustement entreprendre sur sa juridiction spirituelle. »

L'évêque se réfugiait à Londres, laissant ses partisans souffler la discorde dans la contrée.

A Pamiers, les contre-révolutionnaires, déguisés en apôtres de nouvelles lois agraires, s'emparaient du pouvoir municipal, commençaient l'agitation et semaient la guerre civile. Des troubles sanglants ayant éclaté dans sa ville natale, Vadier s'en expliqua au comité des rapports, dans un discours très curieux en dépit de son style amphigourique : il retrace assez exactement la situation des partis, en 1790, dans une petite ville de province située aux extrémités du royaume [1].

Il dénonce d'abord le despotisme sacerdotal qui courbait la ville de Pamiers sous son joug : « Un évêque y réunissoit toutes les puissances, y dominoit toutes les volontés... Comme le vieil de la montagne, il pouvoit disposer du repos et des propriétés des citoyens. Avec ce double diadème, il mouvoit à son gré les bureaux du ministre et de l'intendant... Toutes les places étoient dans sa main... Les lettres de cachet le rendoient le maître des opinions, l'investigateur des pensées... D'infidèles agens trouvoient dans les caisses publiques la clef d'or qui ouvre toutes les avenues, franchit tous les obstacles, et égare souvent jusques à la vertu. Des clergistes fanatiques y prêchoient sans pudeur la loi de l'esclavage, les principes de l'égoïsme, la politique de Machiavel et la morale d'Escobar... D'une main, ils secouoient les torches du fana-

1. *Opinion de M. Vadier, député du département de l'Arriège à l'Assemblée Nationale, sur l'affaire de Pamiers.* Paris, Imprimerie nationale, 1789.

tisme, de l'autre ils écumoient la bourse d'un peuple
crédule; avec des pardons et des indulgences, avec des
rescriptions sur l'autre monde, ils acquéroient de riches
héritages dans celui-ci... Il falloit, pour être en repos,
courber sa tête sous ce joug, ou se dévouer à subir une
persécution implacable.

Cette ville étoit encore le siège d'une vaste sénéchaussée. Une milice de plume, avide et famélique, étoit
peu propre à entretenir l'harmonie, à purifier la morale.
L'arbre du commerce ne pouvoit ombrager cette ville
de ses salutaires rameaux, parce qu'il ne sçauroit prendre
racine dans les lieux que le fanatisme a pestiférés de son
influence, ou que la chicane a infectés de son venin. Deux
chapitres nombreux, un collége, quatre corporations de
moines, trois de religieuses, disséminés dans son enceinte, sembloient rendre impossible l'inoculation de la
liberté... L'habitude de la superstition et de l'esclavage en
banissoit le goût de la philosophie et de la raison, les
principes de l'égalité et de la sagesse. La révolution ne
pouvoit donc s'opérer à Pamiers que par la sainte insurrection d'un peuple opprimé... Les choses demeurèrent
dans cet état précaire jusques au décret sur l'organisation
des municipalités. C'est alors seulement que le peuple
se mit à son aise, et qu'il usa de l'intégrité de ses droits.
Au lieu de nommer ces sang-sues ordinaires, ces vampires et ces frelons rapaces qui dévoroient depuis long-
tems sa substance; au lieu d'élire ceux qu'on appelloit si
improprement *chapeaux noirs et gens comme il faut*, il prit
ses municipaux dans son propre sein et dans tous les
états; il jetta les yeux sur ceux qui avoient montré le plus
d'ardeur pour la révolution, et qui avoient suivi les ban-
nières de la liberté.

Il en fit de même à l'égard des officiers de la garde

nationale : un heureux concert entre ces deux autorités étoit le fruit de cette promotion qui fut ratifiée par la joie publique. Mais les moines, les gens de robe et de pratique, les publicains, les ci-devant nobles ou soidisans tels, en un mot, les aristocrates de toute couleur, en furent aussi épouvantés que mécontens. Il se fit des coalitions nocturnes et des complots nécromanciens, tantôt chez les moines, tantôt chez les robinocrates. Un essaim poudreux de la vermine du palais y méditoit des procédures et des embuscades ; les rôles se distribuoient selon la capacité des acteurs. Les uns étoient chargés de provoquer des rixes, les autres de les dénoncer ; ceux-ci devoient porter des plaintes, ceux-là devoient y servir de témoins ; l'un devoit les écrire comme greffier, un autre se chargeoit de les décréter comme juge... L'incompétence, la parenté, l'inimitié, *l'alibi* même, n'ont pû mettre un frein à l'intempérance de ces manœuvres et de ces turpitudes judiciaires... Les annales du genre humain n'offrent point d'exemple d'une aussi infernale combinaison ; et elle passeroit à la postérité comme un prodige de la méchanceté des hommes si vous n'aviez, Messieurs, par votre décret, accordé la priorité à la procédure du Châtelet.

Les prêtres fomentoient de leur mieux toutes ces factions ; le pain de la parole étoit l'aliment de la haine et de la discorde. Du foyer de ces machinations sortoient les étincelles qui ont successivement allumé le feu de la guerre dans cette ville... La nomination de ce nouveau Gracque fut solemnisée par quelques orgies populaires ; les co-partageans de la Boulbone formoient le cortège de son triomphe. Mais cette joie fut de courte durée : ce nouveau Sicophante montra bientôt le bout de l'oreille sous les livrées du patriotisme dont il eut l'hypocrisie de se revêtir. Son premier soin fut de constituer deux clubs séditieux, que la municipalité avoit dissipés à cause des troubles qu'ils avoient causés dans la ville, et il fit autoriser ces associations ténébreuses par une ordonnance du directoire. »

Après avoir exposé les troubles, les arrestations, les meurtres dont la ville de Pamiers avait été le théâtre, Vadier conclut : « Vous voyez donc que cette affaire est des plus graves, qu'elle est digne de toute votre sollicitude. On y voit un plan bien dessiné de contre-révolution et de carnage. D'un côté l'artifice des prêtres coalisés avec le grimoire des gens de plume, de l'autre des complots nocturnes, des associations ténébreuses, des apprêts et des rassemblemens hostiles : d'une part on désarme les patriotes ; de l'autre, on met dans les mains de leurs ennemis des pistolets, des sabres et des munitions ; pendant qu'on disperse ceux-là, on s'efforce de grossir le nombre de ceux-ci. C'est à la racine de l'arbre qu'il faut poser la coignée ; si vous ne tranchez dans le vif, n'espérez point, Messieurs, d'exterminer ces hannetons voraces et ces chenilles venimeuses qui corrodent les fruits de votre liberté et de votre régénération bienfaisante. Frappez, il en est tems, sur ce colosse antique et malfaisant ; arrachez ce bois parasite qui a dévoré si longtemps la sève de l'arbre de vie, et qui en a desséché le suc nourricier... Que le soleil de la justice, le flambeau de la vérité et de la raison, absorbent à jamais la lueur mensongère du fanatisme, et les vapeurs de la superstition... Que tout tremble, que tout se prosterne devant la loi, et que la loi seule soit le véritable frein des coupables, et la sauvegarde des gens de bien. Je conclus à ce que le projet de décret présenté par votre comité des rapports soit adopté, avec cet amendement que la connoissance des abus et extensions d'autorité imputés au maire de Pamiers soit attribuée aux juges du district de Toulouse. » L'Assemblée nationale fit droit à ces conclusions et suspendit Darmaing de ses fonctions jusqu'après le jugement à intervenir.

Une lettre de Vadier, du 13 mars 1791, nous fait assister par la pensée aux luttes sourdes et d'ailleurs légitimes que se livraient les députés pour obtenir au profit de leurs commettants telle ou telle faveur dans l'organisation administrative de la France nouvelle. Elles mettent en outre en lumière l'esprit pratique de Vadier. Le représentant du comté de Foix, dont les efforts avaient abouti à la formation du département de l'Ariège, voulut doter d'un tribunal de commerce sa ville natale dont il n'avait pu faire un chef-lieu [1]. Il est heureux d'annoncer qu'il a réussi, après bien des efforts et des contradictions, à faire établir à Pamiers le tribunal de commerce du département. « Les sieurs Bergasse, Font, Chambord et Roussillon s'étoient coalisés à leur ordinaire, pour servir les vües du directoire, mais j'ai déconcerté toutes leurs mesures; M. Gossin qui étoit très fâché de n'avoir pû proposer une exception à la loy générale en faveur de Pamiers, pour le tribunal criminel, m'a servi avec le plus grand zèle, pour m'en dédommager dans cette occasion; il a amusé nos adversaires, et a présenté le decret mercredi assez matin, et lors qu'ils s'y attendoint le moins. Je lui ai à cet égard la plus grande obligation, car s'ils eussent été prévenus, il falloit s'attendre à la discussion la plus vive et à des ma-

1. On a conservé plusieurs des enveloppes qui avaient servi à Vadier à expédier ses correspondances. Elles sont de format carré et au point de jonction des côtés se trouve son sceau de cire noire large de 26 millimètres, haut de 30 environ de forme ellipsoïdale.

Le cachet présente sur son milieu un écusson portant : *Vadier, membre de l'Assemblée Nationale* 1794, au-dessus se trouve un bonnet phrygien planté sur une pique.

De chaque côté de l'écusson est une branche de laurier; enfin au-dessus et en exergue est la devise : *Vivre libre ou mourir.*

chinations de tout genre. Ils ont été bien penauds lorsqu'ils ont appris que sur la pétition du département qui
demandoit ce tribunal à Foix, l'Assemblée Nationale l'avoit
fixé irrévocablement à Pamiers. Je ne vous cache pas que
je mets beaucoup plus de prix à cette victoire, qu'à celle
du tribunal criminel. Pamiers va devenir par ce moyen le
centre des affaires commerciales de tout le département,
et cette faveur inappréciable peut lui attirer dans l'avenir
la réunion des établissements, si jamais on vient à se
lasser de la multiplication et de la dépense des différents
roüages dont on a compliqué la machine. Vous sentirez,
messieurs, comme moy l'avantage qui doit résulter d'une
pareille institution; si l'esprit du commerce pouvoit jamais animer nos habïtans, quelle source de prosperité et
d'émulation, surtout si l'esprit de chicane et le goût de
l'oisiveté pouvoient une fois disparoître? Il faut observer
encore que les affaires de commerce peuvent alimenter
les ateliers des gens d'affaires, des avoüés dont l'état auroit été précaire, s'il eût été borné à la circonscription du
tribunal de district. Enfin, messieurs, vous ne doutez pas
du desir que j'avois de seconder vos intentions pour l'a-
vantage de nôtre commune patrie, vous devez être sûrs
qu'il n'a pas tenu à moy qu'elle n'ait réuni tous les moyens
de prosperité dont elle est susceptible; vous m'avez vû
braver, pour remplir ce but, les ennemis les plus acharnés, je suis encore en but à leur rage..... mais fort de ma
conscience, n'ayant rien à me reprocher, je compterai
toujours sur l'estime des gens de bien, et particuliere-
ment, messieurs, sur la vôtre dont vous savez que je suis
infiniment jaloux. »

La municipalité de Pamiers remercie Vadier : « Nous
avons reçu le décret avec reconnaissance, et votre lettre
avec une joye insigne; l'un et l'autre prouvent de plus en

plus à notre Commune combien elle vous est chère ; et combien ses habitans tiennent dans votre cœur une place distinguée. L'Etablissement d'un Tribunal de commerce à Pamiers peut produire une grande revolution touchant les sentiments individuels ; tous les peuples du Departement sont venus tour a tour y poursuivre leurs affaires litigieuses à la ci devant Sénéchaussée : leur ancienne amitié se reveille à l'heure présente dans toute sa plenitude à l'egard de Pamiers, au nouvel Etablissement du Tribunal de commerce. »

A la lettre qui précède Vadier répond le 29 mars 1791 et s'étend avec complaisance sur les bienfaits nouveaux dont il vient encore de combler ses ennemis : « J'ai reçû, écrit-il, avec la plus vive sensibilité les nouvelles marques de vôtre attachement, elles me sont de plus en plus précieuses, puisqu'elles me dédommagent des lâches détractions de nos ennemis communs. Ces vaines attaques n'affaibliront point l'energie de mon zèle, ni mon amour pour ma patrie, et je ne veux m'en venger que par des bienfaits et je viens tout à l'heure d'en exercer un qui seroit bien propre à désarmer ces hommes injustes, s'ils étoient capables d'apprécier la magnanimité et les procédés généreux. Les offices de procureur au sénéchal de Pamiers avoient été classés au comité de judicature dans un ordre inférieur à celui qu'ils devoient avoir selon le système de liquidation adopté par l'Assemblée Nationale, cette erreur provenoit des renseignements erronés qu'on avoit reçus tant sur l'étendue du ressort, que sur sa population, le nombre des officiers et l'importance de leur siège. Le mal paroissoit sans remede, veu que M. Tellier rapporteur de cette affaire avoit terminé son travail, que son rapport avoit été fait au comité, et qu'il avoit été mis à l'ordre du jour. J'eus le bonheur d'être prévenú à temps ;

j'agis avec tant de chaleur auprès du comité, et surtout de
M. Tellier, je lui démontrai si clairement l'inexactitude
des bases dont on étoit parti, que je fis rétablir les offices
des procureurs de Pamiers dans la classe qu'ils devoient
avoir, c'est à dire qu'au lieu de 1200 f. où ils avoient été
fixés, ils recevront 2500 f. indépendamment de la clien-
telle et des recouvrements dont ils auroient pû traiter à
part. Voilà, chers concitoyens, comme je me vengerai de
ceux qui s'acharnent à me déchirer; Dieu veuille que la
publicité de ce bienfait puisse appaiser leur ressentiment,
qu'ils connoissent enfin leur ingratitude, qu'ils cessent
d'attaquer lâchement jusques à la mémoire des morts, et
de rouvrir les playes qui saignent encore dans le cœur
d'un père qui a si peu merité un aussi barbare traitement. »

A propos de la création de ce tribunal de commerce,
des difficultés s'étaient élevées entre le directoire du département et la municipalité de Pamiers. Elles sont expli-
quées dans deux pièces longues, diffuses, qu'il serait inutile de reproduire si elles ne donnaient des indications
précises sur ce que nous appellerions aujourd'hui la cuisine parlementaire de la grande Assemblée Constituante.
Une erreur d'énoncé dans le décret occasionne au représentant de l'Ariège une cruelle sollicitude : « Parmi les
demandes extravagantes du directoire et qui font la ma-
tiere des nombreuses adresses par lui envoyées aux divers
comités, tantôt sur l'evêché, le college, l'alternat etc.,
tantôt pour demander des troupes de ligne, M. Gossin,
préoccupé sans cesse du tas enorme de petitions qui inon-
dent le bureau de sa division, crût, lorsque je lui remis la
votre pour le tribunal de commerce, où etoit confondue
la demande d'abecédaires pour le collège, et quelque
autre objet qui est, je crois, la suppression que le direc-

toire a fait de Pamiers dans la liste des tribunaux d'appel, M. Gossin rassasié des adresses de Foix crût, dis-je, que le directoire avoit demandé aussi un tribunal de commerce pour cette ville, et son dessein fut de le donner à Pamiers pour compenser la perte qu'il a fait du tribunal des jurés.

D'après lui, je crus à mon tour que le directoire avoit fait cette demande, et je vous l'ecrivis de même, j'etois d'autant plus fondé d'avoir cette idée que je voyais sans cesse les sieurs Bergasse, Font, Chambord et Roussillon parler et sortir ensemble de la salle, et aller et venir sans cesse au comité de constitution et d'aliénation, aux comités des finances et des domaines et j'ai sçû depuis que c'etoit pour l'achat de l'abbaye, de l'eveché de St-Lizier et autres trafics. M. Gossin mit par erreur dans sa redaction que c'etoit sur la demande des départements tel et tel, où se trouve compris celui de L'ariege.

Le sieur Bergasse enragé du décret ecrivit de suite au directoire qui a envoyé sur le champ une adresse en desaveu de la demande, disant que c'est une surprise et une supercherie, que bien loin d'avoir demandé un pareil établissement, il déclare qu'il est inutile, et même funeste. Bergasse s'est dénoncé à son ordinaire, il a été remettre lui-même cette adresse officieuse à M. Gossin, à qui il a demandé la retractation du décret prétendant qu'il est intervenû par un faux.

Vous jugez, messieurs, quelle dût être l'inquiétude de M. Gossin, et quelle fut ma situation lorsqu'il m'apprit cette nouvelle.

Cependant je ne perdis pas la tête : « Vous savez, lui dis-je, monsieur, quelle est le ressentiment du directoire et de la ville de Foix envers celle de Pamiers avant et depuis le décret du 28 décembre vous ne devez pas être etonné d'après cela, que ce corps administratif veuille rejetter un établissement avantageux aux administrés, pourvu qu'il mortiffie une ville rivale qui a demasqué sa conduite aristocratique et perverse, il ne faut donc pas favoriser cet acte de malignité, il faut remédier au contraire à une erreur purement de forme et la rectiffier par un bout de décret explicatif. »

M. Gossin s'est prêté de la plus belle grâce du monde à cette proposition et il fit rendre mardi soir 29 mars sur la motion de M. Bouche le petit decret dont je vous envoye copie, je fus de suite chez M. le garde des sceaux pour le prevenir de ce changement, heureusement que le decret du 9 n'etoit pas encore sanctioné ni imprimé à cause de la maladie du Roy et qu'il le sera comme il doit l'être d'après celui du 29, c'est à dire au lieu de dire l'assemblée décrete que par la demande des departements de... de l'Ariege, etc., il sera dit que sur la demande des departements de... sur la pétition de la ville de Pamiers, departement de l'Ariège, il sera établi, etc. ; par ce moyen le faux, le désaveu s'évanouissent et le tribunal reste, n'importe à la demande de qui il se trouve institué. Ce qui reste encore, c'est l'impression que doit faire aux bons citoyens de Pamiers et du departement la maligne intention de ce directoire et de son agent qui pour se venger lâchement ne craignent pas de nuire au bien de leur pays jusqu'à repousser une institution qui doit le viviffier : on ne peut prétexter de dépense, puisque les juges ne couteront rien, les négociants seront jugés plus promptement et presque sans fraix par des gens versés dans les affaires de commerce, Pamiers deviendra le centre des communications mercantiles, et c'est aussi la ville la plus commode et la plus propre à cimenter des liaisons commerciales, et la plus susceptible des établissements comme usines, teintures, manufactures, tanneries, blanchisseries, etc., etc.

5

Sans doute que d'après cette nouvelle attaque du directoire, les bons citoyens ouvriront les yeux sur le patriotisme de ces gens là, ils verront qui du sieur Bergasse ou
de moy est le plus attaché à la felicité de son pays. »

L'inviolabilité royale.

Vadier n'intervient dans les affaires générales qu'après
l'arrestation de la famille royale à Varennes. Cette fuite
avec toutes les apparences d'une trahison avait surexcité
les passions de la capitale. La Constituante poursuivait
avec calme ses projets d'organisation constitutionnelle.
Lorsque, à la séance du 14 juillet 1791, fut agitée la question de l'inviolabilité royale, Vadier se prononça contre le
projet avec une violence inouïe : sa harangue eût semblé
anodine dans les clubs, mais elle détonna à l'Assemblée
et souleva un orage terrible. Le Roi est traité de parjure
ayant déserté son poste et de brigand couronné, traître à
la patrie : « Le décret que vous allez rendre décidera
du salut ou de la subversion de l'Empire. Un grand crime
a été commis; il existe de grands coupables; l'Univers
vous contemple et la Postérité vous attend. Vous pouvez
en un instant perdre ou consolider vos travaux. Il est,
selon moi, une question préliminaire à celle de l'inviolabilité : c'est celle de savoir si un roi parjure qui déserte
son poste, qui emmène avec lui l'héritier présomptif de la
couronne, qui se jette dans les bras d'un général perfide,
qui veut assassiner sa patrie, qui répand un manifeste où
il déchire la Constitution; si, dis-je, un tel homme peut
être qualifié du titre de Roi des Français? L'inviolabilité
ne réside plus sur sa tête depuis qu'il a abdiqué sa couronne. (*Quelques membres de la partie gauche et les tribunes
applaudissent.*) Aucun de nous a-t-il pu entendre qu'un

brigand couronné... (*La grande majorité de la partie gauche murmure... Quelques applaudissements se font entendre dans la salle et les tribunes. Plusieurs membres de la partie droite se lèvent avec précipitation et menacent l'opinant.*) Aucun de nous a-t-il jamais pu croire qu'un brigand couronné pût impunément massacrer, incendier, appeler dans le royaume des satellites étrangers ? Une telle monstruosité enfanterait bientôt des Néron et des Caligula. (*On entend des applaudissements.*)

Je fais une question à ceux qui proposent de remettre le Roi sur le trône : lorsqu'il s'agira de l'exécution de vos lois contre les traîtres à la Patrie, sera-ce au nom d'un transfuge, d'un parjure, que vous la réclamerez ? Sera-ce au nom d'un homme qui les a ouvertement violées ? Jamais une nation régénérée, jamais les Français ne s'accoutumeront à un pareil genre d'ignominie. N'est-ce donc pas assez d'avoir acquitté les déprédations de sa faiblesse, d'avoir sauvé son règne d'une infâme banqueroute ? Ses valets, dont le faste contraste tant avec le régime de l'égalité, nous accusent de parcimonie. (*Les applaudissements recommencent.*) La sueur et le sang de plusieurs millions d'hommes ne peuvent suffire à sa subsistance. Je ne veux pas vous rappeler ici les circonstances de son règne, cette séance royale, ces soldats envoyés pour entourer l'enceinte où vous étiez rassemblés ; en un mot, la guerre et la faim dont on voulait en même temps affliger le royaume.

Jetons sur tous ces désastres un voile religieux. (*L'agitation se manifeste dans les diverses parties de la salle.*) On m'accuse de parler comme Marat ; je fréquente peu la tribune. (*Plusieurs voix s'élèvent dans la partie droite : Tant mieux ! Monsieur, tant mieux !*) Je n'ai d'autre éloquence que celle du cœur ; je dois mon opinion à mes commettants ; je la déclarerai au péril de ma vie. La Nation vous a revêtus de sa confiance, vous connaissez son vœu ; ne transigez pas, ou bien empressez-vous de rendre aux Corps électoraux l'activité que vous leur avez ôtée. Mais n'allez pas vous charger d'une absolution qui ne peut que flétrir votre gloire. (*Nouveaux applaudissements.*) Je conclus à ce que les complices, fauteurs ou adhérents de la fuite du Roi soient renvoyés à la Cour provisoire séant à Orléans ; que l'activité soit rendue aux Corps électoraux pour choisir vos successeurs, et qu'il soit nommé une Convention nationale pour prononcer sur la déchéance de la couronne que Louis XVI a encourue. (*Les applaudissements de la gauche et des tribunes recommencent.*) »

Dès la Constituante se dessine donc l'attitude que gardera Vadier à la Convention nationale.

La discussion s'était établie sur le rapport de Maguet, concernant la fuite du roi. La conclusion était que le principe de l'inviolabilité ne permettait pas de mettre Louis XVI en cause et qu'il n'avait pas commis d'ailleurs de délit constitutionnel. Bouillé et ses complices devaient seuls être traduits à la Haute-Cour Nationale. Les orateurs contre l'inviolabilité furent Petion, Putraink, Vadier, Robespierre, Prieur, Grégoire et Buzot ; MM. La Rochefoucault-Liancourt, Prugnon, Duport, Goupil, Salles et Barnave défendirent au contraire l'inviolabilité.

Vadier se prononça donc avec une extrême violence pour la déchéance royale.

C'était aussi le sentiment de Danton. Tandis qu'il se rendait à pied à l'Assemblée législative avec ses collègues du conseil général du département de Paris, il faisait part de son indignation à la foule. C'était le 24 juin 1791. Les administrateurs Davous et Crollé le dénonçaient un mois plus tard à ses collègues. Ils affirmaient qu'un particulier se répandait en injures contre Lafayette et disait que sa tête devait répondre de celle du Roi ; Danton, escorté de quatre fusiliers, se retourna et dit au peuple d'une voix très forte et d'un air menaçant : « Vous avez raison ; tous vos chefs sont des traîtres et vous trompent. » Aussitôt des cris de *Vive Danton! Danton en triomphe!* se firent entendre de toutes parts et accompagnèrent Danton jusqu'au moment de son entrée à l'Assemblée nationale. Les pièces de la dénonciation furent envoyées à l'accusateur public du 6ᵉ arrondissement [1].

Le décret ayant passé, malgré l'opposition, Vadier dut s'incliner. Presque à la même heure, Danton appuyant la motion de Laclos aux Jacobins et défendant le droit de pétition disait : « Que devons-nous aux décrets ? L'obéissance et le respect ; mais rien ne peut ôter le droit de montrer, dans des pétitions, les sentiments qu'on a pour tels ou tels décrets [2]. »

Conformément à ces principes, Vadier se rétracta à la tribune en ces termes : « J'ai développé hier une opinion contraire à l'avis des comités avec toute la liberté qui doit appartenir à un représentant de la nation. Cependant je déclare que je déteste le système républicain et, comme bon citoyen, j'exposerai ma vie pour défendre les décrets. »

Cette rétractation souleva la bile de Marat qui dans l'*Ami du Peuple* (numéro du 19 juillet 1791) s'exprime en ces termes : « Parmi les orateurs qui se sont distingués à combattre le projet infâme et désastreux des sept Comités, de réhabiliter Louis le fourbe et le conspirateur, était le sieur Vadier, député de Pamiers. A l'ouïe de son discours, plusieurs voix se sont écriées : *C'est Marat ! C'est Marat...* Comment a-t-il si longtemps privé la patrie de ses lumières et des ressources de son génie ?... Son discours est tissé

---

1. Schmidt, t. I, *Tableaux de la Révolution française*, nᵒ 60.
2. Buchez et Roux, t. XI, p. 85.

de phrases pillées dans les feuilles patriotiques de l'*Ami
du peuple*... Le sieur Vadier, emporté par un moment de
vanité, m'a fait adresser par l'un de mes anciens éditeurs
son discours pour être inséré dans ma feuille. Je me
contenterai de louer l'énergie qu'il y a déployée. Aujour-
d'hui qu'il l'a démentie par la plus lâche adhésion au
décret de réhabilitation, je me fais un devoir de faire
ressortir toute la platitude de la conduite du député de
Pamiers en publiant en entier son discours énergique :
contraste frappant dont je donnerai la clef... »

Après avoir reproduit le discours de Vadier, Marat continue : « Le lendemain de ce discours véhément, le fatal
décret ayant passé, le sieur Vadier s'empresse de faire
amende honorable. Au lieu de protester contre un décret
atroce, ce lâche a mis genoux en terre et présenté la tête
au joug, comme un esclave. A l'ouïe de cette rétractation,
il n'est pas un lecteur honnête qui ne se soit écrié : Ah !
l'infâme ! Il fallait s'écrier : Ah ! le fripon ! Citoyens crédules, apprenez donc que Vadier n'a pas eu plutôt tonné
contre Louis le conspirateur, que les émissaires de la cour
lui ont fait des propositions et qu'il s'est vendu comme un
gueux ; voilà la raison de l'amende honorable qu'il vient
de faire. »

Marat poursuit sa philippique :

« Apprenez aussi qu'un des grands motifs des pères
conscrits de suspendre les élections pour la seconde législature et se perpétuer, est l'envie que les opineurs de la
calotte portent aux péroreurs qui font leurs orges. Jaloux
de l'opulence des Chapelier, des Dandré, des Target, des
Emmery, des Barnave, assez gorgés d'or pour mettre dix
mille écus sur une carte et perdre cent mille livres dans
une soirée, ces infâmes ne veulent pas désemparer qu'ils
ne soient gorgés de même. Or, ils seront gorgés et ils ne

désempareront pas que la Cour qui les achète, ne soit au
comble de ses vœux et qu'ils n'aient décrété le rétablissement du despotisme. »

Vadier n'était évidemment traité de vendu que pour les
besoins de la polémique, car le 23 juillet il s'élève « contre
les intrigues séditieuses des prêtres réfractaires » de son
département et réclame contre eux l'application des mesures générales.

Michelet[1] s'est donc appuyé sur cette polémique viru-
lente de Marat lorsqu'il écrivait :

« Vadier, homme du Midi, vieux, faible, mobile, avait
fait l'un des actes les plus décisifs de contre-révolution.
Royaliste en 91, il voulait, le jour du massacre du Champ
de Mars, qu'on fît un procès à mort à la société jacobine.
Robespierre, son ancien collègue à la Constituante, le
maintenait en vie, croyant qu'il n'y avait pas d'instrument
meilleur qu'un homme perdu. »

Le 16 juillet 1791, l'attitude de Vadier fut celle de Robespierre et de l'abbé Grégoire à propos des troubles
amenés par les ennemis de la constitution, lorsque Dandré
proposa de faire informer contre les perturbateurs du
repos public et de mander à la barre les six accusateurs
publics pour informer ; il se borna à monter à la tribune
pour témoigner de son respect aux lois. C'était son devoir
de bon citoyen. Il est vrai qu'il déclara en même temps
détester la forme républicaine. Mais, dans son *Brissot dé-
masqué*, Camille ne fait-il pas un reproche à Brissot de
s'être déclaré *républicain*, « lorsque le nom de république
effarouchait les neuf dixièmes de la nation ? »

À la même époque, Robespierre repoussait le reproche
de républicanisme qui lui était adressé, et Danton, exprimant son opinion à la tribune des Jacobins à propos de

1. *Histoire de la Révolution française*, ch. IV, l. XV.

Gouy d'Arcy, tenait pour lâche, sinon pour stupide, quiconque prétendait opposer sa résistance particulière à un décret.

Le député de l'Ariège protesta une autre fois contre le projet de création d'une garde royale, qu'il dénonçait comme une future pépinière de spadassins. Le 24 août, il faisait une nouvelle apparition à la tribune : « Cette institution vicieuse et chevaleresque serait l'école du spadassinage, dépôt éternel des illusions nobiliaires. On vous propose d'entourer le roi d'une garde stipendiée, qui le déroberait aux regards et à la confiance du peuple ; pense-t-on que cet appareil intermédiaire doive resserrer les liens de l'obéissance à la loi ? Une nation fière et jalouse de sa liberté verra-t-elle, sans défiance, une troupe mercenaire et anti-civique garder les avenues du trône ? Ces viles précautions ne peuvent convenir qu'aux despotes qui, se défiant sans cesse de la fidélité des esclaves qu'ils ont asservis, ne règnent que par la terreur, et n'expriment, qu'au bruit des armes, les actes de leur volonté tyrannique. Mais un roi qui commande au nom de la loi, qui doit tout à la libéralité d'un peuple généreux... un roi qui n'a que du bien à faire et qu'une sage constitution a mis dans l'heureuse impuissance de faire détester son autorité... Un roi français enfin... pourrait-il s'environner de satellites stipendiés, au lieu de se faire un rempart de la confiance et de la reconnaissance de la nation ! On a dit et on répétera vainement que la splendeur du premier trône de l'univers exige l'appareil d'une force armée... Personne ne contestera ce principe. On ne diffère que sur la manière de l'appliquer. De quels éléments doit-on composer cette force armée ? Voilà la question à résoudre. Ce corps hétérogène, qui n'appartiendrait ni à la

hiérarchie civile, ni à la hiérarchie militaire, serait une
excroissance dangereuse, une difformité bizarre qu'on ne
saurait admettre dans l'acte constitutionnel. Les jeunes
gens dont se composerait cette milice seraient choisis
infailliblement parmi les ci-devant gardes du corps et
dans la caste que l'on appelait privilégiée. Ils seraient
initiés de bonne source dans la doctrine du royalisme...
Les préjugés de la naissance, l'aversion pour l'égalité,
leur feraient oublier leur devoir envers la Nation pour ne
s'attacher qu'au monarque. Cette troupe, ainsi disposée,
serait la pépinière des chefs de votre armée de ligne.
Toujours alimentée par des surnuméraires de même
espèce, elle serait le germe inépuisable du monarchisme
et l'écueil infaillible de votre liberté civile et politique. »

Il fallait pourtant une garde royale. Vadier proposa
qu'elle fût composée de quarante-deux compagnies de
gardes nationales : une de ces compagnies serait prise
dans le département où le roi aurait sa résidence ; et les
quarante et une restantes, formées annuellement et alter-
nativement par les quatre-vingt-deux départements du
royaume. Cette garde devrait être payée sur les fonds de
la liste civile ; enfin les officiers seraient pris parmi
ceux en exercice dans la garde nationale du royaume.

Après cette protestation, Vadier resta dans l'ombre
jusqu'à la fin des travaux législatifs.

Quelques jours après, le 6 septembre 1791, Vadier,
écrivant à la municipalité de Pamiers, trace de l'Assemblée nationale un portrait assez sombre :

« Je viens de recevoir votre lettre du 29 avec la délibération du conseil général de la commune qui a été prise la
veille. Je vais faire tous mes efforts auprès des comités
d'abord, et ensuite à l'Assemblée, s'il est possible, pour

vous rendre la paix et la tranquillité. Je ne suis pas du
tout étonné des manœuvres des refractaires, non plus que
de la protection scandaleuse que leur accorde le directoire, mais il est bien affligeant qu'il se trouve parmi nos
citoyens qui s'étoient d'abord montrés sous le masque du
patriotisme, des gens qui abjurent les bons principes, et
qui se coalisent avec les ennemis du repos public. Sur
qui pourrons-nous donc compter aujourd'huy si, du petit
nombre de bons citoyens qui demeurent, il s'en détache
ainsi tous les jours, par des vües d'ambition ou d'un lâche
intérêt? Une pareille situation me navre de douleur surtout dans un moment où il me paraissait si doux de rentrer dans mes foyers pour y jouir du repos et de la liberté.
Je ne seaurois vous repondre, messieurs, du succès de
mon zèle, je n'ai jamais cessé jusqu'icy d'exciter la cellé-
rité du comité ecclésiastique, de provoquer celle du comité des rapports, mais je ne sais plus à quoi attribuer la
profonde léthargie où ils sont plongés... On repand de
toutes parts que nous sommes trahis par une infâme coalition, qu'on a corrompû toutes les voïes, qu'une bande de
brigands en credit favorise l'impunité de tous les crimes,
les trames des méchants, et la persécution des gens de
bien. Je ne vous affligerai pas par les bruits vrays ou faux
dont je suis assourdi, ni des menaces qu'on nous fait et du
dedans et du dehors. Mais une vérité que je ne peux cacher c'est que l'assemblée est travaillée dans tous les sens
par des factions, des manœuvres, etc., les passions les
plus animées s'y déployent sans ménagements, et j'ose
dire avec indécence. Peu de gens ont été à l'abri de la sé-
duction de la cour et des grands, la constitution a failli
être renversée sous prétexte d'additions, de relûte ou de
classiffication des articles. Le zèle d'un petit nombre de patriotes l'a sauvée du brigandage des intriguants, elle est

enfin parachevée, relüe et présentée au roy. Reste à savoir les nouvelles embûches que cette dernière scène nous prépare... Quoi qu'il en soit, l'opinion publique est fixée, on attend tout de la nouvelle législature, celle-ci va heureusement disparoître. Je ne sais si tout le bien qu'elle a fait dans les jours de sa gloire la sauveront du mépris dont quelques traîtres viennent de la couvrir. Quant à moy, messieurs, qui serai toujours vray, toujours invariable et incorruptible, je sais bien que je serai fidèle toute ma vie au serment que j'ai fait de vivre libre ou de mourir. »

L'attitude de Vadier, après la fuite du Roi à Varennes, avait placé le député de Pamiers au premier rang parmi les défenseurs de la cause populaire, comme en témoigne un placard enthousiaste, suivi d'une lettre non moins dithyrambique :

AUX CITOYENS.

> L'Univers voit en eux les ennemis du crime,
> Et l'exemple imposant d'une vertu sublime.

Citoyen qui chéris ta Patrie, voici ceux dont l'éloquence douce et loyale a renversé les projets de tes ennemis, et à qui tu dois ton repos, ton bonheur, ta vie et la Liberté. Livre-toi avec transport aux sentimens que les noms de tes vrais Amis doivent t'inspirer. Si quelque chose peut t'en distraire, c'est le souvenir des ambitieux qui ont déserté ton parti et dont les talens n'on servi qu'à dévoiler les vices de leur cœur. Mais reviens à tes Amis, à tes Libérateurs, aux Pères de la Patrie ; grave profondément dans ton cœur les noms chéris de ROBERTSPIERRE, PETHION, BUZOT, BIAUZAT, BOUCHE, GRÉGOIRE, CAMUS, ROEDERER, BARRÈRE, ROYER, TALLEYRAND, DILON, GOUTTES, GOMBERT, VADIER, PRIEUR, ANTOINE, SALLE, LAVI, et autres Amis sincères de la Patrie ; décerne-leur ce tribut de reconnoissance que l'Homme libre doit à l'Homme vertueux.

Lettre écrite aux Municipalités de la résidence des Députés dénommés dans cette affiche.

Poitiers le 4 octobre 1791, l'an 3ᵉ de la Liberté.

Messieurs, nous vous envoyons copie de l'acte, ou plutôt du monument que nous avons élevé à la gloire de nos bien-faiteurs. Veuillez faire parvenir cet hommage à Monsieur Vadier, votre Concitoyen; et vous, Messieurs, glorifiez-vous d'avoir fourni à la France un Législateur aussi précieux. La providence l'a fait naître sur votre terre : jouissez de cette faveur; jouissez du bonheur de le posséder. Nous joignons les expressions de notre reconnoissance à celle dont vous allez le combler.

Nous sommes avec fraternité. *Signé* GRILLAUD, FRADIN, DASSIER, ALEXANDRE, ROY, BOBIN, Citoyens libres et Amis de la Constitution.

A son retour de la Constituante, Vadier fut accueilli par ses compatriotes avec enthousiasme. De passage à Tou-louse, le club des Jacobins l'invitait aux honneurs de la séance, et, après l'avoir félicité du discours du 19 juillet, lui décernait une couronne civique. La municipalité de Pamiers prend à son tour une délibération également flatteuse pour l'amour-propre de son représentant [1]. « La renommée nous apprend la prochaine arrivée de M. Va-dier, notre député à l'Assemblée constituante. Sa longue absence nous rendra sa présence bien précieuse, surtout quand nous rappellerons ces orages terribles qui ont grondé si longtemps sur sa tête.

L'heureuse constitution qui gouverne les Français est en partie son ouvrage. Son patriotisme l'a fortement sou-tenu contre les chocs de toute espèce, nous allons donc le recevoir et l'embrasser.

Nous sommes informés que des villes dont le patrio-

1. 10 novembre 1791.

tisme a distingué le zèle pour l'achèvement de la constitution lui ont déféré des honneurs et fêtes civiques. Pamiers se trouve distinguée de ces autres grandes cités
pour avoir donné le jour à ce cher député; il faut donc
manifester la joie de son arrivée par un petit cérémonial
que nous voudrions pouvoir faire plus brillant.

Le jour de l'arrivée de M. Vadier le corps municipal
et le conseil général de la commune se rendront chez lui
en corps pour le saluer et lui témoigner combien nous
serons charmés de l'avoir parmi nous et dans le sein de
sa famille; à cet effet l'état-major et la garde nationale
seront invités de prendre les armes et de se ranger en
ordre de bataille, tambour battant et drapeaux déployés
sur le grand chemin de Toulouse, vis-à-vis la métairie du
Gabé; là après l'avoir reçu et complimenté, ils l'accom-
pagneront à son logis où se trouvera la municipalité pour
lui faire pareille réception, en ce moment il sera fait une
décharge d'artillerie et les cloches des deux paroisses de
la ville sonneront à la volée. »

CHAPITRE III

Vadier, président du tribunal de district. — Lettre de Vadier à
Maximilien Robespierre. — Lettre de Danton. — Vadier, nommé
député à la Convention nationale. — Iconographie de Vadier. —
Portrait du Conventionnel.

Rentré dans son département, il fut appelé par ses
concitoyens aux fonctions de président du tribunal judiciaire du district : il fut installé au milieu des acclamations des patriotes, si l'on en juge par les lignes suivantes,
extraites d'un libelle hostile de l'époque :

« Le jour où Vadier se fit recevoir président du tribunal,
on le promena pompeusement dans la ville. La faction
seule forma son cortège. Cette bande mêlait au cri de
Ça ira ! mille invectives contre les citoyens ; elle les mal-
traitait et enlevait les chapeaux de ceux qui ne saluaient
pas le Mamamouchi sur son passage. Il avait cru voir
grossir le cortège devant chaque porte ; mais, trompé dans
son attente, il rentra chez lui furieux. Son ingénue mère
dit le lendemain : «Mon fils était roi à Paris, on l'a cou-

« ronné à Toulouse, il a été méprisé à Pamiers ; il s'en
« vengera, et il ne se venge pas à demi. »

Des troubles ayant éclaté à Pamiers durant cette période
et la municipalité se trouvant entre les mains de la
contre-révolution, Vadier se rendit à Toulouse avec Lakanal ; il représenta à la Société populaire la triste situation
de sa ville natale et obtint du général Anselme un détachement du régiment de Cambrésis, « chargé de mettre
promptement l'aristocratie à la raison ». L'un des chefs
du parti contre-révolutionnaire, Delfour, avait été massa-
cré dans les rues de Pamiers. Frappés de terreur, les
chefs du parti royaliste abandonnèrent la ville pour se
réfugier à Foix.

En attendant de reparaître sur la même scène politique,
Vadier était resté en correspondance avec son ancien
collègue Maximilien de Robespierre. Il lui écrivait le
12 avril 1792 :

« Vertueux et généreux ami, la lettre affectueuse que
vous venez de m'écrire est un baume précieux qui a cica-
trisé les plaies de mon âme ; je la garderai comme un
monument glorieux, car rien ne peut être plus honorable
à un amant de la liberté que l'amitié de Robespierre et
l'estime inappréciable de ce tribun incorruptible du
peuple... Notre situation, mon cher collègue, ne s'est point
améliorée, ni par la mort de l'empereur, ni par les
triomphes des intrépides jacobins. Nous sommes dans
une extrémité de l'empire, où l'esprit public ne saurait
prévaloir sitôt sur les ravages du despotisme, les amorces
de l'intérêt, les leçons de l'égoïsme, les prestiges de la
vanité. Des têtes vides et incandescentes goûtent rarement
le sel de la philosophie et de la raison ; il n'est donc pas
difficile à un ministère perfide et malveillant d'y cor-

rompre tous les pouvoirs subordonnés, et d'y agiter les
torches de la guerre civile.

Vous verrez, cher et vertueux ami, par la nouvelle
adresse que notre société vient d'envoyer à notre société
mère, l'état déplorable de ce département et de notre
ville en particulier...

Il suffit de vous dire que les brigands dont l'aristocratie nous environne, se sont juré de promener ma tête
avant qu'il ne soit un mois, qu'ils ont reçu le salaire et
qu'ils s'engagent à le gagner. Vous savez que nous avons
appris ensemble à braver la mort, et que ces menaces ne
sauraient m'atteindre...

Nous avons reçu et admiré vos sublimes discours; ils
nous sont parvenus en leur temps, ils ont été couverts
d'applaudissements. J'ajoute que votre portrait placé
dans notre salle, reçoit l'hommage journalier des amis de
la liberté et des admirateurs des grands hommes.

Je suis, mon cher et illustre collègue, avec les tendres
sentiments que vous avez si bien su m'inspirer, votre
meilleur ami.   VADIER. »

Danton, devenu ministre de la justice après la journée
du 10 août, eut à donner son avis sur un incident qui
venait de se produire au tribunal présidé par Vadier. La
lettre est datée du 24 août 1792, l'an IV de la liberté,
c'est-à-dire peu de jours après l'installation de l'homme
d'État de la Révolution à la place Vendôme.

L'objet de la dépêche est peu important, puisqu'il s'agit
d'une simple question d'ordre dans l'admission des juges
suppléants; mais la conclusion est curieuse par le sentiment de la continuité qu'elle précise et qui décèle bien
l'homme de gouvernement chez le fougueux révolutionnaire : « Il est question de savoir si M. Saurine est fondé

à revenir sur son option, ou si l'acte, qui en contient la
déclaration, lui a fait perdre son expectative en faveur de
M. Borelli. Mes prédécesseurs, en pareille circonstance,
ont pensé que le suppléant, en tour de devenir juge, qui
se démet de l'office de juge, auquel il doit monter, ne peut
pas rester suppléant. C'était principalement pour remplacer, à son tour, les juges qui viendraient à mourir ou à se
démettre, qu'il avait été nommé suppléant suivant le texte
de la loi, et, en refusant la place de juge à laquelle il est
appelé, il renonce à une des principales charges de la
suppléance qu'il ne peut conserver. Je suis de la même
opinion qu'avaient ceux qui m'ont précédé dans le ministère que j'occupe, et je vais faire expédier des provisions
à M. Borelli.   *Le ministre de la justice,*
                                          DANTON. »

Comme président du tribunal, Vadier s'occupa surtout
des devoirs de sa charge; mais il eut également à contre-
carrer les intrigues contre-révolutionnaires dans l'Ariège,
et il s'acquitta de ce soin avec une grande énergie; aussi
lorsque la Législative arriva au terme de ses travaux,
le 3 septembre 1792, Vadier, qui, dans l'Ariège, se
trouvait à la tête du parti révolutionnaire, fut nommé
à la Convention par 235 suffrages sur 313 votants. Les
électeurs des assemblées primaires avaient donné à leurs
représentants des pouvoirs illimités. On s'en rapportait à
leur civisme pour « donner aux Français une forme de
gouvernement digne d'eux, digne d'un peuple libre, d'un
peuple qui a le vif sentiment de son indépendance et qui
saura la conserver ou périr plutôt que de retomber dans
l'esclavage. » Telle était la mission acceptée par Vadier.

Au milieu de collègues jeunes et ardents, brûlant du

noble désir de sauver la patrie, c'était un vieillard maigre, sec, de haute stature, dont l'âge avait plutôt exalté qu'abattu l'instinct de combativité. Sa physionomie, telle qu'elle apparaît dans de nombreux portraits du temps [1] que nous avons eus entre les mains, respire la finesse ; elle est pétillante d'ironie. La méfiance soupçonneuse et la ruse dominent dans la figure, qui n'est pas belle certes, mais dont les lignes, exemptes de sérénité, dénotent une volonté tenace, une curiosité inquisitive et pénétrante. Le regard est perçant sous d'épais sourcils interrogateurs ; la bouche spirituelle s'apprête à décocher quelques-uns de ces mots à l'emporte-pièce, de ces traits incisifs et cruels recueillis par l'histoire. C'est lui qui appelait Danton *turbot farci* et les députés du centre les *crapauds du marais*. On le traitait lui-même sur les bancs de la

1. *Portraits de Vadier.* — Les portraits de Vadier sont assez nombreux : ils figurent dans la collection de Quenedey au physionotrace ; dans la collection des constituants, par Le Vacher ; dans la collection Labadie (Bibliothèque Nationale, n° 42. C. folio 179) ; dans la collection des conventionnels, par Bonneville. — David d'Angers en a donné un très beau médaillon qui se trouve dans les galeries du Louvre ; il a été reproduit par le procédé Colas. — L'un des élèves les plus distingués de Louis David, Henri van der Hært, fit à Bruxelles une très vivante lithographie de Vadier et de sa seconde femme sous la Restauration. — Gabriel, poussé par son genre de talent à caricaturer les traits de ses modèles, l'a dessiné d'après nature sur les bancs de la Convention ; le dessin original a été acquis par M. Faucon, pour le compte du musée Carnavalet. — L'arrière-petit-fils du conventionnel, M. Lavigne, possède actuellement, à Crampagna, un portrait colorié sur une bonbonnière ronde que Vadier rapporta de Paris, au retour de la Constituante ; c'est une gravure de la collection Quenedey fixée sous verre : pardessus ou surtout à grand collet rabattu, sur fond tabac, avec raies longitudinales roses et bleues fondues ensemble. Habit gros bleu avec grands revers ; cravate blanche nouée à la Robespierre. Cheveux poudrés avec queue attachée par un ruban marron. La figure est patinée d'un teint jaunâtre pâle. Ce teint est assez commun dans le pays, les yeux sont couleur châtain foncé, les lèvres colorées légèrement. La perruque est blanche. L'habit de dessous est en gros bleu foncé, le pardessus est d'une étoffe rayée. Les rayures sont jaune, bleu et rouge.

Convention de vieil inquisiteur. Le mot fit fortune : il convient admirablement à ce vieillard ombrageux et sarcastique, d'une puissante originalité, d'un caractère susceptible, chatouilleux et vindicatif, sans don transcendant de parole et doué pourtant d'une éloquence réelle, faite de raillerie amère, d'âpres rugosités et aussi de jobarderie hâbleuse et de vantardise gasconne.

PENDANT LA TERREUR

PENDANT LA TERREUR

CHAPITRE PREMIER

VADIER A LA CONVENTION

Les pauvres de Paris. — Jugement du Roi. — Discours de Vadier.
— Inviolabilité royale. — Les Girondins. — Opinion de Vadier sur
Marat. — Menées fédéralistes à Toulouse et Nancy. — Les armées
révolutionnaires et les agents nationaux. — Placard contre Condorcet. — Les Dantonistes. — Fabre d'Eglantine et Philippeaux.
— Inviolabilité des représentants. — Vadier président de la Convention. — Les régicides. — Le beau-père de Camille Desmoulins.
— Mise en liberté de Thomas Payne. — La Commune de Paris. —
Haine à l'Angleterre. — Les hommes de couleur. — Accolade
fraternelle du président. — Le notaire Chaudot. — Procès de Danton. — Notes de Courtois de l'Aube. — Imprécations de Danton
contre Vadier. — Altercation avec David. — Vadier au tribunal
révolutionnaire. — Apostrophe du *Vieux Cordelier*. — Vadier président du Club des Jacobins. — Les prêtres. — La liberté des
laboureurs. — Le tribunal révolutionnaire. — Lutte contre Robespierre. — Loi du 22 prairial. — Opinion de Condorcet sur Robespierre. — Lutte entre les Comités de Sûreté générale et de Salut
public. — Rapport sur l'affaire Catherine Théos. — Explications
complémentaires de Senart. — Défense du Comité de Sûreté générale. — Vadier contre Robespierre. — Discours des 8 et 9 ther-

midor. — Poésie en dialecte ariégeois de Taschereau de Farges. —
Dénonciation de Lecointre. — Réponse de Vadier à Lecointre. —
Rapport de Saladin. — Disparition de Vadier. — Décret de dépor-
tation du 12 germinal. — Amnistie du 4 brumaire an IV.

En arrivant à la Convention, Vadier s'était fait inscrire
au Comité de Législation et au Comité des Secours publics. Comme rapporteur de ce dernier comité, il présenta
un projet de décret sur l'administration et la distribution
des revenus des pauvres de Paris. Appelant la justice et
l'attention de la Convention nationale sur cet intérêt sacré
il considérait l'inégalité des fortunes comme un malheur
inhérent aux sociétés : « Il n'en est point de bien ordonnée où l'indigent n'ait droit à la subsistance par le
travail, et à des secours lorsqu'il est infirme. Ce principe
gravé par la nature dans le cœur des hommes sensibles
pouvait être méconnu sous le régime du despotisme. Doit-
on être surpris que l'homme vertueux, mais indigent,
devînt un objet de mépris aux yeux des grands et de leurs
esclaves ? Il est temps, citoyens, de venir au secours de
ces victimes de la fortune et de l'égoïsme... il est temps
que cette classe infortunée qui a si souvent gémi sous le
marteau de la tyrannie et sous la verge de l'oppression,
bénisse enfin les mains généreuses qui en ont renversé le
colosse. » Les revenus des pauvres sont le patrimoine
exclusif des citoyens indigents. C'est aux sections à veiller
à leur distribution : car si les pauvres sont membres de la
société, si elle leur doit protection, c'est à cette société
qu'il appartient de régler, de répartir et de distribuer les
secours. Cette répartition devait être faite avec équité,
sans acception de cultes ou de personnes, sans préférence
pour tel ou tel quartier, telle ou telle paroisse, mais seulement en proportion de la population et des besoins, et
d'après la justice et l'égalité.

Les commissaires des quarante-huit sections revendiquaient le droit d'administrer et de répartir ces secours. La Convention, après examen de son comité, pensa que le plus sûr moyen de simplifier l'administration des revenus des pauvres de Paris, de les préserver de toute dilapidation, et de parvenir à une juste répartition, était d'en confier la régie et la distribution à une agence ou comité central, composé d'un membre de chaque section, sous la surveillance des corps administratifs [1].

[1]. Les manifestations publiques de l'action révolutionnaire de Vadier se trouvent au *Moniteur*, sous les numéros d'ordre suivants : Année 1791. — Discours contre l'inviolabilité royale, 196. — Rétractation, 198. — Garde constitutionnelle du roi, 237. — An Iᵉʳ, 1793 : Secours aux Belges réfugiés, 167. — Administration Haute-Garonne, 181, 184. — Sûreté générale, 259. — An II, 1793 : Affaire de Nancy, 17. — Or et argent cachés, 55. — Femme du duc d'Orléans, 56. — Dénonciation Héron, 89. — Commissaire Allard, 90. — Arrestation de Lebrun, 95. — An II, 1794 : Mise en liberté de Mazuel, 114. — Faux de Fabre d'Églantine, 116. — Présidence des Jacobins, 123. — Présidence de la Convention, 124. — Le beau-père de Camille Desmoulins, 126. — Thomas Payne, 130. — Discours aux sections sur le salpêtre, 137. — Députés de couleur, 137. — Sursis à l'exécution de Chaudot, 147. — Procès de Danton, 197. — Dénonciation aux Jacobins, 200. — Jourdan Coupe-Tête, 229. — Présidence des Jacobins, 235. — Contre les prêtres, 240. — Société de Caen, 262. — Catherine Théos, 269. — Mise en liberté des laboureurs, 293. — Erratum, 296. — Réponse à Robespierre, 311. — Discours du 9 thermidor, 311. — Comités révolutionnaires, 328. — Pistolet à la tribune, 344. — Dénonciation de Lecointre, 345. — Quitte la Sûreté générale, 347. — Aux Jacobins, 358. — Merlin de Douai, 360. — Dénoncé à nouveau, 365. — An III. — Clauzel-Vincent, 92. — Rapport des comités, 99. — Commission des 21, 126. — Habitants de Foix, 134. — Arrestation, 164. — Départ, 165. — Décret de déportation, 195. — Dupin, 230. — Tribunal criminel de la Charente-Inférieure, 250. — An IV. — Arrestation de Vadier avec Babeuf. — An V. — Vadier fils veut défendre son père, 6. — Troubles de Toulouse, 132. — Témoins à charge au procès de Vendôme, 197. — Accusateur national, 226. — Rouyer traite Vadier d'exécrable, 236. — Apologie du gouvernement révolutionnaire par Vadier devant la Haute-Cour de Vendôme, 240. — On lui ôte la parole, 241. — Acquitté, reste détenu, 252. — Directoire, 299. — An VII. — Estaque contre Vadier aux Cinq-Cents, 310.

Jugement du Roi

Vadier avait sa place marquée à la Convention nationale dont il prononça le premier le nom. N'avait-il pas réclamé à la tribune de la Constituante, au lendemain de Varennes, l'élection d'une Convention nationale avec mission de juger le Roi? La demande parut prématurée : elle ne trouva pas d'écho dans les rangs des constituants, qui avaient respecté le dogme, selon ses expressions, burlesque, de l'inviolabilité royale. Aussi, avec quel mépris et quelle hauteur juge-t-il ses anciens collègues : « Ce n'est pas sans indignation que j'ai vu ces vampires voraces, au mois de juillet 1791, se prosterner, honteusement, devant ce mannequin couronné, lorsqu'on le ramena de Varennes; prostituer leurs talents à le remonter sur le trône, tandis que leur devoir était de le conduire à l'échafaud; mais ils avaient besoin de ce monstre pour assouvir leur insatiable cupidité. La minorité incorrompue du corps constituant fut interdite, à la vue de cette ignominieuse coalition; l'énergie qu'elle avait déployée dans son adolescence fit place à une espèce de torpeur, déplorable effet de sa caducité. Je fus le seul qui eus la courageuse audace de proposer une Convention nationale pour juger ce roi fugitif et parjure... J'osai demander, au nom de la nation outragée, la tête de ce scélérat couronné. Je fus donc le seul qui osai, d'une main hardie, porter la coignée sur le colosse de la royauté, et qui osai poser la première pierre de l'édifice républicain!... j'eus ce courage à la face des traitres qui s'efforçoient de renverser la statue de la liberté, sous les yeux d'une cour scélérate et vindicative. Je fis cette motion au milieu des bayonnettes et des poignards, dans cette semaine trop mémorable, où le traître La Fayette fit égorger douze cents victimes au Champ de Mars, et scella de leur sang l'inviolabilité, l'hérédité du trône et la liste civile... Que de sang, que de trésors n'eût-on pas épargnés, si on eût alors donné suite à cette courageuse proposition ! »

Aux yeux de Vadier, le peuple était mûr pour la vengeance et le Roi pour l'expiation. Jamais le peuple n'avait donné son assentiment à une constitution stipulant une inviolabilité ridicule et l'abandon de ses droits essentiels. Le roi, c'était l'infâme assassin du peuple, l'ennemi de la liberté, le fléau du genre humain, le *brigand couronné* : on devait le dépouiller de son impénétrable armure. L'émigration des princes, leurs intrigues ténébreuses à l'étranger, l'attitude tortueuse des ambassadeurs et des ministres, les complots ourdis à Pillnitz et à Coblentz, l'agitation religieuse, les menées du château avaient dessillé les yeux de la nation. Sa motion fut rejetée et considérée alors comme le fruit d'une imagination déréglée et le délire d'une tête exaltée et incandescente. On parla d'envoyer son auteur dans un cabanon de Bicêtre. Les modérés ne ménagèrent pas leurs railleries : il en fut quitte pour traiter les *Feuillants* de dangereux amphibies et les comparer aux loutres qui se plongent dans l'eau lorsque le danger est sur terre et qui savent adroitement se reporter à terre lorsque la tempête agite les flots.

Vadier se félicitait de son zèle et de sa prévoyance : « Il importe d'apprendre à la postérité que si, parmi les représentants du peuple, il y a eu des traîtres qui ont sacrifié le salut public à la tyrannie, il s'est trouvé aussi des hommes courageux qui ont su braver ses fureurs et résister à la corruption. Je n'entends point m'enorgueillir d'avoir fait mon devoir dans cette circonstance orageuse : mon opinion pouvait être erronée ; mais l'intention était

bien pure : et si elle me parut bonne alors, je ne dois pas
rougir de la reproduire aujourd'hui, que Louis XVI a
comblé la mesure de tous les crimes, et que les preuves
de sa trahison sont manifestes à tout l'univers. Législateurs, ce n'est pas seulement au peuple français à qui
vous devez la vengeance de ses forfaits, c'est à l'humanité tout entière. »

Il exigeait le supplice de Louis XVI, persuadé que les
peuples voisins, transportés d'enthousiasme, suivraient
l'exemple et arracheraient à leurs tyrans le diadème avec
la vie. « Songez, législateurs, que vous ne devez pas composer avec les ennemis du genre humain... Souvenez-vous
que la liberté, la paix et la République universelle ne peuvent être cimentées que par la chute et le sang des rois :
ce sont les ennemis irréconciliables de la félicité publique :
il est temps d'exterminer à jamais ces barbares oppresseurs de l'humanité. »

A l'inviolabilité qu'il jugeait absurde en dehors de l'exercice du pouvoir royal, il opposait le dogme de la souveraineté imprescriptible du peuple, et il exhortait ses
collègues à traiter la grande question qui leur était soumise, non en praticiens et en rhéteurs, mais en législateurs et en hommes d'État. En dépit des sophismes, les
mânes des généreux défenseurs de la liberté tombés dans
les rues de Nancy, de Lille, de Montauban, sur la place du
Carrousel, au Champ de Mars, ne seraient apaisés que
par le sacrifice du tyran. Mais on ne pourrait lui donner
la mort sans le juger : le procédé serait indigne d'une nation juste et généreuse.

Le droit et le devoir de la Convention étaient nettement
tracés : elle devait préparer ce jugement : « Les crimes et
les turpitudes de Louis XVI ont éteint dans l'âme des
Français l'engouement de la royauté, et en ont facilité

l'abolition : sa bassesse et sa lâcheté l'ont rendu l'objet
du mépris des nations et de la haine des deux partis. Il
est à craindre, nous dit-on, que s'il subit la peine due à
ses forfaits, les germes mal éteints du royalisme et de la
superstition monarchienne ne se réchauffent, par l'intérêt
touchant qu'inspirera un jeune innocent, victime infortunée des crimes de son père. Citoyens, ces appréhen-
sions ne sont d'aucun poids, si vous considérez qu'il ne
peut y avoir de liberté et d'égalité sans république. Si
nous sommes mûrs pour ce genre de gouvernement, ne
craignons pas les méprisables restes de la tyrannie : semblables à ces vapeurs dont l'horizon est encore obscurci,
au lever de l'aurore, on les verra bientôt disparaître,
lorsque le soleil de la liberté aura purifié nos climats. »

L'orateur ajoute cette phrase qui contient en germe
toutes les suspicions dont l'âme sombre de Vadier pour-
suivra successivement la Gironde, Danton, Robespierre,
considérés à leur tour comme les héritiers de la tyrannie :
« Songez, législateurs, que vingt-cinq millions de Français
ont juré par Brutus d'exterminer tous les tyrans qui, sous
le nom de rois, de protecteurs, de dictateurs, de triumvirs
ou de tribuns, oseraient tenter de porter atteinte à leur
liberté. »

La nécessité s'imposait pour Vadier de montrer aux potentats qui asservissaient l'Europe la résolution inébran-
lable du peuple français d'extirper la lèpre dévorante qui
le rongeait depuis quatorze siècles. La France saura défendre sa liberté et appliquer la rigidité des principes
sans s'écarter des droits de la justice et de l'humanité :
« Je suis bien éloigné de penser qu'on doive juger Louis
Capet en esprit de vengeance et de ressentiment : ce serait
un assassinat juridique. Il convient, au contraire, d'apporter dans cette grande cause le calme, l'impassibilité et

la froideur dignes des fondateurs de la liberté, des amis des lois et de la vertu. Il faut donner à Louis le dernier toute la latitude que peut comporter une défense légitime ; tout doit lui être communiqué ; il est juste de l'entendre dans tous les cas, même sur la question préliminaire, s'il peut être jugé : question la plus importante à sa défense. »

Mais, la Convention se bornant aux fonctions de jury d'accusation, les juges et les jurés devaient être élus par les assemblées primaires des départements. « Je ne pense pas, comme votre comité de législation, que la Convention puisse réunir les fonctions de juge, de juré et d'accusateur. Le peuple vous a délégués pour lui proposer les meilleures bases de gouvernement, pourvoir à sa sûreté et à son bonheur, venger sa souveraineté et sa liberté violées. Mais, par cette auguste mission, et en vous honorant du soin de distribuer et de démarquer les pouvoirs, il ne vous a pas investis du droit redoutable de les réunir tous sur vos têtes, et d'en exercer d'incompatibles. Il n'a pu vous permettre d'être juges et parties, de cumuler l'accusation, l'instruction et le jugement : ce serait la tyrannie mise en principes par des législateurs envoyés pour l'anéantir. » Ce jury national devait rendre un verdict non soumis à cassation et son jugement devait être exécuté le jour même où il serait rendu. Pour Vadier, toute autre marche eût heurté les principes de justice et de sens commun.

On sait que la Convention n'adopta pas la manière de voir du représentant de l'Ariège. Celui-ci revint à la charge, en mettant encore plus de véhémence et d'âpreté dans son accusation. Louis XVI n'est plus que Louis Capet [1].

1. Seconde opinion du citoyen Vadier, député du département de l'Ariège, sur Louis Capet, imprimé par ordre de la Convention na-

« D'après le décret de la Convention, Louis le Traître est
un tyran vaincu, dont le supplice doit épouvanter ses semblables et cimenter la liberté du genre humain. Cette
mesure de sûreté générale est impérieusement commandée
par les dangers de la patrie. » Après s'être opposé à l'envoi de la procédure aux soixante mille assemblées primaires, il ajoute : « Il n'y a pas de bon citoyen qui n'ait
gémi sur les scènes sanglantes qui ont souillé la Révolution,
mais à ces malheurs partiels, faut-il ajouter l'impunité du
tyran qui les a causés... Louis le Traître doit être déclaré
coupable d'avoir conspiré contre la patrie et fait assassiner
le peuple. Il doit avoir la tête tranchée, en punition de
tant de forfaits, sur la place du Carrousel : que le décret
soit exécuté, sans appel, le jour même où il aura été
rendu. »

Dans la séance du 15 janvier, Vadier répondit naturellement d'une manière affirmative à la première question
posée à l'Assemblée de savoir si le ci-devant roi était
coupable de conspiration contre la liberté et d'attentat
contre la sûreté de l'État. Sur le deuxième point relatif, à
la ratification du jugement par le peuple, Vadier motive
en ces termes sa réponse négative : « Je suis le premier
qui ai eu le courage de donner ma voix pour nommer une
Convention nationale, ici, à l'Assemblée constituante, pour
juger le tyran ; et je le croyais alors aussi scélérat qu'il
l'est aujourd'hui ; et sans doute on ne me donna pas des
guinées pour faire cette motion, puisqu'alors il n'y avait
que des épices pour les reviseurs et des dragées mortifères pour le peuple des Champs-Élysées ; je dis : Non. »
Enfin, à la dernière question portant sur la peine encourue

tionale. De l'imprimerie polyglotte des rédacteurs-traducteurs des
séances de la Convention nationale, rue Aubry-le-Boucher, 13, près
la rue Quincampoix.

par le roi, Vadier formula ainsi son vote : « Je vote pour
la mort ; je ne suis ici qu'applicateur de la loi. »

Les Girondins.

Après l'exécution du roi, Vadier rentre momentanément
dans le rang. Son action publique disparaît ; mais il n'est
pas téméraire de préjuger qu'elle s'exerça énergiquement
en un sens hostile aux Girondins[1]. Le roi n'était pas encore
livré au bourreau et déjà il les dévouait au sacrifice : « Il
est temps, citoyens, que la Convention nationale prenne
le caractère qui convient à sa dignité ; il est temps de
secouer le joug de ces prétendus chefs d'opinion qui osent
la tenir en lisière. Otons enfin le masque à ces intrigants
qui, à force d'audace et par une stérile loquacité, usurpent
une renommée qui n'est due qu'au vrai mérite... » Plein
d'indulgence pour Marat, dont il ne partage pas toutes les
doctrines, il désigne les Girondins aux coups, et après
leur avoir imputé à crime leur indéniable éloquence, dès
le mois de janvier, il annonce comme nécessaire le recours
suprême à l'insurrection : « J'avoue avec la franchise qui
m'est propre, que je ne suis point le disciple de Marat,
que je ne marche sous la bannière de personne, que je
déteste le brigandage autant que la provocation au
meurtre, mais j'avoue que Marat est souvent utile par ses
présages, quelquefois pur et austère dans ses principes,
surtout peu dangereux par ses conseils ; il porte souvent
dans sa feuille le correctif et l'antidote de ses poisons.
Il n'en est pas de même du modérantisme, c'est un opium
qui tue lentement et dont l'insurrection est l'unique
remède. »

1. La biographie de Leipsig le classe parmi les principaux auteurs
de la révolution du 31 mai.

Danton légitimant l'insurrection du 31 mai, s'écriait, dans une partie de son discours : « Il faut que dans les départements où des communes patriotes luttent contre des administrateurs aristocrates, ces administrateurs soient destitués et remplacés par de vrais républicains. » Ces conflits entre les communes et les administrateurs départementaux furent l'une des causes principales des difficultés intérieures de la Révolution. Les comités et la Convention eurent bien des fois à se déjuger, à travers les renseignements contradictoires qui leur étaient fournis.

A la séance du 28 juin, présidée par Thuriot, Couthon, au nom du Comité de Salut public, proposa de suspendre l'exécution d'un arrêté rendu contre les administrateurs du département de la Haute-Garonne, la députation de ce département ayant donné des explications satisfaisantes sur les dispositions des habitants de Toulouse. Robespierre demande la question préalable sur la suspension proposée. Vadier opine dans le même sens : « Le Comité de Salut public est dans une grande erreur sur l'esprit qui règne dans la ville de Toulouse. Jamais il ne fut plus alarmant. Les sections sont présidées par des ci-devant parlementaires, par des ci-devant avocats, cette vermine des États. La société populaire voit ses membres les plus énergiques dispersés çà et là ; les aristocrates qui avaient été enfermés sont relâchés et les patriotes gémissent dans les fers. La paix qui règne dans Toulouse n'est que la stupeur du modérantisme et le silence de la terreur ; vous avez entendu, il y a quelque temps, ici à votre barre, un certain Barras ; cet homme est retourné dans cette ville, et a peint, sous les couleurs les plus effrayantes, la situation de la Convention, et ses discours ont été imprimés et répandus avec la plus grande profusion. On a eu l'impudeur aussi de faire imprimer l'opinion que Lanjuinais prononça à

cette tribune et qui est seule capable d'allumer la guerre
civile dans tout le pays. J'appuie la question préalable
demandée par Robespierre. » Après quelques mots de
Delmas qui avait observé que Vadier le fixait en parlant,
Couthon déclarait qu'on avait abusé d'une manière indé-
cente du Comité de Salut public et proposait lui-même la
question préalable sur le décret qu'il avait présenté. La
question préalable fut adoptée.

Vadier regardait comme inutile l'envoi des commissaires
dans la ville de Toulouse : « Car depuis que vous avez
décrété la mise en liberté des patriotes incarcérés, l'esprit
des sections a totalement changé. Les présidents aristocrates ont été chassés et huit sections ont réclamé contre
les arrêtés pris par les administrateurs. *(On applaudit)*. Si
on envoyait le citoyen Drulh dans ce département, ce ne
serait que pour favoriser le feuillantisme dont il est le
protecteur. Ce Drulh a donné asile au député de Toulouse,
Barras, qui a fait dans cette ville un rapport calomnieux
sur les journées des 1er et 2 juin, rapport au bas duquel
on a imprimé le discours de Lanjuinais. Je rends hommage aux intentions du Comité de Salut public ; mais,
environné de sollicitations, il a été induit en erreur. Je
demande la question préalable sur le projet de décret. »
La question préalable fut adoptée et la Convention rapporta le décret qui ordonnait l'envoi des commissaires à
Toulouse.

La Convention et le pouvoir central se trouvèrent bien
des fois encore en opposition avec les administrations
départementales. A la séance du 15 du premier mois an II,
Vadier, au nom du Comité de Sûreté générale, déclare
hautement qu'il n'est point de meilleur titre à l'amour des
patriotes que la haine des modérés et des fédéralistes
français, et couvre de sa protection un officier municipal

de Nancy, du nom de Pitoy, « qui avait toujours combattu
les principes de Salles et de ses complices. C'en était assez
pour exciter contre lui toute l'indignation du département
de la Meurthe ; il a été la victime des persécutions de ses
administrateurs ; on lui a imputé des principes d'immoralité, d'anarchie, de sédition, lorsque Pitoy ne faisait que
professer hautement les vrais principes du républicanisme. » Après avoir exposé les persécutions dont ce
patriote avait été l'objet, Vadier énumère les titres de
Pitoy à la reconnaissance publique : « Il a fait un ouvrage
plein d'idées lumineuses et patriotiques sur l'éducation
des enfants. Cet ouvrage avait été adopté dans les écoles
de Nancy ; huit sections de Nancy ont réclamé unanimement contre l'arrêté du département de la Meurthe, qui
destituait Pitoy ; il a des certificats de civisme les plus
amples ; tous les pères de famille, dont il a élevé les
enfants, le redemandent à grands cris ; la Société populaire de Nancy a donné sur son compte des attestations
authentiques ; à la société populaire s'est joint le directoire du district, dont les principes sont bien différents de
ceux du département. »

C'est pour mettre un terme à ces conflits que les agents
nationaux furent institués par le décret de frimaire an II.
Ils avaient pour mission de requérir l'exécution des lois
et de dénoncer les négligences apportées dans leur exécution. Nommés par le Comité de Salut public, ils étaient
les agents du pouvoir central. Ces agents étaient appuyés
par des armées révolutionnaires chargées de briser les
résistances ; ils ne brillèrent pas précisément par la modé-
ration, si l'on écoute les plaintes adressées à la Convention
quelques jours à peine après la mise en activité du décret.
Dès le 27 frimaire an II, Fabre d'Églantine donnait lecture
d'une lettre adressée à Cambon par un administrateur de

Saint-Girons dénonçant la conduite dictatoriale du commissaire civil Allart dans ce district. Il s'était associé un certain Picot, ci-devant garde du corps ; il avait levé une armée révolutionnaire, composée de 150 échappés à toutes les réquisitions, gens dont la moralité était tout au moins douteuse : « Accompagné de cette escorte, Allart vexe et pille les habitants, se rit de l'exécution des décrets, fait braquer le canon sur la place publique de Saint-Girons, et assimile cette commune paisible et peuplée d'excellents citoyens à une ville prise d'assaut. Chacun y tremble devant lui. » L'administrateur qui dénonçait le fait priait Cambon de le mettre sous les yeux de la Convention, et de solliciter un prompt rappel de l'intrigant qui les vexait. La discussion s'engage. La Convention décrète la peine de mort contre les officiers d'armées révolutionnaires qui n'exécuteraient pas la loi ; dix ans de fers contre les soldats qui ne se sépareraient pas aussitôt, et l'arrestation de Picot, Allart, Baby et Massiac.

Vadier, absent au moment de la discussion, s'érigeait le lendemain en défenseur d'Allart : « Hier, à la fin de la séance, sur la lecture d'une lettre adressée à Cambon par le procureur syndic du district de Saint-Girons, vous rendîtes un décret par lequel, entre autres arrestations, vous ordonniez celle du citoyen Allart, commissaire civil, délégué par des représentants du peuple dans le département de l'Ariège. Je viens vous demander le rapport de ce décret en ce qui concerne Allart. Allart est un excellent républicain. Allart eut le courage de s'opposer seul aux progrès du fédéralisme dans le département de l'Ariège, dans les circonstances les plus difficiles ; enfin, il a rendu les services les plus importants à la République. Tels sont mes motifs ; s'ils ne suffisaient pas, je vous dirais que ce ne devait pas être assez pour vous de la lec-

ture d'une lettre pour ordonner l'arrestation d'un patriote
aussi pur qu'utile. Je vous propose donc de décréter le
rapport de votre décret en ce qui le regarde. Je consens à
ce que la conduite d'Allart soit scrupuleusement examinée ;
mais j'insiste vivement sur la suspension du décret. » La
suspension fut décrétée.

Condorcet, qui s'était illustré aux premiers rangs de la
rude et vaillante phalange des encyclopédistes et à l'Académie des sciences ; qui dès l'aurore de la Révolution
avait fait réhabiliter le chevalier de la Barre, qui avait
éparpillé ses vues humanitaires et manifesté sa double
action philosophique et politique dans des milliers de
journaux et de brochures, était proscrit pour prix de ses
travaux à la Commune, à l'Assemblée législative et à la
Convention nationale. De sa retraite de la rue Servandoni,
il écrivit son dernier article sous forme de lettre à ses collègues. Vadier y était attaqué, il répondit par un placard
affiché dans les rues de Paris [1].

« J'ai vu, avec indignation, qu'un homme, justement
flétri par le fer chaud de l'opinion publique, cherchait à
s'en venger contre les ennemis incorruptibles de la royauté.
Il nous accuse, Robespierre et moi, *d'avoir souillé, par de
honteuses rétractations, l'honneur d'avoir combattu pour
une si belle cause.* Cette récrimination maligne est dénuée
de preuves. Tu n'oserais citer, Condorcet, les sources
impures où tu l'as puisée ; mais puisque tu as osé mentir à
ton cœur, je vais suppléer à la frauduleuse réticence. Le

---

1. Bibl. Nat., 46ᵉ 3196. *Le montagnard* VADIER *à M.* CARITAT, ci-
devant marquis de CONDORCET, académicien, auteur d'une Constitution à la détrempe, rejetée par la Convention nationale et d'une
feuille empoisonnée, corruptrice de l'esprit public, appelée la *Chronique*, ci-devant président du club Hermaphrodite, dit de 1789, etc.
De l'Imprimerie des 86 départements, faubourg Poissonnière

14 juillet 1791, j'eus le courage, après un discours assez
véhément, de proposer à l'Assemblée constituante de
mettre en jugement le tyran ramené de Varennes et de
convoquer une Convention à cet effet. Cette motion hardie
excita la fureur des noirs et des modérés et des huit
comités réunis. On vit avec frayeur que j'avais posé la
première pierre de l'édifice républicain. Le lendemain
15 juillet, le charlatan d'André qui était le régulateur de
la coalition et que d'autres avaient nommé le paillasse
de la revision se déchaîna contre ce qu'il appelait les
désorganisateurs et les anarchistes et cette sortie avait
été annoncée le matin par le chant du coq. Les allusions
piquantes de cet aboyeur étaient visiblement dirigées
contre moi et je le lisais dans tous les regards. Je me crus
donc forcé de prendre la parole en ces termes : « Le
même courage que j'ai mis à combattre le projet des huit
comités coalisés, je saurai l'employer ce courage à faire
respecter le vœu de la majorité, s'il pouvait devenir celui
de l'assemblée. Je regarde l'obéissance envers l'expression
de la volonté générale comme le premier des devoirs de
l'homme libre. » Voilà la honteuse rétractation que les
aristocrates seuls ont eu l'absurdité de me reprocher et
tu n'as pu l'apprendre, Condorcet, que dans les journaux
de Royou et de Durosoy et autres de pareil calibre : je
rends grâce à ta calomnie, car tu m'en as glorieusement
dédommagé en accolant mon nom au nom impérissable
de Robespierre. Je suis encore enorgueilli de me voir
attaqué par le coriphée d'une faction liberticide et aujour-
d'hui maudite par tous les amis de la République... par
un homme encroûté dans les préjugés scientifiques et
nobiliaires, imprégné des miasmes du royalisme et engue-
nillé des hochets du patriciat et des académies.

Je suis accusé de fluctuation d'opinion, par qui? par

un homme dont les opinions ont toujours flotté au gré
des événements et des circonstances, qui a crié tour à
tour : Vive le roi ! Vive la ligue ! qui tantôt feuillant, tantôt
jacobin, tantôt noir, tantôt gris, n'a jamais cessé d'être
esclave et courtisan, parce qu'il n'a jamais cessé d'être de
la caste impure dont on les fit… ; par un homme, enfin,
qui a fini sa carrière politique par l'ébauche d'une constitution éphémère, mélange informe de démagogie, de
métaphysique et de déraison, dont le moindre vice est la
prolixité et l'amphigouri et dont le but était de ramener
le peuple au despotisme en le dégoûtant par l'exercice
impraticable de la souveraineté.

Tu te plains de la violation des Droits de l'Homme et de
la liberté de la presse ; tu gémis comme les Girondins sur
la journée glorieuse du 2 juin, mais les conjurés, tes bons
amis, les *Buzot*, les *Barbaroux*, les *Pétion*, les *Gorsas*, les
Louvet, les *Biroteau*, les *Guadet*, s'en plaignent comme
toi ; c'est pour n'être pas *embastillés*, ou pour mieux dire
guillotinés, qu'ils lèvent des armées contre Paris, contre
les Jacobins, contre la Montagne, c'est-à-dire contre la
République… Ce sont ces monstres qui ont aiguisé les
poignards des *Pâris*, des *Charlotte Corday* ; des assassins
de Léonard Bourdon ; ils attendent de nouvelles victimes
pendant que tu prostitues ta plume à dénigrer les plus
chauds défenseurs de la liberté.

Tu crains, dis-tu, le supplice d'entendre proclamer un
roi !… Tu feins de craindre les prétendus *triumvirs* et
leurs esclaves. Que ce langage est plein de fiel, d'hypocrisie, de fourberie ! C'est pour un roi que tu ne cesses
d'écrire, de calomnier et de ramper… C'est pour te ras-
seoir dans le fauteuil académique et sur les banquettes de
l'œil-de-bœuf, et pour redevenir marquis que tu tends les
bras vers la royauté… C'est pour gagner les guinées du

roi Georges Dandin que tes pareils soufflent le feu de la
guerre civile dans le Calvados et dans la Vendée, dans les
murs de Marseille et de Lyon, et sur les rives de la Gironde.
Continue donc d'attaquer les plus irréprochables défenseurs de la République et de la liberté ; continue de
dénigrer une Constitution qui va réduire en poudre les
tyrans et les royalistes ; c'est le vrai moyen d'en faire
l'éloge ; mais prends garde d'imiter cet astronome qui, en
considérant les planètes, se laissa choir au fond du puits
qu'il n'aperçut pas sous ses pieds... Apprends surtout à
connaître la vertu avant de la calomnier. — VADIER.
*Paris, le 24 juillet 1793, l'an deuxième de la République
une et indivisible.* »

Telle est la bonne foi des partis politiques ! Condorcet
avait pour lui ses vertus, sa conscience civique et son
génie. Mis hors la loi, il écrivit paisiblement son admirable
Esquisse de l'esprit humain, puis, par une belle matinée de
printemps, il se dirigeait sur les bois de Châtillon et de
Clamart, et le poison réclamé de l'amitié de Cabanis déli-
vrait de l'injustice de ses contemporains l'homme qui
avait tenu si haut le flambeau de la philosophie au dix-
huitième siècle.

Depuis le 2 juin, la Gironde était vaincue. La hache
demeurait suspendue, hésitante, sur la tête des vingt-deux.
L'insurrection s'étendait en Vendée ; Lyon, Toulon, Marseille se soulevaient ; au moment où Marat tombait sous
le poignard de Charlotte Corday, la France était enserrée
aux frontières par les armées de la coalition. On entendait
le tocsin sur toute l'étendue de la République ; la levée
en masse était ordonnée. Sur la proposition de Léonard
Bourdon, les armées révolutionnaires s'organisent à l'in-

térieur et le tribunal révolutionnaire, divisé en quatre sections, accélère sa redoutable besogne.

Le samedi 14 septembre 1793, au lendemain du discours prononcé par Danton, sur la proposition du Comité de Salut public, la Convention, présidée par Billaud-Varennes, nomme, pour composer le Comité de Sûreté générale, Vadier, Panis, Lebon, Boucher-Saint-Sauveur, David, Guffroy, Lavicomterie, Amar, Rulh, Vouland, Moïse Bayle. C'est ce comité qui, sous la présidence de Vadier, fonctionnera pendant toute la durée de la Terreur : son influence cachée, mais toujours visible, fera plus d'une fois songer à l'action mystérieuse du Conseil des Dix.

La terreur est mise à l'ordre du jour, la loi des suspects votée. Le Comité de Sûreté générale eut d'abord à examiner la situation des Girondins. L'acte d'accusation rédigé par Amar, fut l'œuvre collective du Comité. Pour avoir conspiré contre l'unité et l'indivisibilité de la République, quarante-quatre Girondins étaient décrétés d'accusation le 3 octobre, et un ordre d'arrestation était lancé contre les signataires des protestations des 6 et 19 juin. Le 24 brumaire, sur le rapport de Vadier, la Convention rapportait son décret relatif à la citoyenne Égalité ; elle chargeait, en conséquence, son Comité de Sûreté générale de faire traduire à Paris « ladite femme Égalité et de prendre à son égard les mesures que la sûreté générale exige, en exécution du décret du 17 septembre dernier. »

Les Dantonistes.

Une des grandes préoccupations de Vadier fut d'éloigner de sa personne toute responsabilité pouvant donner prise à des attaques d'un caractère avilissant. On a pu lui reprocher sa férocité; il a été accusé d'avoir assouvi des vengeances personnelles. Mais jamais on ne lui jeta à la face le reproche de vénalité. Sa porte était sévèrement condamnée; il était résolu à n'écouter aucune sollicitation.

Dans les fonctions terribles qu'il exerçait, il ne fit jamais trafic de sa conscience [1]. Dans la séance du 23 brumaire an II, il s'exprimait en ces termes, au nom du Comité de Sûreté générale: « La sévérité dont les membres du Comité de Sûreté générale ont toujours usé contre les conspirateurs les a fait accabler de calomnies. Le bien public, l'intérêt de la liberté, leur font mépriser ces viles attaques. Mais il est une espèce de responsabilité dont le poids nous devient importun et nous fait craindre d'outrepasser la ligne de nos pouvoirs; c'est cette sorte de responsabilité dont on nous environne par ces lois révolutionnaires dont l'exécution nous est confiée. Le Comité de Sûreté générale est chargé de recevoir l'argenterie qu'on apporte à la Convention, d'examiner les procès-verbaux qui en sont dressés. Un comité de sûreté générale ne peut être un bureau de comptabilité. Il faut nous décharger de ce soin; il nous restera encore assez à faire. Nous aurons à découvrir ces conspirateurs qui cachent au sein de la terre des trésors qu'ils enlèvent à la circulation. Je puis déjà vous annoncer que nos recherches n'ont

---

1. Ses accusateurs n'ont pas manqué de passer sous silence les soins qu'il prit pour recouvrer, après le pillage du Garde-Meuble, une partie des diamants de la couronne; entre autres, le *Régent* et le *Sancy*. Il fit arrêter celui qui les avait volés et il porta lui-même à la trésorerie ces précieux joyaux. Le désintéressement de Vadier n'a pas été contesté par ses ennemis. Sa probité sévère au milieu des fonctions auxquelles donnaient tant d'importance nos divisions intestines et la lutte contre la plupart des puissances, contraste, dans l'histoire de ces temps mémorables, avec l'active cupidité de la faction qui a dominé plus tard. (Rabbe, *Biogr. des cont.*)

point été infructueuses. Déjà plusieurs millions en or, en argent, en bijoux sont sortis des entrailles de la terre par les soins des sans-culottes. La force et l'énergie qu'ils opposent à toutes les séductions ont mis la terreur à l'ordre du jour. Gardez-vous de vous apitoyer sur les monstres qui ont fait couler le sang des républicains. » Pour conclure, Vadier présentait et faisait adopter un décret de confiscation.

Les attaques dirigées contre l'entourage de Danton eurent pour point de départ l'attitude de quelques-uns de ses amis vis-à-vis des Compagnies de finances. Le Comité de Sûreté générale les surveillait étroitement. L'accueil fait à leurs dénonciations devait les avertir de l'hostilité sourde qui allait bientôt éclater sur leur tête. Masuel, commandant de la cavalerie révolutionnaire, accusé par Fabre d'Églantine d'avoir tenu au foyer du Théâtre Italien des propos tendant à l'avilissement de la représentation nationale, fut mis en liberté sur la déclaration de Vadier qu'il n'était parvenu au Comité de Sûreté générale aucune pièce à l'appui de cette dénonciation.

VADIER. — Je suis encore chargé de vous dire, au nom du Comité de Sûreté générale, qu'il ne lui est parvenu aucun fait à charge ni à décharge sur Ronsin et Vincent ; cependant, plusieurs pétitions ont été faites par la Société des Jacobins, par celle des Cordeliers et par différentes sections, pour hâter le rapport de leur affaire. Votre comité vous prévient qu'il ne pourra faire de rapport s'il n'a point de renseignements à cet égard. On ne pourra donc lui imputer un retard qui vient du manque des pièces, et non de son fait. » — Goupilleau de Montaigu demande des explications sur la détention de Bazire et Chabot, et Philippeaux s'étonne des retards apportés par le Comité de Sûreté générale à l'examen des chefs d'accusation articulés à la tribune contre Vincent et Ronsin.

Vadier. — Ce n'est point la dénonciation de Philippeaux qui a motivé l'arrestation de Vincent et de Ronsin. Ce n'est donc point d'après elle que nous pouvons faire un rapport. Les faits dénoncés par Philippeaux sont renvoyés au Comité de Salut public, mais cela n'a pas dû m'empêcher de dire que le Comité de Sûreté générale n'a rien reçu qui fût relatif à ces deux détenus.

Quant au rapport sur Chabot et Bazire, sans doute il n'est point interminable. Le Comité voit avec peine que cette affaire traîne en longueur. Mais on a été obligé d'interroger plusieurs fois Chabot, Bazire et Delaunay d'Angers. Ces interrogatoires contiennent 50 pages d'écriture, qu'il faut réduire à une courte analyse. Il y avait de grands conspirateurs à saisir. On doit compter sur l'impartialité et le zèle du Comité de Sûreté générale.

On arrive rapidement des menaces à l'exécution. Dès le lendemain, Vadier s'expliquait d'une manière catégorique. Danton, qui, sans prendre expressément la défense de Fabre d'Églantine, désirait qu'il fût entendu à la barre, dut commencer à comprendre que les nuages s'amoncelaient sur sa propre tête et que l'orage allait bientôt fondre sur lui. Expliquant l'origine de l'affaire Chabot, Bazire, Delaunay et Julien, Vadier fit ces déclarations : « La conspiration dénoncée par Chabot nous était déjà connue depuis trois mois; elle consistait à épouvanter les compagnies de finances par divers moyens; d'abord à faire baisser leurs actions qui circulaient, et à les acheter pendant la baisse; à les rehausser ensuite par de nouvelles mesures et à revendre alors celles que l'on aurait achetées. Vous voyez que par là on donnait plus d'activité à l'agiotage, et que par conséquent on travaillait pour le malheur du peuple. Je ne connais point de patriotisme sans vertu, sans probité, et ce que je viens de dire doit vous faire sentir l'importance du faux qui a été commis. Le changement qui a été fait à la disposition relative aux transferts annule complètement la loi. Le transfert sur des registres secrets, destinés à remplacer les actions et soustraire les capitaux aux droits d'enregistrement, n'a d'autre objet que d'éluder la loi. Il est donc toujours frauduleux. En second lieu, on annule votre décret en soumettant la liquidation de la Compagnie des Indes à ses statuts et à ses règlements. La loi a donc été annulée sous un double point de vue; le faux est bien caractérisé. Cela doit vous suffire pour vous porter à confirmer la mesure prise par votre Comité de Sûreté générale à l'égard de Fabre d'Églantine. »

Après des observations présentées par Cambon, Ramel, Charlier et Amar, Danton prend la parole : « Le Comité de Sûreté générale a bien agi en mettant sous la main de la loi un homme présumé coupable. Rendons justice au peuple. Pourquoi les accusés ne seraient-ils pas traduits à la barre pour s'expliquer, après que le Comité de Sûreté générale aura pris les mesures convenables pour qu'aucun coupable n'échappe, qu'aucun fil de l'intrigue ne se perde? Mais pourquoi n'entendrions-nous pas ceux qu'on accuse? Je demande que la Convention confirme l'arrestation de Fabre d'Églantine, que le Comité de Sûreté générale prenne toutes les mesures qui seront nécessaires, et qu'ensuite les prévenus soient traduits à la barre, afin qu'ils soient jugés devant tout le peuple, et qu'il connaisse ceux qui méritent encore son estime. Ma proposition n'est pas contraire à celle du Comité; je demande qu'elle soit adoptée. »

Vadier. — Les principes du préopinant nous mène-
raient à la constitution de 91, qui accordait une inviolabilité absolue aux représentants du peuple. On vous
demande de faire juger les prévenus par la Convention.
Pourquoi s'érigerait-elle en tribunal? Point de ménage-
ment. Je ne connais point de patriotisme sans vertu, sans
probité. On a dit qu'il s'agissait ici de turpitude pécu-
niaire: c'est bien plus. La conspiration que nous vous
avons dénoncée tient à un système affreux de contre-
révolution : l'homme dont il est ici question est le premier
pensionnaire de Pitt; c'est son principal agent; il tenait
dans ses mains les principaux fils de la trame criminelle,
ourdie contre la liberté ; il voulait armer les catholiques
contre les protestants, et allumer par là la guerre civile.
Dix-neuf personnes ont été arrêtées pour cet objet; c'est
aux tribunaux que vous devez les renvoyer; c'est à l'échafaud que de pareils conspirateurs doivent aller, et non à
la barre de la Convention. N'avez-vous pas condamné
Brissot sans entendre ses diatribes? Voulez-vous faire le
procès à la révolution du 31 mai? (*Vifs applaudissements.*)
Il se trouvera ici des hommes à toute nouvelle faction.
(*Oui, oui, s'écrient simultanément un grand nombre de membres.*) Citoyens, voilà toute la vérité. Je n'ai point d'éloquence, je n'ai que celle du cœur et du sentiment. Je
demande l'ordre du jour sur la motion de Danton.

Billaud-Varennes combat à son tour la proposition de
Danton qui réclame un rapport général afin de connaître
toutes les ramifications « de cette horrible conspiration ;
car si Vadier ne nous eût annoncé que celle qui vient
d'être découverte se liait à celle dénoncée par Chabot,
la République et nous l'eussions ignorée. Je demande que
les comités réunis de Salut public et de Sûreté générale

consacrent une partie de leurs veilles à réunir tous les fils de ce complot, et qu'ils fassent leur rapport aussitôt qu'ils le pourront sans compromettre les intérêts de la patrie. »

Billaud-Varennes s'écrie : « Malheur à celui qui a siégé à côté de Fabre d'Églantine, et qui est encore sa dupe ; il a trompé les meilleurs patriotes », et demande qu'on laisse au Comité le temps de découvrir toute cette trame criminelle. Amar défend le comité : il ne peut être accusé de négligence, pas même d'indifférence. Danton dut déclarer que son intention n'était pas d'accuser le Comité et qu'il lui rendait justice.

VADIER. — Le président me remet une lettre de Chabot, par laquelle il prie la Convention de lui accorder la permission de voir sa mère, femme âgée de plus de quatre-vingts ans ; il en avait fait la demande au Comité de Sûreté générale, qui la lui avait accordée. Je demande que l'Assemblée approuve à cet égard la délibération de son Comité.

Le 5 pluviôse, le Comité de Sûreté général était incriminé par Bourdon de l'Oise : « Je ne sais pas quel est le crime du beau-père de Camille Desmoulins, mais je sais qu'il s'est brouillé avec lui parce qu'il trouvait de l'aristocratie dans ses numéros. Remarquez bien que c'est Camille Desmoulins qu'on veut attaquer. Le Comité de Sûreté générale est instruit depuis cinq jours de ces faits ; je m'étonne qu'il n'ait pas encore fait cesser cette oppression. Je demande que sous trois jours il fasse un rapport à l'Assemblée. »

VADIER. — Cette affaire n'est point l'ouvrage du Comité de Sûreté générale ; je ne sais pourquoi l'on semble s'acharner à l'attaquer. Il est composé de patriotes que j'ose dire purs et à toute épreuve. Si la Convention veut le renouveler, elle en est bien la maîtresse ; au surplus, le rapport qu'on demande sera fait demain si l'on veut.

Danton s'opposa à l'espèce de distinction, de privilège qui semblait accordé au beau-père de Desmoulins. Pour lui, la Convention ne devait s'occuper que d'affaires générales : « Si l'on veut un rapport pour ce citoyen, il en faut aussi pour tous les autres. Je m'élève contre la priorité de date qu'on cherche à lui donner à leur préjudice. Il s'agit, d'ailleurs, de savoir si le Comité de Sûreté générale n'est pas tellement surchargé d'affaires, qu'il trouve à peine le temps de s'occuper de réclamations particulières. Une révolution ne peut se faire géométriquement. Les bons citoyens qui souffrent pour la liberté doivent se consoler par ce grand, ce sublime motif. »

A la séance du 4 nivôse an II, après un rapport de Barrère annonçant nos succès à Toulon, Vadier, montant à la tribune : « Il n'est pas indifférent d'apprendre à la République, en ce jour de gloire, que l'ex-ministre Lebrun a été amené hier au Comité de Sûreté générale ; vous devez cette capture au brave Héron, dont on a voulu paralyser le courage. J'espère qu'aucun de ces conspirateurs n'échappera à la vengeance nationale. (*Applaudissements.*)

LE PRÉSIDENT. — Cette séance, entièrement consacrée à l'allégresse nationale est suffisamment complète ; si personne ne s'y oppose, je vais la lever.

Le 25 pluviôse, Vadier faisait surseoir à l'exécution du notaire Chaudot, condamné à mort pour avoir signé en second, chez son collègue, un acte d'emprunt contracté à Paris par le fils du roi d'Angleterre.

VADIER. — Je puis affirmer à l'Assemblée que le fait pour lequel Chaudot a été condamné n'est pas celui qui

avait déterminé le Comité de Sûreté générale à lancer un
mandat d'arrêt contre lui. J'appuie la proposition de surseoir à l'exécution du jugement rendu contre Chaudot.

Le sursis fut décrété au milieu des plus vifs applaudissements. Des représentants du peuple et des citoyens des
tribunes coururent aussitôt annoncer le décret. Ce fut un
répit de courte durée. Quatre jours après, au nom des
Comités de Législation et de Sûreté générale réunis, le
jurisconsulte Oudot faisait rapporter le décret libérateur.
Il estimait impossible de faire fléchir la loi devant des raisons d'humanité. Chaudot était exécuté le lendemain.

Présidence de la Convention.

Vadier présida la Convention nationale la première
quinzaine de pluviôse, an II. Il prit possession du fauteuil
le jour anniversaire de l'exécution du Roi, et répondit, en
cette qualité, à la Société des Jacobins et à la garde nationale de Paris, admises à la barre. Il célèbre l'anniversaire du 21 janvier en un langage hyperbolique, conforme
aux habitudes violentes, aux mœurs oratoires de l'époque :
« Citoyens, l'anniversaire de la mort du tyran est un jour
de gloire pour le peuple français et un jour de terreur et
de deuil pour les tyrans et leurs suppôts ; ce jour mémorable annonce le réveil des peuples asservis. La massue
révolutionnaire est prête à écraser ces monstres, et l'arbre
glorieux de la liberté ne périra point quand le sang impur
en aura humecté et fortifié les racines. Citoyens, la fête
que vous allez célébrer doit électriser le courage des
sans-culottes, comprimé pendant trop longtemps, apaiser
les mânes des victimes égorgées sous les drapeaux de la
tyrannie et venger le genre humain des outrages qu'il a
reçus pendant quatorze siècles de despotisme. C'est au-

jourd'hui, c'est à la même heure que la tête du tyran est tombée ; c'est devant la statue de la Liberté que va sonner la dernière heure des brigands couronnés et de leurs infâmes satellites. (*Vifs applaudissements.*) La Convention nationale applaudit à votre énergie ; elle y reconnaît les hommes du 14 juillet et du 20 août, les braves jacobins du Champ de Mars, en un mot, la vertu sublime du peuple généreux de Paris. Soyez assurés, citoyens, que les hommes qui ont voté la mort du tyran, que ceux qui ont défendu l'*Ami du Peuple*, qui n'ont jamais quitté le sommet de cette glorieuse Montagne (*Les cris de vivent les Montagnards! se font entendre de toutes les parties de la salle*), qui savent détester et punir le crime, sauront aussi triompher des intrigues et des passions par leur inaltérable vertu ; ils braveront les forces des vils potentats de l'Europe et de leurs infâmes esclaves. Bientôt leurs trônes s'écrouleront et tomberont en poudre devant la majesté du peuple français, et l'on verra s'élever à leur place l'autel de la vertu, de la justice et de la liberté. La Convention nationale prendra en considération la pétition que vous venez de faire. Elle vous invite aux honneurs de la séance. » La proposition de Fête civique fut adoptée par décret.

Le temps ne parvint jamais à affaiblir les sentiments de haine des régicides à l'endroit de Louis XVI et des membres de la famille royale. Cette colère se manifestait d'une manière parfois très puérile, comme chez ce député gascon qui, au dire d'une légende locale, avait tapissé, sous le premier empire, les portes de son salon provincial des images du roi et de la reine. La tête des souverains, dépassant le niveau et fixée sur le mur, se trouvait séparée du tronc à l'entrée des visiteurs. Cette décollation permanente en effigie était un régal pour le vieux conventionnel.

Le 8 pluviôse, une députation d'Américains était admise
à la barre. L'orateur de la délégation demandait la mise
en liberté de Thomas Payne, offrant, au nom de ses frères
d'Amérique, de se rendre garant de sa conduite pendant
le peu de temps qu'il resterait en France. Le président
répondit que les braves Américains étaient nos frères en
liberté : « Comme nous, ils ont brisé les fers du despotisme ; comme nous, ils ont juré la perte des rois et voué
une haine immortelle aux tyrans et à leurs esclaves. Il
doit résulter de cette identité de principes une union à
jamais inaltérable, une sympathie fraternelle entre les
deux nations. Si l'arbre de la liberté fleurit déjà dans les
deux hémisphères, celui du commerce doit, par cette
heureuse alliance, ombrager les deux pôles par ses rameaux vivifiants. C'est à la France, c'est aux États-Unis à
combattre et à terrasser de concert ces insulaires orgueilleux, ces insolents dominateurs des mers et du commerce
des nations. Lorsque le sceptre du despotisme est prêt à
échapper de la main criminelle des tyrans de la Terre, il
faut briser aussi le trident qui enhardit l'insolence de ces
corsaires d'Albion... de ces modernes Carthaginois. Il est
temps de réprimer l'audace et la mercantile avarice de
ces fashions, tyrans des mers et du commerce des nations.
Vous nous demandez, citoyens, la liberté de Thomas
Payne : vous voulez ramener dans vos foyers ce défenseur
des Droits de l'Homme, on ne peut qu'applaudir à ce généreux mouvement. Thomas Payne est né en Angleterre,
c'en était assez sans doute pour appliquer à son égard les
mesures de sûreté présentées par les lois révolutionnaires ; on peut ajouter, citoyens, que si Thomas Payne a
été l'apôtre de la liberté, s'il a coopéré puissamment à la
Révolution d'Amérique, son génie n'a point aperçu celle
qui a régénéré la France ; il n'en a aperçu le système que

d'après les prestiges dont les faux amis de notre Révolution l'ont environnée. Vous avez dû, comme nous, déplorer une erreur peu conciliable avec les principes qu'on admire dans les ouvrages bien estimables de cet auteur républicain. La Convention nationale prendra en considération l'objet de votre pétition et vous invite à sa séance. » La pétition fut renvoyée aux Comités de Salut public et de Sûreté générale réunis.

Le 15 pluviôse, un membre de la commune de Paris étant venu à la barre, le président lui tint ce langage : « Républicains, vous nous apportez du salpêtre dont l'action est moins prompte que votre zèle à le fabriquer ; c'est nous dire qu'il n'y a plus ni paix, ni trêve pour les tyrans, et que l'olivier de la paix ne peut être planté que sur leurs tombeaux. C'est avec de l'or que ces monstres avaient rivé vos chaînes, corrompu les mœurs, perverti la morale des nations ; c'est avec de la poudre et du fer que nous allons purger la Terre de ces brigands et engraisser l'arbre glorieux de la liberté de leur sang. Courage, nouveaux Spartiates, continuez à forger la foudre qui doit éclater sur leurs têtes coupables, que vos canons et vos mortiers soient autant de volcans dont la lave brûlante dévore bientôt l'île orgueilleuse d'Albion et précipite dans l'Océan l'infâme Pitt et ses méprisables complices. Détruisons cette superbe et trop insolente Carthage, et renversons-la pour le bonheur des nations maritimes. C'est dans les foyers de ces lâches forbans qu'il faut porter la foudre et la mort ; c'est peu qu'ils aient mordu la poussière dans l'infâme Toulon et sous les remparts de Dunkerque ; c'est peu pour nous que leurs amiraux aient fui devant le pavillon tricolore ; c'est dans la Tamise que doit être arboré ce signe glorieux de la liberté ; c'est dans les murs de Londres qu'il faut chanter l'hymne des Mar-

seillais et la *Carmagnole*; c'est sur les sacs de laine de
Westminster que nos sans-culottes doivent se délasser
des fatigues de la traversée. Il est beau de voir ces infects
marins, ces odieux machiavélistes, nous proposer inso-
lemment une trêve de deux années; ils veulent, disent-ils,
reconnaître provisoirement la République; c'est une heureuse générosité envers une nation composée de 25 millions d'âmes, qui a 1.200.000 héros sous les armes, qui
fabrique 1.100 bouches à feu tous les mois, près de
1.000 fusils par jour, et qui a 10 milliards à troquer contre
de la poudre et des balles. Vous pouvez compter, citoyens,
sur la persévérance et la vigueur de l'incorruptible Montagne; c'est à cet invincible rocher que viendront se
briser les impuissants efforts de nos ennemis; c'est là que
viendront s'anéantir les guinées de Pitt, les piastres du
Mexique et les ducats de Hollande; c'est enfin devant la
majesté du peuple français que se prosterneront bientôt
tous les insolents potentats de l'Europe. C'est encore de
ce rocher formidable que doit jaillir un torrent de lumière
qui va se propager sur tous les points du globe, c'est
encore de ce rocher que partira la foudre qui va pulvériser les trônes, renverser les idoles de la superstition et
tous les ateliers de la fourberie et du mensonge. Citoyens,
la Convention nationale applaudit à votre énergie et reçoit
votre hommage avec la plus vive satisfaction. Elle vous
invite à assister à sa séance. »

Les plus vifs applaudissements se firent entendre de
toutes parts. Les cris de : Vive la Montagne! Vive la République! furent plusieurs fois répétés avec enthousiasme.
Le président put enfin terminer : « La Convention nationale applaudit au patriotisme brûlant qui vous anime :
c'est avec du fer et du salpêtre que nous devons répondre
aux despotes, c'est avec du fer et du salpêtre que se

cimente le bonheur d'un peuple libre. Vous êtes invités à la séance. »

Dès que les applaudissements eurent cessé, Lacroix, d'Eure-et-Loir, présente à la Convention des hommes de couleur : « Depuis longtemps l'assemblée désirait avoir dans son sein des représentants d'une race opprimée pendant des siècles. Aujourd'hui elle en possède trois ; je demande que leur introduction soit marquée par l'accolade fraternelle du président. » Les trois députés de Saint-Domingue s'avancèrent vers le président pour recevoir le baiser fraternel au milieu de nouvelles acclamations.

Procès de Danton.

La suspicion s'étend bientôt sur les chefs.

Danton disait de Vadier : « Ce vieux reître a beau faire, il est si connu qu'il ne peut ennoblir le vice en sa personne ni discréditer la vertu dans autrui. » Le mot est rapporté par Courtois dont les notes [1] établissent clairement la part prise par Vadier dans le complot organisé pour précipiter la chute de Danton.

Courtois avait été témoin, quelques jours avant l'arrestation du grand patriote, d'une scène qui fut pour ses amis du plus sinistre augure. Le peintre David ne cessait de lui reprocher son modérantisme ; il distribuait libéralement cette épithète de modéré à tous ceux qui ne partageaient pas son sentiment sur la direction des affaires publiques. Danton, indigné de l'outrecuidance comique de ce législateur, lui dit avec une hauteur méprisante [2] :

1. Ces notes ont été publiées par le docteur Robinet, dans la *Révolution française*, t. VIII.
2. Barras, dans ses *Mémoires* récemment publiés, conte une scène

Eh! depuis quand, monsieur David, avez-vous si fort la tête dans la nue, tandis que moi, pauvre diable à vous entendre, je rase humblement la terre?

Il en était là de sa réponse lorsque Vadier vint à passer près de lui. Danton, vivement ému à l'approche de cet homme, serra avec force le bras de David, qu'il toisait de son regard étincelant; puis d'un accent que la colère rendait terrible : Cet homme qui passe a dit de moi : « Et ce gros turbot farci, nous le viderons aussi! » — Dis bien à ce scélérat (et en cet endroit sa voix faisait l'effet du roulement du tonnerre) que le jour où je pourrai craindre pour ma vie, je deviendrai plus féroce qu'un cannibale. Vois-tu cet homme? Je lui mangerai la cervelle et je... dans son crâne. » David alla rejoindre Vadier à qui les paroles dont il avait été l'objet furent fidèlement rapportées. Courtois accompagna Danton jusque chez lui. Il garda le silence le plus profond pendant toute la route.

Les comités estimaient qu'en face d'ennemis intraitables, il était imprudent de désarmer. Danton, Camille

à peu près analogue : « Sortant un jour de la Convention avec Danton, Fréron et Panis, nous rencontrâmes dans la cour du Carrousel plusieurs députés membres des comités. Danton les abordant leur dit : « Lisez donc les mémoires de Philippeaux. Ils vous fourniront « les moyens de terminer cette guerre de la Vendée que vous avez « perpétuée pour rendre nécessaires vos pouvoirs. » Vadier, Amar, Vouland et Barère accusèrent Danton d'avoir fait imprimer et distribuer ces Mémoires; Danton répondit seulement : « Je n'ai point à « m'en défendre ». La discussion s'échauffa, on en venait aux personnalités. Danton menaça les membres du Comité de monter à la tribune et de les accuser de malversations et de tyrannie. Ceux-ci se retirèrent en silence, mais non sans rancune. Je dis à Danton: « Rentrons à la Convention nationale; prends la parole, nous te sou- « tiendrons; mais n'attendons pas à demain : tu seras peut-être « arrêté cette nuit. » — « On n'oserait », répondit Danton avec un air de dédain; puis, se tournant vers moi : « Viens manger la pou- « larde avec nous. » Je refusai. Brune, l'ami et l'aide de camp jusqu'alors inséparable de Danton, était là; je dis à Brune : « Veillez « sur Danton : il a menacé au lieu de frapper. »

Desmoulins, préconisaient les mesures de clémence que les membres du gouvernement jugeaient prématurées. Les ennemis de Danton travaillaient au succès de leur attaque : ils fournissaient des notes à Saint-Just. S'il faut en croire Taschereau de Farges, dont le témoignage est suspect, Vadier lui aurait raconté les circonstances qui précédèrent l'arrestation des députés. C'était un assassinat préparé de longue main. Saint-Just s'obstinait à exiger que les accusés fussent présents lorsqu'il lirait son rapport à la Convention nationale ; et telle était son opiniâtreté, qu'en présence de ses collègues, il jeta son chapeau dans le feu. Robespierre était aussi de son avis ; il croyait qu'en faisant préalablement arrêter ces députés, cette démarche ne fût tôt ou tard répréhensible : « mais, comme la peur était un argument irrésistible auprès de lui, Vadier se servit de cette arme pour le combattre : Tu peux courir la chance d'être guillotiné, si c'est ton plaisir ; pour moi, je veux éviter ce danger en les faisant arrêter sur-le-champ, car il ne faut point se faire illusion sur le parti que nous devons prendre ; tout se réduit à ces mots : si nous ne les faisons pas guillotiner, nous le serons nous-mêmes. »

Panis se rendit chez Danton de la part de Robert Lindet et Rühl, qui, refusant de signer le décret d'arrestation, tenaient à l'avertir des projets sinistres des comités. Danton dédaigna l'avis et attendit le mandat d'arrêt signé dans l'ordre suivant : Billaud, Vadier, Carnot, Lebas, Louis, Collot, Barère, Saint-Just, Jagot, Prieur, Couthon, Vouland, Dubarran, Élie Lacoste, Amar, Moïse Bayle, Robespierre, Laviconterie.

D'après Riouffe, le malheureux Danton disait dans sa prison que Robespierre, Billaud, Collot, Barère, Vadier... étaient tous des frères Caïn. Desmoulins « stigmatise »

Vadier dans ses notes sur le rapport de Saint-Just, comme l'un de ses persécuteurs [1].

On connaît les incidents du mémorable procès. Le 15 germinal, Danton, après avoir, avec beaucoup de chaleur, blâmé la conduite de l'accusateur public, qui, au mépris de tous les principes, était allé demander à ses ennemis des Comités de Salut public et de Sûreté générale la permission de faire entendre les témoins indiqués par lui, retourna ses invectives contre les Comités. Il se plaignit vivement de leur conduite et il inculpa gravement et nominativement plusieurs membres [2].

Vadier était debout dans la salle de la Liberté, auprès de son collègue Thirion, lorsque ce dernier monta sur une chaise pour voir ce qui se passait. Danton l'apercevant, l'interpella pour qu'il transmit sa légitime demande à la Convention. Vadier avait appris que les accusés incriminaient la conduite du Comité de Sûreté générale et il pensait être appelé lui-même comme témoin. Il expliquait ainsi sa présence aux débats. Danton l'aperçut avec Amar et, les désignant à la foule : « Voyez ces lâches assassins ! ils nous poursuivent et ne nous quitteront pas jusqu'à la

1. Ce Vadier, président du Comité de Sûreté générale, est le même Vadier que Marat dénonce dans son numéro du 17 juillet 1791, « comme le traître et le renégat le plus infâme; » ce sont ses expressions. C'est le même Vadier qui, le 10 juillet, la veille, appuyait la motion d'André de mander les six tribunaux de Paris pour nous poursuivre, Danton et moi, nommément pour la pétition au Champ de Mars. (Voyez Marat, numéro du 17 juillet, voyez *Moniteur*.) C'est ce Vadier qui vous prend aujourd'hui, citoyens jurés, pour suppléants du tribunal du VI° arrondissement, et n'ayant pu nous faire guillotiner alors, vous prie de ne pas lui faire manquer son coup aujourd'hui. C'est le même Vadier qui disait aussi en parlant de Danton : « *Nous viderons bientôt ce turbot farci.* » Que ce propos est fraternel ! (N° 7 du *Vieux Cordelier*.)

2. D'Aubigny cite ces membres dont le nom revenait sans cesse dans la bouche de Danton : Robespierre, Couthon, Saint-Just, Barère, du Comité de Salut public; Amar, Vouland, Vadier, du Comité de Sûreté générale, surtout ce dernier.

mort ! » Il reprocha à Vadier d'avoir influencé le président
et les jurés. Vadier protesta plus tard contre cette accusation.

On peut trouver dans diverses dépositions du procès
ultérieur de Fouquier-Tinville des traits caractéristiques
de la conduite de Vadier dans l'affaire déplorable de
Danton. Pendant les trois jours qui s'étaient écoulés
depuis le commencement de cette affaire, les membres
du Comité de Sûreté générale, et particulièrement Amar,
Vouland, Vadier et David n'avaient point quitté le tribunal ; ils allaient, venaient, s'agitaient, parlaient aux juges,
jurés et témoins, disant à tout venant que les accusés
étaient des scélérats, des conspirateurs. D'après Dufourny
de Villiers, architecte, membre très influent du club des
Cordeliers, ils entraient, ils sortaient, ils s'agitaient, ils
communiquaient avec Fouquier dans les couloirs, ils cor-
respondaient avec la Convention. David lui dit avec fré-
nésie : « Eh bien ! nous tenons enfin ces scélérats : Danton,
Camille, Philippeaux ; ils n'échapperont pas cette fois. »
Il était surpris de l'entendre demander des preuves. Vadier
l'aborda aussi en ces termes : « Nous les tenons, ces
coquins ; ils ne s'en tireront pas. » Et comme Dufourny
lui demandait si l'on avait des preuves contre Danton,
Vadier le rabroua avec emportement. Le soir même, il le
dénonçait aux Jacobins ; il fut arrêté la nuit suivante [1].

1. Le président du Comité de Sûreté générale fréquentait naturellement les Jacobins. Le soir du 16 germinal, il prend à partie cet
ami dévoué de Danton : « Je demande la parole pour faire connaître
un fait relatif à un individu qui avait paru jusqu'ici patriote. M'étant
trouvé dernièrement dans l'anti-salle du tribunal révolutionnaire,
j'y vis Dufourny, avec lequel je m'entretins sur l'affaire de Danton
et des conjurés ; Dufourny me dit qu'il n'y avait aucune preuve à
alléguer contre la conduite passée de Danton. J'ai été étrangement
surpris de voir Dufourny douter des crimes de Danton, après son
fameux voyage à Londres, après tous les faits consignés dans le
rapport de Saint-Just. Je déclare que depuis longtemps j'observais

Ces communications entre les comités et le tribunal
révolutionnaire n'étaient pas particulières à l'affaire Danton. Vadier et Vouland quittaient journellement l'hôtel
de Brienne, place du Carrousel, où siégeait le Comité de
Sûreté générale, pour aller au tribunal se rendre compte
de la conduite des magistrats, de l'attitude du public, des
accusés, des défenseurs. Vadier se trouvait notamment
avec Amar et M. Bayle assis auprès de l'accusateur public
au procès de Marie-Antoinette.

On les accusait même d'aller conférer sur la conduite
du tribunal jusque dans la Chambre du conseil du tribunal
révolutionnaire [1]. Fouquier, Dumas, Dobsent, Coffinhal
revenaient au Comité de Sûreté générale, pour se concer-
ter sur les fournées. On discutait avec vivacité, avec
emportement avant de s'entendre sur le nombre des
victimes. De nombreux témoins au procès de Fouquier-
Tinville affirmèrent l'existence de relations étroites entre
la Sûreté générale et le tribunal révolutionnaire. Lorsque
Vadier venait dans le cabinet de Fouquier-Tinville, on
fermait les portes qui généralement étaient ouvertes.
Fouquier écrivait sans cesse aux autorités constituées
pour avoir des renseignements sur les affaires portées au
tribunal, aux députés en mission et de retour, qu'il pré-
voyait avoir quelques renseignements à lui transmettre :
à la commission populaire et aux comités révolutionnaires :
Fouquier-Tinville, dans sa réponse à Billaud, Collot,
Barère et Vadier, donne des détails sur ses relations avec
les membres du gouvernement : il se rendait tous les
soirs fort exactement aux deux comités de Salut public et
de Sûreté générale ; « mais comme j'allois d'abord au

Dufourny, et que je ne savais que penser de son assiduité opiniâtre
au Comité de Sûreté générale. »
  1. *Buchez et Roux*, t. XXXIV.

Comité de Salut public, lorsque j'en sortois trop tard, je n'allois pas au Comité de Sûreté générale, et d'après ses lettres d'invitation trouvées chez moi à mon retour, il m'est arrivé plusieurs fois de retourner à deux heures du matin au comité, d'autres fois j'en ai reçu au bout d'une heure que j'étois rentré et couché. Ces lettres prouvent de plus en plus que j'avois une correspondance et des rapports suivis avec les comités de gouvernement, sur toutes les affaires soumises au tribunal ».

Il n'est donc pas extraordinaire que de semblables relations se soient établies dans un débat de l'importance de celui qui s'agitait à cette heure, surexcitant l'opinion publique à un très haut degré. Il est triste de supposer avec quelque vraisemblance que les membres du gouvernement ne se résignaient point au rôle de spectateurs impartiaux et désintéressés. Le quatrième jour, les membres du Comité de Sûreté générale étaient au tribunal avant neuf heures ; ils se rendirent au cabinet de Fouquier, et lorsque les jurés furent assemblés, Amar, Vouland, David et Vadier passèrent à la buvette, communiquant avec la chambre des délibérations du jury. L'auditoire applaudissait à la justification de Danton. C'est alors que Fouquier écrivit au président de la Convention la lettre qui aboutit à la mise hors d'état des accusés. Amar et Vouland apportèrent directement le décret au tribunal [1].

Le jugement fut rendu hors la présence des accusés,

---

1. On a prétendu à tort que le décret avait été remis par Vadier. Les députés qui faisaient des rapports à la Convention les apportaient quelquefois à l'accusateur public. C'est ainsi, d'après les déclarations de Fouquier-Tinville, que Voulland apporta les pièces de la Dubarry. « Javogue, Amar et quelques autres sont aussi venus dans mon cabinet, à diverses époques et dans différentes circonstances. Vadier y retourna deux fois pour l'affaire de Pamiers. Dans l'affaire de Danton, Amar et Voulland me remirent, dans le corridor, le décret du 15 germinal. Je n'ai pas vu Vadier. »

« attendu l'indécence, les brocarts et les blasphèmes des accusés. » C'était une violation formelle de la loi qu'Hermann essaya de justifier dans son procès, par les mouvements qui s'étaient manifestés dans l'enceinte même du tribunal.

Vadier était présent au tribunal et fut témoin des réclamations de Danton sur le refus apporté à l'audition des témoins qu'il désignait. Il s'y trouvait encore lorsqu'on apporta le décret arraché à la Convention par la fourberie machiavélique de Saint-Just qui passa sous silence le véritable motif des plaintes des accusés.

Placé dernière les jurés, en face des accusés, il put parfaitement suivre les débats. Le jugement une fois prononcé, il se rendit à la Convention et rapporta ainsi les faits dont il avait été le spectateur. « Au moment où la justice et la probité sont à l'ordre du jour, j'éprouve le besoin d'épancher mon cœur dans le sein de mes vertueux collègues et du peuple qui m'entend. Hier, j'ai été témoin, sans être vu, des débats scandaleux qui ont eu lieu au Tribunal révolutionnaire. J'y ai vu les conspirateurs conspirer en face de la justice ; j'y ai entendu les propos les plus atroces ; j'ai entendu dire à ces criminels : « Rien n'est plus glorieux que de conspirer contre un gouvernement qui conspire. » Danton dit que ses ennemis, les Comités de Salut public et de Sûreté générale et la Convention elle-même seraient déchirés par morceaux dans peu de jours. Quoi! Danton, le seul homme que j'ai craint pour la liberté, dont les formes robustes, l'éloquence colossale et la figure hideuse effrayaient l'image de la liberté, accuse la Convention ! Quoi qu'il en dise, la Convention est composée en presque totalité d'hommes vertueux. J'ai vu, citoyens, les conspirateurs lancer des boulettes aux juges et aux jurés, et les insulter avec une audace qu'on a peine à croire [1]. Dans ce moment, Dillon et Simon, notre collègue, conspiraient dans leur prison. Ils avaient organisé une cohorte de scélérats qui devaient sortir du Luxembourg avec un mot d'ordre, s'emparer des avenues des Comités de Salut public et de Sûreté générale, tomber sur les membres qui les composent et les immoler à leur fureur. Et ces hommes respirent encore! Mais le peuple est là pour soutenir l'énergie de la Convention et l'aider à déjouer tous les complots; il ne souffrira pas que la liberté soit anéantie. Quant à moi, je vous déclare que si je connaissais un traître parmi les membres qui composent les deux comités, j'aurais le courage, quoique la vieillesse ait glacé mon énergie, de le poignarder de ma main, et toute arme me serait bonne. (*Les plus vifs applaudissements se font entendre dans la salle et dans les tribunes.*) Soyez tranquilles, citoyens, pour la Convention, pour le peuple, pour la liberté. Montrons-nous tous tels que nous sommes, que chaque membre de la Convention rende compte au peuple de sa vie politique et privée (*On applaudit à plusieurs reprises.*), que chacun de nous présente au peuple l'état de sa fortune. » (*Les applaudissements recommencent. — L'Assemblée entière demande à aller aux voix sur cette proposition.*)

Couthon ayant appuyé cette motion, Vadier remonte à la tribune : « Je dois ajouter à ce que j'ai déjà dit, pour consoler les patriotes, que le nombre des conjurés est petit; que le peuple en masse aime la liberté; que la très grande majorité de la Convention est composée d'hommes intègres. Qu'ils apprennent ces vérités, ces hommes atroces qui font retentir partout le sifflement de la calomnie. Les complices des conspirateurs disaient hier :

---

1. Hermann a dénié le fait; il y avait dans la salle de grands mouvements; mais les accusés n'ont pas jeté de boulettes.

« Aujourd'hui, vingt députés vont à l'échafaud, demain
« autant, après-demain encore autant, et bientôt la Conven-
« tion sera dissoute. » Voilà les atrocités que publient les
contre-révolutionnaires. Cambon, dont la probité est
connue à nous tous, était devenu, suivant eux, de témoin,
accusé et occupait le fauteuil. Périssent les scélérats qui
calomnient ainsi la Convention ! (*Vifs applaudissements.*)
Périssent les monstres amis de la tyrannie et ennemis de
la liberté ! La Convention fidèle au peuple qu'elle représente, écrasera tous les contre-révolutionnaires. (*Les applaudissements recommencent.*) Citoyens, soyons unis, nous
sauverons la liberté, nous sauverons la République. » (*On
applaudit.*)

David, qui avait menacé divers jurés de les dénoncer
s'ils étaient assez lâches pour reculer, alla, au coin du
café de la Régence attendre la charrette qui conduisait au
supplice ses anciens amis Desmoulins et Danton pour caricaturer indécemment, dit Courtois, leurs traits flétris
par la douleur. David était coutumier du fait : le pied appuyé contre une borne, il dessinait les scènes du carnage
aux massacres de la Force, le 3 septembre 1792. Un jeune
représentant de l'Hérault, Reboul, lui fit de sanglants reproches : « Je saisissais les derniers mouvements de la
nature dans ces scélérats. » Ces derniers mouvements
furent sublimes pour Danton. Le futur académicien Arnault qui, sortant de chez Méhul, le vit s'avancer sur la
plate-forme, garda toute sa vie le souvenir de cette tragique silhouette : « Rien d'audacieux comme la contenance de cet athlète de la Révolution ; rien de formidable
comme l'attitude de ce profil qui défiait la hache, comme
l'expression de cette tête, qui, prête à tomber, paraissait
encore dicter des lois [1]. »

1. *Souvenir d'un sexagénaire*, par A.-V. Arnault.

Présidence des Jacobins.

Le 16 floréal, Vadier faisait part à la Société des jacobins qu'il était impossible que le Comité de Sûreté générale donnât connaissance des dénonciations portées contre Jourdan, attendu qu'il s'agissait de couper le fil de la contre-révolution dans le Midi : il annonça que ces dénonciations étaient très graves, et qu'elles avaient été envoyées par les représentants du peuple. Il rendit justice, affirme le *Moniteur*, aux intentions pures de Tallien dont l'âme droite et républicaine ne pouvait souffrir l'idée qu'un patriote fût persécuté; mais il déclara que, si la Société envoyait des commissaires, elle ferait une démarche qui n'aurait aucun effet.

Le 19 floréal, le résultat du scrutin donne pour président du club des jacobins le citoyen Vadier. Un prêtre de l'Aude s'était fait délivrer un certificat attestant que tous les officiers municipaux de sa commune étaient illettrés et qu'il leur était impossible de produire un certificat de prestation de serment. Ce certificat fut envoyé à la Convention le 29 floréal; Vadier est indigné d'une telle mystification : « Il est ridicule de vouloir faire croire que dans toute une commune il ne se puisse trouver un scribe pour dresser un procès-verbal. Les fanatiques, notamment dans le Midi, se sont toujours réservé une porte de derrière pour se jouer de vos décrets. Vous n'aurez la tranquillité que lorsqu'il n'y aura plus de prêtres sur le territoire de la République. »

Un membre des Jacobins fit observer, le 9 prairial, que des intrigants s'imaginent souvent se donner un air de patriotisme en paraissant à la société des Amis de l'Égalité et de la Liberté, et que ce but pourrait bien être celui des députés de Caen. Il rappela que deux représentants avaient été arrêtés dans cette commune ; que Buzot et Barbaroux y tramaient naguère l'anéantissement de la République ; que de là partaient des écrits pernicieux qui avaient fédéralisé plusieurs départements. Il déclara que ceux qui ont souffert toutes ces choses, ne pouvaient être devenus sincèrement les amis ardents de la République. Après un court débat, la société adoptant la motion de Vadier, arrêta que la correspondance serait suspendue avec la société de la commune de Caen, jusqu'à ce qu'elle fut délivrée des aristocrates qui l'opprimaient.

La liberté des Laboureurs.

Le 21 messidor, Vadier prenait la défense des laboureurs devant la Convention : « Je vous demande la parole au nom du Comité de Sûreté générale pour deux objets très intéressants. Il y a quelques jours que vous renvoyâtes aux comités réunis, à vous proposer un moyen de rendre à l'agriculture les hommes que des mesures générales ont enveloppés et qu'elles ont déterminé à faire mettre en état d'arrestation. Cette mesure ne peut avoir d'inconvénient. Il s'agit ici d'hommes qui pratiquent les vertus républicaines, la frugalité, la tempérance, l'amour du travail et qui, lorsqu'ils sont trompés, le sont par des voies indirectes, par des aristocrates, des fanatiques et des chercheurs de places, car le peuple est toujours bon. Nous vous proposons donc de mettre en liberté provisoire les cultivateurs. Nous n'entendons pas, par là, les cultivateurs portant l'épée ; c'est des laboureurs qu'il s'agit ici, des manouvriers, de ceux qui portent sur leurs mains l'empreinte du travail, qui cultivent eux-mêmes la terre et nous ouvrent ses trésors ; de ceux enfin pour qui nous sommes déterminés à verser jusqu'à la dernière goutte de notre sang pour assurer leur bonheur. (*On applaudit.*) Nous avons pensé que vous voudriez cependant excepter de cette mesure favorable ceux qui se seraient rendus coupables de haute trahison, soit en favorisant des émigrations, l'invasion du territoire français, la livraison des places, etc. Cela s'entend naturellement ; ainsi nous ne vous parlerons que de ceux qui, influencés par un ennemi du bien public, un curé ou vicaire, par exemple, pour une messe, auraient été mis en prison. Les travaux de l'agriculture en souffrent sans doute, mais l'humanité en souffre encore plus. Le second objet que je suis obligé de vous soumettre se rapporte à la loi du 22 prairial. Il y est dit qu'aucune autorité ne pourra traduire un individu devant le tribunal révolutionnaire sans l'attache des Comités de Salut public et de Sûreté générale. Cette disposition est infiniment sage et vous allez en juger. Un de ces derniers jours, on nous amena du district des Andelys, seize Sans-Culottes, prévenus des plus grands crimes et que votre loi prévoyante nous a donné la douce jouissance de remettre en liberté. Dans un procès-verbal très artificieusement dressé, signé, *ne varietur*, et orné d'un très beau cachet, ils étaient accusés de trois crimes qu'on avait pris soin de présenter avec un grand appareil. Le premier était d'avoir lié une botte de foin avec des brins de seigle qui eussent facilement tenu dans ma main ; le second d'avoir fait une gerbe de lentilles imparfaitement battues, de sorte qu'il en restait à peu près un demi-litron ; le troisième d'avoir laissé, dans une poignée de paille, du grain qui aurait bien suffi à nourrir un oiseau pendant deux jours. (*On rit.*) Vous sentez combien cette cumulation était concluante. Voici la malice du scélérat qui poursuivait ces malheureux. Il avait fait mettre les scellés sur le grenier où étaient ren-

fermées les preuves des délits, il les y avait laissés pendant six semaines, de sorte que la moisissure s'en était
emparée, et il disait : « Vous voyez que ce sont des ava-
« rieurs, des dilapidateurs de subsistances, des ennemis
« du peuple. » La police correctionnelle, devant qui il
avait eu l'imprudence de les citer, ne vit aucun délit et
renvoya les accusés. La scélératesse de l'agent ne s'en tint
pas là ; il dénonce à l'administration du district ceux qu'il
persécute ; il cite la loi, et colore sa dénonciation des
meilleures intentions. Le district, qui ne connaît que la
loi, renvoie les prévenus devant le tribunal révolutionnaire. Heureusement nous avons eu à inspecter ce renvoi.
Il nous a fait connaître les plus honnêtes indigents. Nous
les avons renvoyés ; ce n'est pas tout, nous avons fait
arrêter le coquin... (*On applaudit à plusieurs reprises.*)
Nous lui avons dit : « Puisque tu es un oppresseur du
« peuple, un ennemi public, tu es une bête fauve, sur
« qui l'on pourrait tirer ; la justice nationale doit pro-
« noncer sur ton sort. » Voilà ce qui est arrivé ; et cependant si ces malheureux eussent paru devant le tribunal
révolutionnaire, le fait eût été reconnu constant, et la loi
appliquée avec toute sa rigueur par le jury et les juges,
qui ne connaissent d'autres règles de leurs actions que la
loi écrite. L'agent que nous avons fait arrêter n'est pas
encore renvoyé devant le tribunal, parce qu'il n'est pas
douteux qu'il ne soit coupable d'autres crimes qu'il est
important de découvrir.

Nous vous demandons aujourd'hui d'étendre la loi
bienfaisante que nous avons le bonheur d'appliquer, non
pas par un effet rétroactif, mais en nous autorisant à
approfondir les motifs qui ont déterminé jusqu'à ce jour
les autorités constituées à traduire des individus devant
les tribunaux en général, afin que nous ayons la satisfac-

tion de suivre votre intention. Cette mesure est une conséquence de la loi que vous avez rendue, et elle nous
mettra à même de vous proposer la réparation des crimes
des agents pervers et leur punition. » (*On applaudit.*)

Vadier lit le projet de décret. Un député présente quelques observations : « Il y a beaucoup de communes qui
renfermaient des laboureurs mis en état d'arrestation, et
dont la population s'élève à plus de 500 âmes. Si le décret
ne porte pas sur un nombre plus fort, une foule de malheureux ne pourront être rendus à la terre. D'ailleurs il
me semble qu'il vaudrait mieux préciser les cas d'élargissement que de les déterminer d'après la seule base de la
population et des localités. » Vadier accepta l'élévation
du chiffre d'habitants; sur l'autre observation, il répondit
que ce serait arrêter les opérations des commissions populaires. « 700 jugements sont déjà rendus, et après-demain,
tridi, trois autres commissions seront créées, qui déblaye-
ront 8.000 affaires prêtes au bureau des détenus. » Le
projet de décret, proposé par le rapporteur, fut adopté en
ces termes : « Les laboureurs, manouvriers, moissonneurs
brassiers et artisans de profession, des campagnes,
bourgs ou communes, dont la population est au-dessous
de 1.200 habitants, et qui se trouvent détenus comme
suspects, seront mis provisoirement en liberté à l'instant
de la promulgation du présent décret. »

Quelques-unes des paroles de Vadier furent inexactement
rapportées au *Moniteur*. Vadier n'est pas tendre pour le
rédacteur qui mettait des hérésies juridiques dans sa
bouche. Il lui adresse une lettre sévère. Le paragraphe
incriminé était le suivant : « Et cependant si ces malheureux eussent paru devant le tribunal révolutionnaire, le
fait eût été reconnu constant, et la loi appliquée avec
toute sa rigueur par le jury et les juges, qui ne connaissent

d'autre règle de leurs actions que la loi écrite. » Vadier
voyait dans ce peu de mots trois absurdités qui n'avaient
pu sortir de sa bouche et qu'il désavouait formellement :
« Je n'ai pu dire que le fait eût été reconnu constant,
puisque le jury lui-même ne peut prédire le résultat de sa
conviction qui ne s'opère que d'après le résultat oral. Je
n'ai pu dire que le jury eût appliqué la loi, puisque c'est
le devoir exclusif des juges. Enfin, je n'ai pu dire que la
loi écrite doit servir de règle à la conviction, puisque la
conscience des jurés ne s'éclaire que par les débats ou les
déclarations orales. On ne peut m'imputer d'avoir atténué
la confiance due à un tribunal qui sauve tous les jours la
Patrie. On ne peut m'imputer d'avoir ignoré des principes
aussi sacrés qui sont le fondement de notre liberté civile.
J'aime à croire qu'ayant improvisé ce rapport et n'ayant
pas eu le temps d'écrire, les commis à la rédaction n'ont
pas saisi ce que j'ai dit; mais il existe au moins une
grande négligence à le défigurer aussi grossièrement [1].

Voici littéralement comme je me suis exprimé : « Si
« le fait eût été déclaré constant, les juges n'auraient pu
« s'empêcher d'appliquer la peine de mort, qui est la seule
« que le tribunal révolutionnaire peut prononcer, d'après

1. Fouquier faisait allusion à cette lettre de Vadier dans sa défense personnelle : « Ainsi, à l'époque du 24 messidor, quinze jours
avant la révolution du 9 thermidor, le tribunal révolutionnaire n'a-
voit cessé de bien mériter depuis son institution, de l'aveu de Vadier, membre d'un comité de gouvernement; et cependant, dans la
séance du 13 fructidor, Vadier avança qu'il m'a fait les reproches
rapportés plus haut, j'ai déjà répondu que ce reproche non mérité
ne m'avoit jamais été fait, j'en ai expliqué la raison, et le passage
de cette lettre que ma mémoire dans le recueillement où je suis m'a
rappelé, repousse sans réplique l'assertion de Vadier, car une autorité supérieure ne louange pas dans les papiers publics les opérations d'une autorité inférieure quand elle ne les approuve pas en
particulier. Cet argument me paroît décisif et prouver victorieusement que les comités de gouvernement, ont sû et approuvé dans
tous les temps les opérations du tribunal. »

« la loi du 22 prairial. » Je te charge, citoyen, d'insérer cette lettre tout au long dans ton plus prochain numéro, car il ne doit plus exister de trace d'une version aussi infidèle ; elle est injurieuse à mes intentions, à mes principes, aux premières notions du sens commun sur la sainte institution du jury. Je t'engage à m'adresser un exemplaire du numéro où tu insèreras ma réclamation, ainsi qu'à l'accusateur public et au président du tribunal révolutionnaire, aux Comités de Salut public et de Sûreté générale et à la Société des Jacobins. Salut et fraternité. — VADIER. »

Lutte contre Robespierre.

Les tendances mystiques de Robespierre à la fête de l'Être-Suprême, la loi du 22 prairial furent la double pomme de discorde jetée entre les deux comités du gouvernement. Déjà en 1791, Condorcet avait signalé dans la *Chronique de Paris* les côtés mystiques de la nature de Robespierre. « Il a tous les caractères, non pas d'un chef de religion, mais d'un chef de secte ; il s'est fait une réputation d'austérité qui vise à la sainteté ; il parle de Dieu et de la Providence, il se dit l'ami des pauvres et des faibles ; il se fait suivre par les femmes et les faibles d'esprit ; il reçoit gravement leurs adorations et leurs hommages. »

La Convention, par son attitude à la fête de l'Être-Suprême, avait clairement manifesté ses intentions hostiles contre Robespierre, et c'est pour frapper cette opposition que la loi de prairial fut présentée le surlendemain. Dans ses Mémoires[1], Barère assure que les Comités de

1. Tome II, p. 205.

Salut public et de Sûreté générale *attaquèrent la loi du 22 prairial* qui n'avait été ni proposée, ni connue, ni délibérée préalablement. Dans plusieurs séances du soir, les deux Comités se réunirent pour aviser aux moyens de faire rapporter cette loi insensée. Après plusieurs conférences, qui se tinrent dans le mois de messidor, ils mandèrent Robespierre et Saint-Just pour les forcer à faire révoquer eux-mêmes cette loi, résultat d'une combinaison inconnue à tous les membres du gouvernement ; cette séance, ajoute Barère, fut très orageuse ; Vadier et Moïse Bayle furent ceux qui, parmi les membres du Comité de Sûreté générale, attaquèrent la loi et ses auteurs avec le plus de force et d'indignation.

Vers cette époque, Robespierre cherchait à se ménager quelques partisans dans le côté droit de l'Assemblée peu de temps avant sa chute. Vadier s'en aperçoit, et dit assez haut pour être entendu : « Si cela continue, je lui ferai guillotiner cent crapauds de son marais[1]. » Robespierre n'avait pas seulement le tort d'avoir préparé une reculade religieuse : il s'immisça dans la police, à la grande colère de Vadier, car Robespierre était surtout un policier émérite.

Sénart fournit des indications sur l'intérieur divisé des comités et le rôle respectif de chacun de ses membres. Le parti de Vadier était classé sous le nom de *gens d'expédition*. Après l'établissement d'un bureau de police générale, éclatèrent les rivalités et les partis d'opposition. « Vadier employait, pour espionner Robespierre, un intrigant connu : c'était *Taschereau*, qui, par une double perfidie, espionnait aussi le Comité de Sûreté générale, affectant de l'exactitude vis-à-vis de l'un comme vis-à-vis de l'autre. Mais ce Taschereau était plus attaché à Robespierre qu'à

____
1. *Rap. de Courtois*, p. 60.

Vadier; il trompait plus aisément ce dernier et savait plus directement les secrets du Comité. Il existait entre les Comités de Sûreté générale et de Salut public une rivalité telle, qu'elle détruisit toute espérance d'un accord entre eux. Il est certain que, du moment de l'établissement du bureau de police générale, Robespierre a perdu l'influence dans les deux comités. Ce qui venait du Comité de Salut public n'obtenait pas souvent le suffrage du Comité de Sûreté générale; et celui-ci tenait les connaissances qu'il avait lorsqu'il s'agissait de quelqu'un poursuivi par le Comité de Salut public, surtout par le bureau de police générale et principalement encore lorsqu'il s'agissait d'un représentant. »

Ces conflits d'attribution entre le Comité de Sûreté générale et le bureau de police établi par le Comité de Salut public mirent Vadier aux prises avec Robespierre. La manifestation déiste de la fête de l'Être-Suprême fut considérée par les voltairiens de l'Assemblée comme le point initial d'une politique rétrograde. Pour frapper le colosse, ils eurent recours à l'arme terrible de l'ironie. Vadier la mania avec moins de finesse sans doute que le patriarche de Ferney, mais avec plus d'âpreté bouffonne et d'amère rancune. En lisant le rapport[1] de Vadier sur l'affaire Catherine Théos, on s'explique difficilement l'effet produit sur l'Assemblée, secouée, une heure durant, par un rire titanique. Outre qu'à la lecture, la saveur du morceau était relevée par l'accent gascon de l'orateur, ce dernier avait eu soin de faire circuler dans les groupes une lettre adressée par la Mère de Dieu à Robespierre,

---

1. Rapport et projet de décret, présentés à la Convention nationale, au nom des Comités de Sûreté générale et de Salut public, par Vadier. Séance du 27 prairial, l'an deuxième de la République française une et indivisible. Imprimés par ordre de la Convention.

son premier prophète. Elle avait été saisie sous les matelas de la mansarde occupée par la vieille hallucinée.

L'abominable loi de prairial avait mis le feu aux poudres
et l'élimination de Robespierre était décidée en principe ;
il était difficile de s'attaquer directement à l'homme qui
était le maître des Jacobins, de la Commune et de la
force armée de Paris. On procéda par voie oblique. L'affaire Catherine Théos fut une de ces manœuvres sou-
terraines dans lesquelles excellait le vieux Vadier, qui fut
chargé d'en présenter le rapport.

Cloué au fauteuil présidentiel, Robespierre écouta
Vadier avec froideur. Son attitude encore plus compassée
qu'à l'ordinaire, son regard méprisant contrastaient avec
la bonne humeur inaccoutumée de ses collègues. L'arme
de l'adversaire avait su trouver le point faible, le défaut
de la cuirasse. Ce rapport, très important, occupa la
séance du 27 prairial, présidée par Maximilien Robespierre, dont la puissance fut, dès ce jour, fortement
ébranlée. Donnons-le intégralement :

CITOYENS, c'est au moment où la République française s'é-
lève majestueusement sur les débris de la royauté, où la
vertu succède au crime, et la morale publique au règne passager des factions; c'est lorsque les soldats de la liberté
franchissent les Alpes et les Pyrénées au pas de charge, volent au-devant des escadrons ennemis, et les renversent à la
baïonnette; c'est lorsque le génie révolutionnaire frappe de
sa massue les conspirateurs et les traîtres, et que les trônes
ébranlés ne laissent aux tyrans d'autre perspective que l'é-
chafaud; enfin, c'est au moment où le peuple français rend
grâce de tant de bienfaits à l'Être-Suprême, et proclame le
principe consolateur de l'immortalité de l'âme; c'est dans ce
moment que des hommes pervers conspirent dans l'ombre,
qu'ils méditent froidement les assassinats, et calculent toutes
les chances qui peuvent enfanter les fléaux et les calamités
publiques. Le plus redoutable de leurs ateliers est celui sans

doute où s'aiguisent les poignards de la superstition, où s'allument les torches du fanatisme. C'est dans ces laboratoires du crime, dans ces écoles de la Vendée, qu'on a enflammé les fragiles cerveaux de tant de pieux assassins, dont la nomenclature remplit les pages des annales théocratiques. Citoyens, la cruauté des prêtres fut toujours en mesure de leur cupidité. Portés à ce triste métier par lâcheté ou par égoïsme, ils s'y maintenoient par l'hypocrisie et la bassesse. Et comment tromper la société, égarer la raison, et couper la bourse des gens crédules, autrement que par la fourberie? Ne falloit-il pas abuser les sots par le merveilleux, par des prédictions et des miracles, des convulsions et des patenôtres?

C'est un bon moyen, sans doute, pour faire des dupes que de se rendre inintelligible et de commander aux âmes foibles la foi d'un tas d'absurdités, sous peine de tourmens éternels. De tels charlatans ne pouvaient donc régner que par l'illusion ou la terreur. Ceux qui croyoient à leurs chimères, étoient leurs dupes et leurs esclaves; ceux qui osoient les combattre devenoient tôt ou tard leurs victimes. Ils promettoient le paradis pour de l'argent, vendoient les prières du purgatoire; mais sans argent, il n'y avoit de salut ni dans ce monde ni dans l'autre. Afin de fonder leur domination par la terreur, ils avoient eu soin de défigurer la divinité; et pour la rendre bien hideuse, ils en avoient modelé le fantôme sur leur image. Le Dieu des prêtres étoit, comme eux, irascible, cruel, jaloux, vindicatif, aussi bizarre dans le pardon que furibond et déraisonnable dans sa colère. Aussi les plus rusés comme les plus relâchés de leurs casuistes, je veux dire les Jésuites, dispensoient-ils les hommes de l'amour de Dieu, pourvu que ce qu'ils appeloient la *pénitence* fût fondé sur la terreur de ses châtiments, et sur l'épouvante que doit produire l'idée dilacérante d'une éternité de supplices. Voilà, citoyens, la théorie des prêtres de tous les pays et de tous les cultes : je dis de tous les cultes, car le Ténare des païens, la roue d'*Ixion*, le vautour de *Prométhée*, les *Euménides*, ne composent pas moins un enfer que les démons et les chaudières du prince des ténèbres; les houris de Mahomet n'ont pas moins d'attrait que les biens ineffables et la béatitude du paradis promis par le pape.

D'après ce rapide tableau de la science théorique des prêtres, je vais, citoyens, vous les faire connoître dans la pratique. Je viens vous dénoncer, au nom de vos Comités de sûreté
générale et de salut public, réunis, une école primaire de
fanatisme, découverte dans la rue Contrescarpe, section de
l'Observatoire, n° 1078, au troisième étage. C'est là que réside
une fille âgée de 69 ans, nommée *Catherine Théos*, qui ose
s'appeler la Religion chrétienne et la Mère de Dieu. On sait
que le mot grec, *Théos*, signifie la Divinité, comme *Jéhova*,
Adonaï et beaucoup d'autres, qui expriment les divers attri-
buts de l'Être-Suprême. On voit dans ce réduit un essaim
nombreux de bigotes et de nigauds se grouper autour de
cette ridicule pagode; on y voit aussi quelques chefs de file
plus dangereux encore : ce sont des demi-savants, des médecins, des hommes de loi, des capitalistes oisifs qui, détestant
la révolution, se mêlent à ces momeries avec des intentions
perfides. On y voit des mesmériens, des illuminés, de ces
cagots atrabilaires et vaporeux qui, avec un cœur froid pour
la patrie, ont la tête chaude et bien disposée à la troubler ou
à la trahir. Il y en a chez qui on a trouvé des correspondances à Londres avec des prêtres émigrés. On remarque surtout qu'il n'y a pas un seul patriote dans cette bande; elle
n'est composée que de royalistes, d'usuriers, de fous, d'é-
goïstes, de muscadins, de contre-révolutionnaires des deux
sexes.

La mère Catherine est le pivot de cette société dangereuse;
elle se dit inspirée de Dieu, et promet en son nom l'immortalité de l'âme et du corps à ceux qu'elle aura initiés dans
ses mystères. La réception de ses élus n'est pas moins ridicule que sa doctrine. Il faut être en état de grâce, faire
abnégation des plaisirs temporels pour approcher de la
sainte mère; on se prosterne devant elle, et ses élus devien-
nent immortels lorsqu'ils ont baisé par sept fois la face véné-
rable de la prétendue mère du Verbe. Ces baisers mystérieux
se distribuent en forme circulaire : on en fait deux au front,
deux aux tempes, deux aux joues; mais le septième, qui est
le complément des sept dons du Saint-Esprit, s'applique
respectueusement sur le menton de la prophétesse, que les
Cathécumènes sucent avec une force de volupté. Ce dernier

baiser est encore le symbole des sept sceaux de l'Apocalypse,
des sept plaies d'Égypte, des sept sacrements de la loi nouvelle, des sept allégresses et des sept douleurs de la Vierge,
car tout va par sept dans le jargon mystique des prédications
et des oracles. La mère Catherine se dit choisie pour enfanter
le Verbe divin : c'est la pierre angulaire du royaume de Dieu
sur la terre; c'est elle qui choisit les élus, qui doit commander aux soldats du Dieu des armées : son trône doit être
miraculeusement érigé près du Panthéon, au local ci-devant
destiné aux écoles de droit. C'est de là que cette immortelle
doit régir l'Univers. Un seul éclair doit réduire en poudre les
trônes, les armées et tous les mécréans de la terre, aplanir
les montagnes et dessécher les mers. C'est une nouvelle *Ève*
qui doit réparer les malheurs causés au genre humain par
nos premiers parents, et réaliser la rédemption qui n'avoit
existé, dit-elle, qu'en *figure*. La population du globe sera
réduite à 140.000 élus par la sainte mère (c'est encore un
nombre de sept fois vingt) : immortels comme elle, ils chan-
teront ses louanges, et jouiront sans fin, au paradis terrestre
qu'elle va rétablir, de l'éclat radieux de son antique virginité.
Tel est, citoyens, l'abrégé d'un tas d'inepties qu'on a été forcé
de relater dans les procès-verbaux et interrogatoires recueillis
par votre comité.

L'arme du ridicule, le sentiment de la pitié sont les seuls
remèdes sans doute dont la raison peut faire usage contre
ces jongleries fanatiques : aussi vos comités les eussent-ils
méprisées, si, par un anneau dangereux, elles ne se ratta-
choient au cercle des conspirations qui se sont reproduites
sous tant de formes pour nous ramener à la tyrannie. C'est
sous ce rapport seulement que nous allons les envisager.
Observons d'abord que c'est à cet anneau que tient l'infernale
tactique des assassins et la théorie des poignards. La Saint-
Barthélemy, les vêpres siciliennes, la conspiration des poudres, les auto-da-fés et tant d'autres horreurs religieuses qui
ont abreuvé la terre de sang humain pendant dix-huit siècles,
ont pris leur source dans l'âme dépravée des prêtres. C'est en
suscitant des visionnaires et des inspirés; c'est en électrisant
des cerveaux combustibles; c'est avec les promesses du paradis et les menaces de l'enfer, que ces hommes fourbes ont

dirigé le fer et le poison au gré de leur vengeance et de leur
ambition criminelle.

Si notre glorieuse révolution n'eût pas été souillée par les
conspirations des traîtres qui ont tenté de l'anéantir; si nous
touchions à cette heureuse époque où la chute des tyrans et
de leurs esclaves nous permettra de reposer sur les lauriers
de la victoire, de fonder le bonheur du peuple et la démo-
cratie sur des lois paisibles, sous le tranquille ombrage de
la liberté et de l'olivier de la paix, nous ne songerions guère
aux prêtres que pour déverser sur eux le mépris et le ridicule
qu'ils méritent. Mais lorsque leurs scélérates singeries devien-
nent une arme meurtrière dans les mains de nos ennemis :
lorsque Pitt envoie sur nos côtes une cargaison de poignards
destinés pour Paris; lorsque les crucifix, les sacrés-cœurs et
les rosaires sont les signes de ralliement des conspirateurs;
lorsqu'on les trouve dans les poches des émigrés, sur la poi-
trine des brigands de la Vendée, et qu'on voit ces funestes
emblèmes dans les galetas de la prétendue mère de Dieu...;
lorsqu'il est prouvé que le monstre Ladmiral, assassin de
Collot-d'Herbois, étoit le camarade et le commensal du baron
de Batz, chef de toutes les conspirations de l'étranger, payeur
général de l'armée des fripons, des traîtres et des assassins,
qui est ici à la solde de l'Angleterre... verrez-vous de sang-
froid et sans inquiétude se former autour de la représentation
nationale un atelier de fanatisme, une manufacture de fous
et une pépinière de Corday? Non, citoyens, cette insouciance
seroit peu digne de votre sagesse... Il est un temps où l'on
peut dédaigner les dangers, et braver le délire et la méchanceté des hommes : mais ce n'est pas lorsque le vaisseau de la
révolution est en pleine mer, lorsqu'il est tourmenté par la
tempête, qu'il faut jeter l'ancre; attendons qu'il soit arrivé
dans le port avant d'en quitter la manœuvre.

Sachez encore, citoyens, que la prétendue mère de Dieu
n'est que la pièce curieuse de cet atelier, qu'elle n'est là que
pour le mécanisme des grimaces et pour la partie matérielle
des cérémonies; mais le moral de l'institution, le substantiel
de sa doctrine, l'explication du sens des oracles, des prophéties et des écritures, tout cela est confié à des mains plus
exercées et bien plus dangereuses. C'est un ex-moine qui

est chargé de cette partie, un moine qui a déjà marqué dans la révolution par les écarts d'une imagination déréglée, un cénobite dont la solitude du cloître a creusé le cerveau et embrouillé l'entendement, qui ne rêve que de prophéties, et n'enfante que les plus sinistres augures ; une bile noire provoque en lui des visions extatiques et des prédictions effrayantes, sa tête est imbibée de sombres passages d'Ezéchiel et d'Isaïe ; il applique aux événements actuels les figures de l'Apocalypse et le sens le plus hyperbolique de l'Écriture ; en un mot, on ne voit que du noir dans les esquisses de son pinceau.

Ce moine est le nommé dom Antoine-Christophe Gerle, ex-chartreux, député à l'Assemblée constituante. Il n'y a personne qui ne se rappelle sa motion audacieuse, qui avoit pour but de proclamer un culte dominant en faveur de la religion catholique. Dom Gerle siégeoit du côté gauche : les patriotes auxquels il avoit eu la ruse de s'accoler, imputèrent cette motion liberticide au déréglement de son cerveau ; on fut la dupe de cette prétendue débauche d'esprit, et plus encore de sa perfide bonhomie. Il rentra aux Jacobins, dont on avoit d'abord résolu de l'exclure ; et feignant un hypocrite repentir, il abusa, à l'exemple de son ami Gobel, de la confiance des patriotes pour les mieux tromper. Eh bien ! c'est ce même dom Gerle qui ose préconiser la mission de la mère de Dieu, qui répand partout sa doctrine, qui accrédite ses prophéties, qui en trouve l'application dans la Bible, qui assiste à ses fanatiques mystères et aux réceptions des initiés, qui préside à ses momeries, qui enflamme de vive voix et par écrit le cerveau des imbéciles qui affluent dans ce repaire. Dom Gerle ose avouer dans ses interrogatoires, qu'il a reconnu la mère Catherine comme inspirée par Dieu lui-même ; qu'il la croit destinée de toute éternité à donner le bonheur au monde, et à réparer les malheurs de notre première mère ; il a ajouté la connoître depuis deux ans, et avoir reconnu dans la sainte écriture la vérité de tout ce qu'elle dit.

On a trouvé dans les papiers de ce moine, des lettres de quelque nouvelle *Alacoque*, dont le style mystique peut donner une idée des élèves et de l'instituteur. Ce n'est que

pour remplir ce but que je me permets de citer des choses
ridicules par elles-mêmes, et qui seroient peu analogues à la
gravité du sujet, c'est-à-dire aux conspirations affligeantes
dont j'ai à vous entretenir. Voici des fragments de ces lettres :
« O Gerle, cher fils Gerle, chéri de Dieu, digne amour du
Seigneur;... c'est sur ta tête, sur ce front paisible où doit
être posé le diadème digne de ta candeur... Vis à jamais, cher
frère, dans le cœur de tes deux petites sœurs ..., elles t'engagent à venir déjeuner avec elles demain, jour de décadi,
sur les neuf heures et demie, ni plus tôt, ni plus tard...
Mille choses agréables au cher fils de la part de ses deux
colombes. » On voit aussi dans ses papiers quelques strophes
de vers de sa composition, et écrits de sa main, une collection de passages latins choisis d'*Isaïe*, qui annoncent la subversion du gouvernement et la chute prochaine des gens en
place : on y reconnoît le dessein d'appliquer ces prédictions
à la mission de la prétendue mère de Dieu. Voici quelques-
uns de ces vers :

> O Paris, ville très heureuse
> Entre les cités d'ici-bas,
> Lève-toi, ne sois plus peureuse,
> La vérité guide tes pas.
> . . . .
> De l'ennemi la tête altière
> Doit en peu tomber sous nos coups :
> Tu le sais, la nature entière
> N'attend son salut que de nous.....
> Vérité, montre-toi, viens changer notre sort,
> Viens pour anéantir l'empire de la mort.

On lit ailleurs :

> « Ni culte, ni prêtres, ni roi,
> « Car la nouvelle Ève, c'est toi. »

Ceci s'applique clairement à Catherine *Théos* : c'est la nouvelle *Ève* dont Gerle a entendu parler, c'est elle qui donne à
ses élus l'immortalité corporelle, et qui anéantit pour eux
l'empire de la mort. C'est à Paris qu'elle a fixé son trône ;
c'est cette heureuse cité que le moine invite à se lever, et à
marcher sans crainte sur les pas de la vérité qui l'éclaire. On

peut apprécier les conséquences que des fanatiques peuvent
tirer de ce pieux galimathias : il en faut beaucoup moins
pour faire fermenter des cerveaux brûlés, des têtes mal orga-
nisées et incandescentes.

Un fanatique plus dangereux encore, est un nommé Quesvremont, dit Lamotte, un des médecins en titre du ci-devant
duc d'Orléans. On a trouvé chez cet empyrique, disciple de
Mesmer et grand magnétiseur, des paperasses du même genre.
En voici une légère esquisse. « A la Pentecôte ou aux environs frappera enfin, et se fera sentir sur la partie propre-
ment enragée des chefs de la nation le coup céleste et vengeur
depuis un peu longtemps différé à mes yeux, qui de longue
main désirent voir l'ordre et le bonheur rétablis en France
par un coup du ciel ; mais ce qui est différé n'est point pour
cela perdu et manqué.

> Et seront terrassés ces Titans orgueilleux,
> Osant dans leur fureur braver même les cieux. »

On y a trouvé de plus une estampe allégorique, où sont les
mystères de l'ancien et du nouveau testament, et particulièrement les sept dons de Dieu, placés autour d'un médaillon
de forme ovale, dans le même ordre que la sainte mère reçoit
les sept baisers des nouveaux élus. On voit que c'est lui qui
est l'inventeur de cette allégorie fanatique. On aperçoit dans
l'intérieur du médaillon le jardin d'Éden, l'arbre de vie, celui
de la science du bien et du mal ; une croix surmontée d'un
pélican dans un nuage, sur laquelle croix on lit ces mots :
Pone me ut sigillum super cor tuum. On voit d'un coup-d'œil,
dans cette estampe, tout le système de la mère de Dieu, et il
en résulteroit que ce n'est pas dans un galetas que cette secte
d'illuminés est circonscrite, lors même que nous n'aurions pas
acquis la preuve de ses ramifications sur tous les points de
la République. Il en existe dans les départemens et dans les
armées : beaucoup de militaires, avant de partir, ont été initiés aux mystères de la prétendue mère de Dieu ; des familles
entières y ont apporté leurs enfans nouveaux-nés : tous y ont
été attirés par le prestige de l'immortalité corporelle. Ce fait
a été prouvé par nombre de déclarations, et par l'aveu de
tous les détenus.

On a trouvé de plus, chez Lamotte, une lettre d'un prêtre déporté qui est à Londres, du 18 décembre 1792; d'où il résulte que cet empyrique cherchoit, à cette époque, des prosélytes du mesmérisme et de la doctrine de Swendemborg. Gerle et Lamotte ont pour adjoint une femme nommée Amblard, veuve Godefroy. Ces trois personnages réunis à Catherine Théos, sont les principaux arcs-boutans et instigateurs de ce nouveau genre de conspiration. Ce n'est pas à Paris seulement que les contre-révolutionnaires ont établi des ateliers de fanatisme : nous venons d'en découvrir à Versailles et à Marly. C'est là que des ci-devant seigneurs, des dames de haut parage, des prêtres et de lâches valets s'exercent à des manœuvres superstitieuses, à des opérations cabalistiques.

C'est chez la ci-devant marquise de Chastenois qu'étoit le noyau de ce criminel rassemblement. Comme Catherine Théos, elle a le don de prophétie, on la dit inspirée de Dieu ; mais il y a cette différence que sa recette est artificielle; elle a besoin de se livrer à des procédés où elle mêle la mysticité à la magie. Ses collaborateurs sont presque tous des correspondans d'émigrés qui ont leurs relations à Londres. On en a arrêté près de trente, dont la trahison est constatée par les papiers qu'on a saisis chez eux. Voici la nomenclature bizarre des livres, bijoux et emblêmes magiques trouvés chez la femme Chastenois. On y voit d'abord un médaillon en bas-relief, qui représente le portrait de la scélérate Antoinette ; une médaille où l'on voit d'un côté la Vierge ; et de l'autre un Michel-Archange terrassant Lucifer, sert d'appendice à cet exécrable portrait ; 2° Un livre de sorcellerie, intitulé : *les Clavicules du rabbi Salomon* ; 3° Les prophéties de maître Michel Nostradamus, où l'on remarque que l'on a noté, par des onglets, toutes les rêveries qui peuvent s'appliquer à la révolution actuelle; 4° Un autre livre de magie, intitulé *Enchiridion*, qui fut envoyé d'Italie à l'empereur Charlemagne. C'est une espèce d'Agrippa, avec lequel on voit le diable, d'après les procédés que l'on indique ; 5° Une espèce d'amulette en carton, et de forme triangulaire, dont les angles sont terminés par des nœuds de faveurs ou petits rubans de couleurs différentes, avec une gloire dans le milieu ; 6° Quatre cahiers d'invocations ou prières cabalistiques, qui respirent le fanatisme le plus insensé. Enfin des lettres contre-révolutionnaires, sans signature, datées de Londres et de Genève, qui expriment le plus lâche enthousiasme en faveur des prêtres et des rois. Cette dernière liasse donne la solution et le motif des manipulations magiques de la sorcière Chastenois.

Votre comité n'a pu débrouiller encore le chaos des pièces qu'on a saisies chez tous les scélérats qu'on vient d'amener ; mais vous pouvez juger, citoyens, par le peu que j'indique, de la liaison qu'elles ont au système de conspiration que je vous dénonce. Les commissaires de votre comité ont découvert encore dans la même tournée et au ci-devant château de Saint-Cloud, un tableau mystérieusement caché derrière un lit, qui n'a été ni numéroté ni étiqueté, et qu'on a frauduleusement soustrait à l'inventaire du mobilier de cette maison. On ne l'a découvert que parce qu'on avoit oublié d'en déplacer la crémaillère. Ce tableau, qui est supérieurement dessiné, a été peint par la femme Lebrun, maîtresse du traître Calonne. Il représente le portrait en pied du jeune Capet qui est au Temple. Il existe déjà des probabilités que ce tableau étoit réservé à servir au système de la prétendue mère de Dieu. C'est l'inauguration de ce tableau aux écoles de droit près du Panthéon, qui devoit être le prélude de l'enfantement miraculeux du verbe divin, et de l'accomplissement des prophéties. Ceci n'a pas besoin de commentaire pour inspirer un grand intérêt. Aussi ai-je dit que ce n'est sous aucun rapport religieux qu'il faut envisager cette affaire. Sous cet aspect, elle ne peut inspirer que le mépris ou la pitié ; mais c'est sous le rapport politique, surtout révolutionnaire, qu'elle mérite toute votre attention. Pourroit-il exister de frein contre des fanatiques qui auroient la folie de croire à l'immortalité corporelle ? Il n'est point de barrière, point de lien moral ni civil, capable de contenir l'audace de tels maniaques. Les prêtres n'ont-ils pas allumé la rage des brigands de la Vendée, par la promesse de ressusciter au bout de trois jours ? N'est-ce pas cet espoir qui les enhardissoit à s'élancer sans armes sur nos batteries et à s'en emparer avec fureur ?

Ils sont donc bien coupables les scélérats qui ont inventé

ou accrédité de pareils principes, dans un temps où les poignards sont levés sur les plus courageux défenseurs du peuple et où les campagnes désertes de la Vendée fument encore du sang que le fanatisme y a fait répandre par torrens. Il est démontré à la France et à l'univers, que la République naissante a été tourmentée par deux factions : toutes deux vouloient nous redonner un maître. L'une, fomentée par l'Autriche, cherchoit à conserver la royauté et tous ses abus dans la famille du tyran. L'autre, excitée par la scélératesse de Pitt, vouloit reporter tous les crimes de la tyrannie dans une dynastie nouvelle et river nos fers à l'anglaise. On a vu déployer dans la première tout ce que le despotisme aux abois peut inventer en cruauté comme en perfidie. Les massacres du Champ de Mars, de Nancy et du 10 août, la fuite et les parjures du tyran et les infamies de sa femme, les lâches complots des princes et des émigrés, la trahison des courtisans et des ministres. La seconde a utilisé tous les crimes, soudoyé tous les scélérats, et n'a fait la guerre qu'à la vertu. C'est à la faction d'Orléans que se sont ralliés surtout les hommes corrompus et déshérités de l'estime publique ; c'est cette honteuse écume du genre humain qui a engendré les monstres de l'athéisme et de l'anarchie, et qui a putréfié les germes de la morale et de la sagesse.

De tels brigands, pour qui le crime est un besoin et le bonheur public un supplice, pourroient-ils avoir d'autres principes que l'immoralité, d'autre espérance que le néant ? Mais pour replonger le peuple dans la servitude et le dégoûter de la liberté, ne falloit-il pas l'épouvanter par le spectacle de tous les fléaux réunis, appeler la famine et la guerre, invoquer la discorde, secouer surtout les torches du fanatisme et tourner au profit de la contre-révolution les égaremens de l'esprit et tous les vices du cœur humain ; de là ce monstrueux mélange de modérés et de démagogues, d'exagérateurs et d'alarmistes, d'athées et de faux dévots, de fripons, et de traîtres *sauve qui peut*. C'est là qu'on a vu harmoniser, sous l'apparence du contraste, les faux caractères de Necker et de Mirabeau, de Carra et de Sillery, d'Hébert et de Danton, de Philippeaux et de Ronsin, de Brissot et de d'Eglantine, et de tant d'autres monstres qui, sous les formes populaires et

la souplesse d'une âme double et versatile, ont tant de fois
guidé le char de la Révolution vers des précipices creusés par
le crime.

Parmi tant d'écueils, le plus affreux sans doute étoit le
volcan horrible de la Vendée. Avec quel art la perfidie des
prêtres et la scélératesse des conjurés n'ont-elles pas envenimé
ce charbon politique! Quel est le point de la République qui
n'a pas ressenti l'influence de ses miasmes pestilentiels?
N'est-ce pas au fanatisme qu'on doit les troubles de Nîmes
et de Montauban, de la Lozère et d'Avignon, d'Arles et du
camp de Jalès? Citoyens, ce n'est jamais qu'au nom du ciel
que la guerre civile a pris naissance, et que la superstition
a ensanglanté la terre. Les législateurs ne sauroient porter
assez d'attention à déraciner tous les germes de cette gan-
grène contagieuse.

La conspiration que je vous dénonce a tous les caractères
qui peuvent exciter la vigilance et l'indignation : elle tient
d'une part à la malice incommensurable des prêtres, de
l'autre à la formidable faction que la hache populaire a
punie. Dom Gerle est un moine hypocrite, plein de prestige
et de fanatisme; il étoit l'ami du traître Gobel; celui-ci tenoit
à Chaumette, et par voie de suite à Danton. Quesvremont,
dit Lamotte, étoit un des commensaux d'Orléans, mesmérien
et empyrique, il est l'ami de Bergasse l'illuminé, connu par
le plaidoyer du banquier Kornmann, par des ouvrages sur le
somnambulisme, par d'ingénieuses rêveries sur le pouvoir du
fluide animal. On connoit les liaisons d'agiotage entre ce
banquier Kornmann et le fameux cardinal *Collier*, dans les
pirateries des Quinze-Vingts. On sait aussi que ce Bergasse
avoit à sa suite une espèce de prophétesse qu'il endormoit
pour obtenir des prédictions, même sur les événements
politiques. On sait qu'au moyen de ce jeu-là, son génie et sa
raison s'endormirent aussi. Après que l'assemblée constituante eût quitté Versailles pour venir à Paris, il alloit tous
les matins, en costume de député, dans la cour des Menus,
chanter le refrain de Nina : *Mon bien aimé ne revient pas*, etc.
Il attendoit, disoit-il, le roi et l'assemblée. On sait enfin que
ce maniaque résidoit à Petitbourg auprès de la sœur de
d'Orléans, ci-devant duchesse de Bourbon, et qu'il lui avoit

échauffé le cerveau par les prestiges du somnambulisme. Au surplus, ce Bergasse, tout visionnaire qu'il est, faisoit des vœux très prononcés pour la contre - révolution. Il étoit possédé de l'anglicisme; il rêvoit la trinité des pouvoirs. Il étoit lié à Clermont-Tonnerre, le monarchien; à l'anglomane Mounier, à l'amphatique Tollemdal; mais il eut l'orgueil de croire que lui seul avoit hérité du jugement des Lycurgue et des Solon, et qu'une sage constitution devoit exclusivement sortir de son cerveau. Ses amis l'abandonnèrent à cet excès de gloire, et il ne reste de sa renommée que le souvenir de son plaidoyer et de sa chanson aux Menus. Dom Gerle étoit aussi l'ami de Bergasse; il avoit aussi des habitudes à Petit-bourg, et c'est de là que lui écrivent si tendrement et si mystiquement ses deux petites sœurs, ses deux jeunes Colombes.

De ces détails épisodiques résultent des rapprochements lumineux qui prouvent la source et le but de ce nouveau fil de conspiration. On voit qu'il se rattache aux factions, et qu'il est ourdi par les prêtres; les tyrans mêmes n'y sont pas étrangers, car Frédéric-Guillaume est illuminé et embêté par cette ridicule secte : on le verroit, s'il étoit à Paris, dans le galetas de Catherine ou au sabat de la Chastenois. On peut juger, par sa conduite politique, des brèches déjà faites à sa raison, et comment il est devenu le jouet du machiavélisme des cabinets de Vienne et de Pétersbourg, et du patelinage des fanatiques. Citoyens, il ne m'appartient pas de prévenir les sages mesures qui vous restent à prendre à l'égard des prêtres scélérats : je dois me renfermer dans le sujet qui fait la matière de ce rapport; mais mon amour pour la liberté m'engage à vous dire que toute composition, toute demi-mesure, tout acte de clémence envers des prêtres convaincus de fanatisme est une barbarie, un crime de lèse-humanité envers le peuple. Il en est parmi eux en qui la nature et la vertu ont surmonté les vices de l'éducation, et qui ont eu le courage de détester les principes contagieux de cette corpo-ration gangrenée; mais comme ils sont un petit nombre, il sera bien facile de les excepter de la masse.

Je reviens à mon sujet, c'est-à-dire à la prétendue mère de Dieu, et j'observe que malgré la foule innombrable qui s'ini-

tioit tour-à-tour dans le sombre réduit où reposoit ce vieux
tabernacle, nul n'y étoit introduit sans la plus sévère pré-
caution ; il falloit user de signes convenus et connoître le
mot de l'ordre. De telles mesures, propres à tromper la vigilance de la police, prouvent assez combien ces rassemblements étaient suspects. Aussi les commissaires du comité
n'ont-ils pu s'y introduire que l'un après l'autre, et comme
récipiendaires ; ils ont été obligés de subir les épreuves du
noviciat, de garder le sérieux pendant les cérémonies gro-
tesques et les ridicules grimaces dont ils ont soutenu le
spectacle. Dom Gerle fut le seul qui se défia de leurs intentions, et qui devina leur mandat à leur contenance : alors il
essaya de s'éclipser, mais on le força de remonter l'escalier
que la peur lui avoit fait descendre. Les commissaires ne
purent soutenir longtemps le rôle simulé qu'ils avoient joué ;
ils manifestèrent leur mandat ; ils appelèrent la force armée
qui étoit dispersée dans la rue, et ils procédèrent à l'interrogatoire et à l'arrestation des 14 individus qui étoient dans
l'appartement, y compris la mère de Dieu et dom Gerle qui
paraissoit présider l'assemblée.

Vous connaissez à présent, citoyens, ce nouveau genre de
conspiration, vous en apercevez tout le danger, et je n'ai plus
besoin d'insister sur la nécessité de la déjouer et de la punir.
Mais seroit-il raisonnable d'y envelopper un tas d'imbéciles,
tombés dans les filets de quelques scélérats soudoyés, de
quelques fripons attachés au système des conspirateurs ? je
ne le pense pas : votre justice a toujours distingué l'erreur
d'avec le crime. Les principaux instigateurs sont ici bien fa-
ciles à reconnoître : il peut en survenir encore qu'on pourra
signaler aux mêmes caractères. On voit d'une part un moine
déjà noté par une motion dangereuse, qui, avec de l'esprit et
des connoissances, va s'accoler dans un galetas avec une
vieille extravagante, pour fanatiser les bigottes, prêcher un
nouveau monde et l'immortalité corporelle..... Cet homme,
habitué à la vie contemplative, au silence du cloître, et à des
psalmodies nocturnes paroissoit peu fait pour être un sec-
taire et pour pérorer le peuple sur des tréteaux : sa haine
pour la révolution a pu seule lui inspirer l'envie de parcourir
cette périlleuse carrière. On voit ensuite un médecin qui a

vanté les prétendus prodiges de la nature dans le magnétisme
animal, et qui est censé croire à ses merveilles plutôt qu'aux
inintelligibles mystères de la révélation, devenir tout à coup
un illuminé et le principal favori de la mère de Dieu. Il n'y
a que le désir de la contre-révolution qui puisse expliquer
cette étonnante métamorphose. Quant à Catherine Théos,
elle n'a point changé de principes; elle a passé la moitié de
sa vie à la Bastille ou à la Salpétrière. Rien n'a pu la désa-
buser de l'idée de la maternité divine; elle se croit immortelle et invulnérable; elle dit avoir pris du poison et de l'eau
de chaux, sans que ces corrosifs aient pu altérer sa santé. Il
ne faut donc plus espérer de corriger le fanatisme qui est
comme incrusté dans son âme. La femme Amblard, veuve
Godefroy, est, après la mère de Dieu, la plus illuminée de la
troupe. C'est elle qui fait les lectures mystiques, qui instruit
les catéchumènes, qui les prépare à l'inoculation des sept
dons; enfin, elle semble honorée du vicariat de la prophétesse; elle s'enorgueillit dans son interrogatoire d'avoir été
détenue à la mairie, de compagnie avec la mère Catherine, à
cause de leurs fanatiques prouesses; celle-ci lui rend mot à
mot ses conversations avec Dieu, et cette confiance est si
intime, que si la mère du verbe pouvoit être mortelle, la
femme Amblard auroit le dévolu de la maternité. Quant à la
femme Chastenois, incidemment enveloppée dans cette cause,
il existe tant de pièces de conviction, qu'il seroit superflu de
les analyser de nouveau.

Voilà, citoyens, les cinq personnages qui servent de
noyau à cette dangereuse conspiration; il est impossible de
méconnaître qu'ils jouent des rôles distribués, et qu'ils s'en
acquittent au gré des ennemis de la liberté qui les font agir.
La gloire et la puissance du peuple français sont à un si haut
degré, qu'il ne sera plus possible d'altérer son bonheur autrement que par des mouvements intestins; ceux-ci ne peuvent
être durables que lorsque le fanatisme les alimente : c'est
donc ce dernier monstre qu'il importe de terrasser, et il faut
le poursuivre jusque dans les derniers replis où il enveloppe
sa tête hideuse. Nous ne connoîtrions pas l'infernal génie des
Anglais, si nous ne rapportions à leurs inventions et à leurs
manœuvres à Paris, l'établissement de ce commerce de fana-

tisme et de spéculations de bigoterie, ouvert dans la rue Contrescarpe. Il me semble voir l'Anglais spéculant dans son comptoir politique sur les folies religieuses à Paris, comme sur les achats de noirs dans la Guinée : il a vu dans cette cité les deux écoles de Jansénius et de Molina; il y a dénombré les héritiers des imbéciles du cimetière de Saint-Médard; c'est dans les esprits foibles, dans les âmes crédules, dans les fanatiques pervers, qu'il a recruté un nouveau genre de contre-révolutionnaires, plus dangereux, parce qu'ils sont plus imperceptibles à la police publique. C'est là que l'Anglais a cherché des auxiliaires, des perturbateurs, des chefs de mécontents, des recruteurs de Vendée et des assassins. C'est par là qu'il a espéré d'altérer l'esprit public révolutionnaire, de détourner vers les idées superstitieuses les esprits portés aux opinions politiques, et de faire un jour à Paris une Vendée plus nombreuse et plus horrible que celle qui a causé tant de maux sur les bords de la Loire.

Voici le projet de décret que je suis chargé de vous présenter.

La Convention nationale, après avoir entendu le rapport de ses comités de sûreté générale et de salut public, décrète ce qui suit : Dom Gerle, ex-chartreux, ex-député à l'Assemblée constituante; Catherine Théos, se disant la mère de Dieu; Étienne-Louis Quesvremont, surnommé Lamotte, médecin en titre du ci-devant duc d'Orléans; Marie-Magdeleine Amblard, veuve Godefroid; la femme ci-devant marquise de Chastenois, seront traduits au tribunal révolutionnaire pour y être jugés sur les faits de conspiration dont ils sont prévenus. Charge l'accusateur public près ledit tribunal de rechercher et poursuivre tous autres auteurs ou instigateurs de ladite conspiration. L'insertion du présent décret au bulletin tiendra lieu de publication.

Senart a donné dans ses *Mémoires* des explications complémentaires sur cette affaire. Un des prétendus secrets de la secte était de se rendre invisible en tuant un de ses semblables et surtout les profanes députés de la Convention nationale.

Malgré le décret de la Convention, Catherine Théos ne fut point traduite devant le Tribunal révolutionnaire; il n'y eut même pas d'acte d'accusation dressé contre elle sur l'opposition de Robespierre [1], après une querelle très vive entre les membres des comités.

Depuis longtemps les Comités s'espionnaient réciproquement. On parlait de triumvirs, membres du gouvernement, conspirant contre le gouvernement révolutionnaire pour s'emparer de la dictature et l'utiliser dans un sens rétrograde. Ces divisions éclatèrent au grand jour à la séance du 8 thermidor. Après la défense personnelle de Robespierre, le président du Comité de Sûreté générale monte à la tribune [2].

VADIER. — J'ai entendu avec douleur Robespierre dire que le rapport concernant une fille Catherine Théos ne

1. « Robespierre, dit Fouquier-Tinville dans son *Mémoire*, m'ayant intimé, au Comité de Salut public et au nom de ce comité, qu'il fallait différer l'affaire Catherine Théos, après lui avoir observé en vain qu'un décret m'imposait le devoir de la suivre; ne pouvant me faire entendre ce jour-là, je me suis retiré et suis allé au Comité de Sûreté générale où j'ai rendu compte des faits et de mon embarras, en indiquant par trois fois *il, il, il*, au nom du Comité de Salut public, s'y oppose. — C'est-à-dire Robespierre, répondit un membre que je crois être Amar ou le citoyen Vadier. » La même résistance s'était déjà accusée avant le 22 prairial; ayant connu les projets des triumvirs par une conversation de Dumas et plusieurs jurés, Fouquier se rendit au Comité de Salut public et présenta des observations à Billaud-Varennes, Collot d'Herbois, Barrère, Carnot et Prieur qui s'y trouvaient; ils répondirent que cet objet regardait Robespierre chargé du travail. « Je témoignai les mêmes inquiétudes au Comité de Sûreté générale, à Vadier, Amar, etc. Tous répondirent qu'une pareille loi n'était pas dans le cas d'être acceptée. De nombreux témoignages concordent pour démontrer que Vadier fut hostile à la loi du 22 prairial, qu'il qualifiait, le jour même de sa promulgation, de *loi de Dracon*, de l'aveu même de son ennemi Taschereau.

2. Vilate assistait à la séance du 9 thermidor, et il constata (*Rev. du 9 ther. t. I*, p. 168) que Robespierre désignait du doigt avec insistance Tallien, Vadier, Vouland, Collot, Bourdon (de l'Oise).

semblait se rattacher qu'à une farce ridicule de mysticité, que c'était une femme à mépriser.

Robespierre. — Je n'ai pas dit cela.

Cambon. — Je demande la parole aussi... (*Il s'élance à la tribune*). Avant d'être déshonoré, je parlerai à la France...

Le Président. — Vadier a la parole.

Vadier. — Je parlerai avec le calme qui convient à la vertu. Robespierre a dit que ce rapport ayant donné lieu à un travestissement ridicule a pu nuire à la chose publique. Ce rapport a été fait avec le ton de ridicule qui convenait pour dérouter le fanatisme. J'ai recueilli depuis de nouveaux renseignements, des documents immenses; vous verrez que Pitt y conspire; vous verrez que cette conspiration est des plus étendues; vous verrez que cette femme avait des relations intimes avec la ci-devant duchesse de Bourbon, avec Bergasse et tous les illuminés. Je ferai entrer cette conspiration dans un cadre plus imposant ; mais ce travail est long, parce qu'elle se rattache à tous les complots, et qu'on y verra figurer tous les conspirateurs anciens et modernes. J'ai encore quelque chose à dire sur le discours de Robespierre. Les opérations du Comité de Sûreté générale ont toujours été marquées au coin de la justice et de la sévérité nécessaires pour réprimer l'aristocratie; elles sont contenues dans les arrêtés qu'elle a pris, et qu'on peut faire imprimer et juger ensuite. Si nous avons eu des agents qui aient malversé, qui aient porté l'effroi dans l'âme des patriotes, le Comité les a punis à mesure qu'il les a connus, et la tête de plusieurs est tombée sous le glaive de la loi. Voilà quelle a été notre conduite et en voici la preuve : les commissions populaires établies, de concert avec les deux Comités, ont déjà jugé sept à huit cents affaires; combien croyez-vous qu'elles aient trouvé de patriotes? ils sont dans la proportion d'un sur 80.

Voilà bien la preuve que ce n'est pas le patriotisme qui a été opprimé, mais l'aristocratie qui a été justement poursuivie. Voilà ce que je devais dire pour la justification du Comité de Sûreté générale, qui n'a jamais été divisé d'avec le Comité de Salut public. Il peut y avoir eu quelques explications, mais jamais elles n'ont rien diminué de l'estime et de la confiance mutuelles que se portent les deux Comités.

Le lendemain, 9 thermidor, le président du Comité de Sûreté générale ouvrit hardiment le feu.

Vadier. — Jusqu'au 22 prairial, je n'avais pas ouvert les yeux sur ce personnage astucieux qui a su prendre tous les masques et qui, lorsqu'il n'a pas pu sauver ses créatures, les a envoyées lui-même à la guillotine. Personne n'ignore qu'il a défendu ouvertement Bazire, Chabot et Camille Desmoulins, et qu'il a déversé l'ignominie sur le rapport du Comité de Sûreté générale. Le 22 prairial, le tyran, pour moi, c'est le nom que je lui donne (*Vifs applaudissements.*), a rendu lui-même une loi qui institue le tribunal révolutionnaire; il l'a composée de sa main; il a chargé le vigilant Couthon d'apporter ce décret à la Convention et de le faire passer, même sans l'avoir lu. Il se plaint de ce qu'on opprime les patriotes. C'est à lui, au contraire, que s'applique ce reproche, lui qui a fait incarcérer le Comité révolutionnaire le plus pur de Paris; lui qui, pour opérer les arrestations qu'il désirait, a institué sa police générale. Le Comité du gouvernement qui dirige les armées a fait son devoir, et les victoires que la République remporte, sont aussi le fruit de la compression des ennemis de l'intérieur, et cette com-

pression est l'ouvrage du Comité de Sûreté générale.
Savez-vous pourquoi il l'a calomnié? C'était pour diviser
les deux Comités, pour étouffer l'opinion, pour empêcher
qu'aucun patriote ne parlât et ne s'élevât contre la tyrannie.
Si ce tyran s'adresse particulièrement à moi, c'est parce
que j'ai fait sur le fanatisme un rapport qui ne lui a pas
plu; en voici la raison : Il y avait sous les matelas de la
mère de Dieu une lettre adressée à Robespierre. Cette
lettre lui annonçait que sa mission était prédite dans
Ezéchiel; que c'était à lui qu'on devrait le rétablissement
de la religion qu'il débarrassait des prêtres. On lui faisait
l'honneur du culte nouveau. Dans les documents que j'ai
reçus depuis se trouve une lettre d'un nommé Chénon,
notaire à Genève, qui est à la tête des illuminés. Il propose à Robespierre une constitution surnaturelle. (*On rit.*)
Croyez-vous qu'après le décret que vous avez rendu à la
suite de mon rapport, il a plu à Robespierre de sa pleine
puissance et autorité, de dire à l'accusateur public :
« Vous ne jugerez pas cette drogue. » Il m'est revenu,
avec les pièces du procès, un dossier d'autres pièces qui
disent que cette femme est une vieille folle qui a été
renfermée à la Salpêtrière pour avoir toujours fait la
même chose. Cependant, cette femme, qu'on regardait
comme un mannequin, était toujours chez la ci-devant
duchesse de Bourbon, et, pour vous prouver combien
cet homme tyrannisait l'accusateur public, il suffit de vous
apprendre que celui-ci vint chez moi me dire qu'il ne
pouvait parvenir à faire juger cette affaire.

BOURDON, DE L'OISE. — Robespierre a empêché, depuis
le 26 frimaire, l'exécution du décret d'accusation contre
Lavalette, et il a sacrifié six patriotes de Lille.

VADIER. — A entendre Robespierre, il est le défenseur
unique de la liberté; il en désespère, il va tout quitter, il

est d'une modestie rare (*On rit.*) et il a pour refrain perpétuel : « Je suis opprimé, on m'interdit la parole. » Et il n'y a que lui qui parle utilement, car sa volonté est toujours faite. Il dit : « Un tel conspire contre moi, qui suis l'ami par excellence de la République, donc il conspire contre la République. » Cette logique est neuve.

Il avait encore un autre moyen de vexer les patriotes. Il donnait à plusieurs députés un espion. Pour mon compte, il m'avait attaché un nommé Taschereau [1], qui

1. Taschereau de Farges, auquel il est fait allusion dans le discours de Vadier, avait été chargé d'espionner Robespierre pour le compte du Comité de Sûreté générale. Il s'acquitta de la mission contraire : il devint un des séides de Maximilien et faisait partie de son escorte nocturne à sa sortie des Jacobins avec Didier, Girard, Châtelet, Nicolas, Boulanger et Garnier-Delaunay. Arrêté le 9 thermidor, il composa dans la nuit la pièce suivante, qu'il adressait à son compatriote Vadier : elle eut du moins pour résultat de sauver sa tête :

> Mais abant de mouri, Vadier, que jou te digo
> Que l'an sus toun amic barbarament troumpat ;
> Ab saouras quand la mort aoura mes uno digo
> Entre nous aoutis dous per un' éternitat.
> Per un' éternitat !… nou : quaouque cop moun amo
> A l'entour de toun leyt bendra rendoufeja ;
> Me beyras en dourmint le memo : ple de flamo,
> Per serbi moun pays, sus qui plouré dejà !
> Que les remords bengeous s'elouegnent de ta toumbo ;
> Aco soun les souls souhétx que jou feu contro tu !
> Souben-te cependant que l'innoncent sucoumbo ;
> Que frapos din un joun le crime et la bertu !
> De que me soun flatat, ah ! fribol, espérenço !
> Boulio près d'Ansaten coula de jouns hurous ;
> Me fixa per jamais al loc de ma neychenço,
> Et de la Libertat y goûta les douçous.
> Aqui tout assietat al toumbel de mous payres,
> Boulio d'aquesti temps escriure les grands traits ;
> Loutgea sur un' aoutou per respira les ayres,
> Que de l'Egalitat sount les fidels pourtraits,
> Boulio de mous neboutz estruise la jouenesso ;
> Les penetra del foc… que beleu m'a cremat ;
> Et, per poudre couelli de flous din ma biellesso,
> De mous councitoyens este toujoun aymat.
> Que sapiont que jou soun, malgré bint ans d'absenço,

était pour moi d'une attention et d'une complaisance rares. Il me suivait partout, même jusqu'aux tables où j'étais invité, sans qu'on l'y appelât. Ce Taschereau savait par cœur et me répétait sans cesse les discours de Robespierre. Lorsque je sus que les parents des détenus tenaient chez lui antichambre, je lui défendis de venir chez moi ; pour s'en venger, il dénonça et fit arrêter un homme qui me voulait du bien. Voilà comment s'arrangent ces bons patriotes. (*On rit.*)

> Digne del Mas d'Azil, de sous poulidis bords ;
> Que dins aquestis temps, détestant la bengenço,
> Mouriré sins abe counégut les remords.

P.-A. Taschereau Fargues, d'après ses notes faisant suite à *Maximilien Robespierre aux Enfers*, avait connu Robespierre dès la Constituante et l'avait beaucoup fréquenté sous la Législative. Nommé ambassadeur à Madrid, tandis que son prédécesseur Bourgoin croyait le gouvernement espagnol de bonne foi, il écrivait sans cesse au département des affaires étrangères qu'il nous trahissait, et qu'une artillerie formidable et presque toutes ses troupes de ligne se portaient aux frontières. Après la condamnation de Louis XVI, il dut se sauver par les fenêtres et se réfugier chez le chargé des affaires de Hollande, d'où il ne put partir que sous un déguisement. Taschereau habitait, rue Favart, la même maison que Collot d'Herbois ; il dîna chez Duplay avec Robespierre, le jour de l'attentat d'Admiral. Lorsque Sophie Renaud fut conduite au Comité de Sûreté générale, elle avoua qu'elle avait été chez Robespierre pour voir comment était fait un tyran : « Mais ma curiosité est satisfaite, je vous vois. » C'était au représentant Vadier qu'elle adressait ces paroles. Taschereau profita de ses relations pour faire de nombreuses démarches en faveur de Thérèse Cabarrus, qu'il alla voir à Fontenay-aux-Roses avant son arrestation. Il obtint de Coffinal qu'elle ne serait pas immédiatement mise en cause. Gagner du temps, c'était le meilleur moyen d'enlever la victime au bourreau. Le lendemain, il rencontra Tallien se promenant aux Champs-Élysées, triste et abattu ; il alla vers lui et lui annonça que son amie ne serait pas traduite au tribunal révolutionnaire. Orateur apprécié aux Jacobins, il avait accompagné les représentants Ysabeau, Mazade et Neveu à l'armée des Pyrénées-Occidentales. Il fut arrêté le 9 thermidor, à trois heures. Aussi surprise que désolée de son arrestation, « mon épouse avait été chez Vadier pour en savoir la cause. Elle n'y trouva que sa hideuse gouvernante qui, pour toute consolation, la menaça, en présence du représentant Clauzel, de la faire arrêter. Son maître ne voulut point lui en donner le démenti. »

Vadier s'était égaré dans des commérages. Tallien demanda la parole afin de porter la discussion à son vrai point, tandis que Robespierre s'écriait, au milieu des murmures, qu'il saurait l'y ramener. La Convention accorda la parole à Tallien. Il est inutile d'entrer dans les détails trop connus de cette dramatique journée. Nous nous sommes bornés à noter l'intervention de Vadier dans la lutte. Devant la Convention et les membres de la Commune, l'état-major d'Henriot, les juges et les jurés du tribunal révolutionnaire qui garnissaient l'hémicycle, le Comité de Sûreté générale ouvrit le combat, dirigea l'action, paralysa la résistance et assura la victoire.

La signature de Vadier se retrouve au bas des nombreux arrêtés, pris dans la nuit du 9 thermidor, qui amenèrent la chute définitive de son grand adversaire. La Convention se rendait un compte exact des services rendus par son Comité de Sûreté générale, comme le prouve une simple mention que l'on peut remarquer à la suite de la séance permanente du 9 thermidor : Un secrétaire, dit le *Moniteur*, avertit les membres du Comité de Sûreté générale qu'ils sont attendus au lieu ordinaire de leurs séances. Ils traversent la salle au bruit des applaudissements plusieurs fois répétés.

C'en était fini de Robespierre, dont la mort fut saluée, il faut le dire, avec enthousiasme par tous les ennemis de la République. Ceux qui avaient été grisés par la puissance fascinatrice de son éloquence le couvrirent d'opprobre. Il ne fut plus question de sa passion du bien public, de son patriotisme pur et intrépide, de son désintéressement et de son intégrité tant de fois portée aux nues.

« Le voltairien Vadier avait eu, raconte Philarète Chasles qui, tout enfant, le vit dans le salon de son père, dans sa vie révolutionnaire, une journée de triomphe,

une grande bataille gagnée à la pointe du dédain et du
sarcasme. Il en était fier. Je l'entendis raconter ce fait
d'armes dix fois, et il avait raison de se vanter; l'ironie,
qui constituait le côté destructeur de la Révolution française, son côté le plus puissant, il l'avait employée un
certain jour si à propos, il l'avait maniée si habilement
qu'une phase entière de la Révolution fut son ouvrage. Il
la fit dévier du lit que Robespierre voulait lui tracer. De
l'idée religieuse que ce dernier essayait de faire renaître,
Vadier repoussa violemment la Révolution dans la négation et le sarcasme. La parole mordante du vieillard fit
passer de Jean-Jacques à Voltaire ce monde violent et
mobile; —il annonça le Directoire, prépara le 9 thermidor
et tua Robespierre. Aussi les mystiques du déisme et du
naturalisme, les enthousiastes de Jean-Jacques ou de
Swendemborg, les chrétiens et les théophilanthropes ne
l'entendaient-ils pas sans horreur raconter son fameux
triomphe. Il y avait de tout cela dans les débris de cette
Convention, qu'une illusion de l'histoire a découpée en
Girondins et en Montagnards. Les doctrines les plus diver-
gentes les enflammaient tous; non pas des dogmes systé-
matiques et médités, mais des idées ardentes et instinc-
tives : de là, cette fougue acharnée des combats révolutionnaires, qui ne pouvaient finir que dans le sang.
Chaque homme était une idée vivante, souvent vague et
confuse, mais terrible; Anacharsis Clootz, c'était l'illumi-
nisme de Wesshaupt; Larevellière-Lépeaux, le socinia-
nisme; Amar, le swendemborgianisme; Vadier, l'ironie.
Dans une assemblée aussi fougueuse, cette froide et
immobile statue de l'Ironie était chose assez extraordinaire pour que l'on s'y arrêtât.

— Quand je découvris le pot aux roses de la mère Théos,
dit-il un jour...

Amar prit son chapeau et s'en alla.

« Tu té sauves! » cria de sa voix fêlée et gasconne le persécuteur des mystiques.

Amar n'avait rien dit, mais, jetant un oblique regard sur Vadier, il avait fermé doucement la porte. Le vieillard continua son récit. Il nous raconta pour la centième fois comment les imbéciles se remettaient à dire la messe; — comment Robespierre lui-même — *l'incorruptivle!* — (et il faisait vibrer ce mot avec une ironie méridionale inimitable) allait tourner au cagotisme; — comment *l'incorruptivle* tendait à se faire *grand prêtre.*

— Alors, ce fut par un *vienhureux* hazard que z'appris que la *petite maman Théos* (« Théos, » Dieu) rassemblait sa petite congrégation dans un grenier *véni;* — et ze me mis à l'œuvre!... et ze les fis sauter... et...

— Nous le savons bien, dit le petit et honnête Robert Lindet, que cela impatientait. Tu nous l'as dit cent fois!

— Ah! ah! continua le voltairien révolutionnaire en se redressant malgré sa goutte,—quand ze leur ai fait mon rapport... voyez-vous... le fanatisme, il a été abattu du coup... Il en avait pour longtemps avant de se relever... et Robespierre! anéanti! fini!... Je l'ai abimé!...

Et il se replongeait dans son fauteuil, avec une indicible joie. »

D'après Philippe Le Bas, membre de l'Institut [1], dont la véracité n'est point douteuse, Vadier éprouva des remords à la fin de sa carrière. Il affirme qu'un sentiment plus noble que l'amour-propre lui inspira un vif repentir de sa participation au 9 thermidor. Près de partir pour l'exil en 1815, Vadier appela auprès de lui un de ses amis et lui dit : « L..., pardonne-moi le 9 thermidor. »

---

1. *La France: Annales historiques,* t. II, p. 357. Didot.

Réfugié à Bruxelles, il ne parlait de Robespierre qu'avec un profond respect et répétait[1] souvent avec un regret plein d'amertume : Robespierre! nous l'avons méconnu... nous l'avons assassiné!...

Après Thermidor.

Au lendemain de thermidor, Vadier avait écrit aux sociétés populaires de l'Ariège que les rigueurs de la Révolution ne seraient ni arrêtées ni suspendues. Contrairement à ces prévisions, non seulement le mouvement révolutionnaire éprouve un ralentissement soudain, mais encore les chefs et les agents de la Terreur eurent à subir d'impitoyables représailles. De l'histoire de la réaction thermidorienne, nous n'avons à retenir que les faits concernant l'ancien président du Comité de Sûreté générale.

Le rappel des Girondins fut une des fautes graves de la Convention : ils ouvrirent la porte à la réaction. Dès le 16 thermidor, on procédait à des arrestations de patriotes sans examen et des élargissements d'aristocrates sans discussion. Merlin (de Douai) s'étant permis dans un rapport du 12 septembre de censurer plusieurs actes de la Révolution, le lendemain, à la société des Jacobins, Vadier le dénonçait, lui reprochant surtout d'avoir fait la critique de la mesure prise le 31 mai contre les Girondins et d'être l'auteur d'un plan combiné pour perdre les patriotes les plus énergiques.

1. C'est sur la foi de H. Le Bas, que Henri Rochefort écrivait récemment : « Le vieux Vadier, un des thermidoriens les plus farouches, disait avant de mourir : « Le grand remords de ma vie est d'avoir pris un grand patriote pour un tyran. » Il aurait pu ajouter : « Et d'avoir ainsi remplacé par un tyran le grand patriote. » *Intransigeant*, 18 mai 1895.

Pris violemment à partie dans les pétitions adressées à
la Convention nationale par les parents et les amis des
victimes du département de l'Ariège, fortement ébranlé
par les attaques de presse, Vadier fut remplacé au Comité
de Sûreté générale, et, le 22 fructidor, obéissant aux som-
mations de la jeunesse dorée, la Convention chassa Barrère, Collot d'Herbois, Billaud-Varennes du Comité de
Salut public et Vadier du Comité de Sûreté générale. La
chasse aux Jacobins était menée par Fréron qui, dans
son premier numéro de l'*Orateur du peuple*, se glorifiait
d'avoir été appelé par Marat son disciple chéri, le suc-
cesseur de son choix.

Le mouvement de réaction s'accentue rapidement. Laurent Lecointre[1], de Versailles, dénonce Billaud-Varennes,
Barère, Collot d'Herbois, Vadier, Vouland, Amar et David.
A la séance du 12 fructidor, l'assemblée est vivement
agitée. Vadier est à la tribune; il tient un pistolet. Plusieurs membres l'environnent et le font descendre. Le
plus grand trouble règne; le président lève la séance. Un
grand nombre de membres réclament dans le bruit.

Le lendemain, Vadier s'explique : — Citoyens, hier un
mouvement de sensibilité me faisait préférer la mort au
décret d'ordre du jour que vous avez rendu; j'exprimai
ce sentiment à la tribune; je n'étais plus maître de mes
facultés; ne pouvant plus être entendu, je ne voyais que
la honte dont on voulait me couvrir et je ne voulais pas y
survivre. Citoyens, on m'a accusé d'un fait qui a causé
dans mon âme un fort mouvement d'horreur; si je m'en

1. Parmi les divers chefs d'accusation reprochés à Vadier par
Laurent Lecointre, figure celui d'avoir excité les jurés à condamner
Danton à mort, de ne pas avoir dénoncé Fouquier, qu'il savait coupable de crimes et de lui avoir écrit des lettres compromettantes,
d'avoir négligé l'arrestation de Robespierre et de ses complices; il
savait que Robespierre conspirait et il ne faisait rien pour l'arrêter.

étais rendu coupable, je mériterais mille fois la mort. Le voici : Lecointre a dit que j'étais du nombre de quelques-uns de mes collègues qui avaient influencé les jurés dans le jugement de Danton et autres. Citoyens, le jour où Danton fut condamné, je fus au tribunal avec mes collègues Thirion et Dupin. Nous fûmes introduits dans une petite pièce d'où nous pouvions entendre les débats sans être aperçus des accusés. Je n'aurais pas même été ce jour-là au tribunal, si je n'avais appris que les accusés inculpaient le Comité de Sûreté générale, et que je serais peut-être entendu comme témoin. Voilà le premier fait pour lequel je figure nominativement dans cet acte d'accusation. Les faits relatifs à l'administration sont communs aux membres des deux comités. Si la loi du 17 septembre nous a quelquefois obligé de prendre des mesures de vigueur, la plus *profonde douleur* les a précédées. Je suis venu au sein du Comité de Sûreté générale demander la mise en liberté des cultivateurs dont on avait résolu la perte. On m'a reproché d'avoir soutenu Héron. Je n'insiste pas ici dans la question de savoir s'il est coupable ou non. Tout ce que je puis dire, c'est que j'ai signé son mandat d'arrêt. Citoyens, vous avez rejeté avec horreur l'idée que nous puissions être coupables des faits qu'on nous impute. Je déclare en présence de la France entière et au nom de mes collègues, à l'exception d'un seul, avec lequel par un excès de perfidie on nous a accolés, que les chefs d'accusation portés contre nous sont de la plus atroce calomnie. On m'a mis en balance avec la patrie. Je...

BILLAUD-VARENNES. — J'observe qu'il ne s'agit pas ici de s'isoler; l'accusation porte sur tous, nous devons tous répondre. (*On applaudit.*)

VADIER. — Je n'ai pas entendu me soustraire à la généralité des faits qui portent sur mes collègues; s'ils sont

coupables je le suis aussi. J'ai seulement voulu répondre
aux faits qui m'étaient particuliers ; il n'y avait que moi
pour Héron et pour le jugement du Tribunal révolutionnaire, relatif à Danton. Je devais donc y répondre et
déclarer que je n'étais pas solidaire avec David ; mais je
ne m'isolerai jamais de mes autres collègues. Lorsqu'on a
proposé de passer hier à l'ordre du jour sur les inculpations de Lecointre, j'ai entendu dire que si on n'adoptait
pas cette mesure, ce serait des déchirements qui ne pouvaient qu'être funestes à la patrie. Si cela est, je me sacri-
fie et je consens à ce que le décret rendu hier soit main-
tenu. — Non, non ! s'écrie-t-on dans une partie de la salle,
il faut faire justice de cette indigne accusation.

Le président met aux voix l'ordre du jour ; il est rejeté.
Par décret du 13 fructidor, les imputations de Lecointre
avaient été déclarées calomnieuses. Mais à la séance du
30 frimaire an III (décembre 94), Clauzel dénonçait les
sept membres de la Convention dont la conduite était
examinée par les comités. Il fit plusieurs fois allusion à
Vadier sans oser le nommer. Le 6 nivôse, il renouvelle
ses accusations et demande le rapport des Comités pour la
séance du lendemain. Aussi à la séance du 7 nivôse, Merlin de Douai propose la nomination d'une commission de
vingt et un membres, chargée d'examiner la conduite de
Billaud-Varennes, Collot d'Herbois, Barère et Vadier. La
Convention renvoyait, le 12 pluviôse, à cette commission
une adresse des habitants de Foix, dénonçant Vadier.

Dans la séance du 12 ventôse, Saladin dépose le rapport
de la commission des vingt et un : il accuse Vadier d'avoir
fait condamner à mort, entre autres citoyens de Pamiers,
un père de famille dont tout le crime était d'avoir refusé
sa fille en mariage au jeune Vadier ; d'avoir fait traduire
au tribunal révolutionnaire une foule de citoyens de la

même commune et d'avoir écrit à l'accusateur public que
ce serait un crime s'il en pouvait échapper un seul. Le
rapporteur estimait qu'il y avait lieu à accusation contre
Vadier et ses trois autres collègues. Ces anciens membres
des comités devaient être maintenus en arrestation et mis
sous la surveillance de gendarmes. Vadier jugea prudent
de se soustraire au décret par la fuite : les gendarmes
Lemerre et Siedan, commis à sa garde, constatèrent son
absence et ne purent remplir leur mission. Collot d'Herbois
et Billaud-Varennes, ainsi que moi, dit Barère dans ses
Mémoires (t. II, p. 278), nous restâmes debout pour nous
défendre ; mais Vadier, qui répétait comme le célèbre
présîdent du Parlement de Paris, de Harlay « que si on
l'accusait d'avoir emporté les deux tours de Notre-Dame,
son premier mouvement serait d'échapper par la fuite à
cette chaude accusation », Vadier agit en conséquence ;
il se cacha dans Paris et laissa éclater les fureurs contre-
révolutionnaires sur ses collègues moins défiants ou
moins bien instruits de ce que c'est que la justice des
hommes.

A la séance du lendemain 13 ventôse, Boudin, rendant
compte au nom du Comité de Sûreté générale de l'exécution du décret rendu la veille contre quatre de ses collègues, annonça que trois avaient obéi ; le quatrième, qui
était Vadier, ne s'était pas trouvé chez lui. « Il est absent
depuis hier, 6 heures du matin. Un gendarme l'attend
dans sa maison [1]. » L'ancien président du Comité de Sûreté

1. Le 15 ventôse an III, le Comité révolutionnaire du 2ᵉ arrondissement, rue de Mesnars, n° 6, section Lepelletier, écrivait aux
membres du Comité de Sûreté générale de la police de Paris : « Citoyens représentants, en exécution de votre arrêté en date d'hier,
nous avons apposé les scellés chez le sieur Vadier. Demain, nous
vous en ferons passer copie. Ledit Vadier n'a laissé chez lui que les
gros meubles qu'il n'a pu enlever, le vin de sa cave, les matelas
même de son lit ont été emportés, mais il a laissé une grosse liasse

générale habitait rue Saint-Honoré 1446 ; sa chambre était au premier étage au-dessus de l'entresol ; deux fenêtres l'éclairaient sur la rue, où passèrent tant d'illustres victimes. Le mobilier était tout spartiate : un lit de sangle au fond de l'alcôve, une armoire entre la fenêtre et la cheminée, un secrétaire, une commode, quelques fauteuils, trois chaises de paille. Une petite antichambre séparait cette pièce de la cuisine donnant sur la cour et communi-

de papiers recueillis pour sa défense ; ces papiers sont sous les scellés dans une armoire. Salut et fraternité. MOLLIER, SOBRE. » Le lendemain, les commissaires Cadet-Gassicourt et Sandras, se transportèrent au domicile du représentant Vadier, rue Honoré, 1446, section de la Butte des Moulins. Après l'accomplissement des formalités légales, ils montèrent dans une pièce au premier au-dessus de l'entresol, éclairée de deux fenêtres donnant sur la rue, et, après avoir serré dans une armoire tous les papiers et meubles por-tatifs, entre autres une liasse de papier portant ce titre : *Copie des pièces relatives au représentant Vadier,* » nous avons fermé ladite armoire située entre la fenêtre et la cheminée et y avons apposé un scellé portant l'empreinte du cachet de notre comité. De suite, nous sommes entrés dans une pièce servant de cuisine, éclairée d'une fenêtre donnant sur la cour, ladite pièce ayant une porte de commu-nication avec une antichambre et avec l'alcôve de la pièce précé-dente ; nous avons transporté dans l'alcôve un secrétaire, une com-mode, quatre fauteuils, et après avoir extrait un lit de sangle, un matelas, un couvre-pied, trois chaises de paille, un balai, une ca-rafe, un verre, un réchaud et un soufflet pour l'usage du gardien ; nous avons apposé un scellé sur la porte de l'alcôve, sur la porte de communication de l'antichambre avec la cuisine ; ayant remarqué qu'il y avait une soupente qui servait de logement de domestique et par laquelle on pouvait communiquer dans la cuisine, nous avons apposé un scellé sur la porte de la soupente, donnant dans le pas-sage de l'antichambre et *un* sur la fenêtre de ladite soupente donnant vis-à-vis de l'antichambre, ledit scellé est en dedans de la sou-pente. » Outre les objets ci-dessus laissés au gardien, on a mis dans la pièce sur la rue une fontaine de grès, une table, une chaise de cuisine, un quart de voie de bois, deux chenets et une pincette. Dans la cave, on n'a trouvé qu'une futaille vide et deux ou trois bouteilles cassées. Antoine Bodelot, demeurant rue Honoré, n° 1439, était préposé à la garde des scellés. Le 17 messidor, le propriétaire Béraud, appuyé par Clauzel, fut autorisé à toucher 200 livres pour deux quartiers de loyer de l'appartement occupé par Vadier, et 80 livres pour le nettoyage des croisées et carreaux et la levée des scellés.

quant avec une soupente où logeait la servante Jeanneton, qui devint sa seconde femme. Tel était le logis de Vadier; sa porte était obstinément fermée aux solliciteurs. La future impératrice Joséphine y avait frappé en vain. Après l'arrestation de l'ancien général en chef de l'armée du Rhin, elle avait demandé à plusieurs reprises une entrevue pour justifier son mari, Vadier refusa de recevoir la suppliante. Joséphine, de guerre lasse, écrivit au farouche conventionnel une lettre [1] où la future impératrice invoquait très crânement ses titres de « sans-culotte montagnarde ».

De nombreux agents furent lancés sur la piste de Vadier après sa disparition. L'inspecteur Pilfer, causant avec une

1. Paris, 28 nivôse, l'an II de la République une et indivisible. — Liberté, Égalité. — *La Pagerie-Beauharnais, à Vadier, représentant du peuple, salut, estime, confiance, fraternité.* Puisqu'il n'est pas possible de te voir, j'espère que tu voudras bien lire le mémoire que je joins ici. Ton collègue m'a fait part de ta sévérité, mais en même temps il m'a fait part de ton patriotisme probe et vertueux, et que, malgré tes doutes sur le civisme des ci-devant, tu t'intéressais toujours aux malheureuses victimes de l'erreur. Je suis persuadée qu'à la lecture du Mémoire, ton humanité et ta justice te feront prendre en considération la situation d'une femme malheureuse à tous égards, mais seulement pour avoir appartenu à un ennemi de la République, à Beauharnais l'aîné, que tu as connu et qui dans l'Assemblée Constituante, était en opposition avec Alexandre, ton collègue et mon mari. J'aurais bien du regret, citoyen représentant, si tu confondais dans ta pensée Alexandre avec Beauharnais l'aîné. Je me mets à ta place, tu dois douter du patriotisme de tous les ci-devant, mais il est dans l'ordre des possibilités que, parmi eux, il se trouve des ardents amis de la liberté, de l'égalité. Alexandre n'a jamais dévié de ces principes : il a constamment marché dans cette ligne. S'il n'était républicain, il n'aurait eu ni mon estime, ni mon amitié. Je suis Américaine et ne connais que lui de sa famille... Ne le confonds pas avec ton ancien collègue (F. de Beauharnais, émigré), crois qu'il est digne de ton estime. Malgré ton refus, j'applaudis à la sévérité pour ce qui me regarde, mais je ne puis applaudir à tes doutes sur le compte de mon mari. Mon ménage est un ménage républicain. Avant la Révolution, mes enfants n'étaient pas distingués des sans-culottes, et j'espère qu'ils seront dignes de la République. Je t'écris avec franchise, en sans-culotte montagnarde... Si on m'avait trompée en me faisant le tableau de sa situation (de son mari) et qu'elle fût ou

limonadière voisine de Vadier, apprit qu'il était parti le matin du jour où fut déposé le rapport des 21, avec sa cuisinière, et que, depuis ce temps, ni l'un ni l'autre n'avait plus reparu. Elle soupçonnait que le représentant Clauzel, ennemi de Vadier et demeurant dans la même maison, était cause de l'évasion de ce dernier par les querelles fréquentes qu'ils avaient ensemble. L'agent Becquet rapporte, d'après une conversation de quatre personnes au café Payen, que Vadier était caché aux environs des Invalides, dans le Gros-Caillou.

A la séance du 12 germinal, le peuple envahit la Convention pour réclamer du pain : une foule d'hommes et de femmes force la porte de la Convention et entre dans la salle ; on bat la générale et le pavillon de l'Unité sonne l'alarme. La Convention décrète la levée d'une force armée dans Paris pour protéger l'arrivée des subsistances, déclare que l'entrée de la foule avait porté atteinte à la liberté de ses délibérations, ordonne la déportation de Collot, Barère, Billaud et Vadier et, de plus, l'arrestation de Chaudieu, Duhem, Léonard-Bourdon, Amar, Chasles et proclame enfin Pichegru général en chef de la garde nationale de Paris.

Sur la proposition de Fréron, la déportation fut substituée à la peine de mort en matière politique (le 17 germinal) : « Billaud, Collot, Barère et Vadier ont été condam-

te parût suspecte, je te prie de n'avoir aucun égard à ce que je dis, car, comme toi, je suis inexorable. Tu vois que ton collègue m'a mandé tout ce que tu m'as dit ; il avait des doutes ainsi que toi, mais voyant que je ne vivais qu'avec des républicains, il a cessé de douter. Tu serais aussi juste, tu cesserais de douter si tu avais voulu m'écouter. Adieu, estimable citoyen ; tu as ma confiance entière. — LA PAGERIE-BEAUHARNAIS, 43, rue Saint-Dominique, faubourg Saint-Germain. (Cette lettre citée par Alexandre Sorel dans son *Histoire de la prison des Carmes sous la Terreur*, n'empêcha nullement Alexandre de Beauharnais de porter quelques mois plus tard sa tête sur l'échafaud.)

nés à la déportation. Par ce seul fait, la peine de mort est abolie pour tous les crimes révolutionnaires. Sur quel coupable, en effet, pourrait-on appeler le glaive, lorsque les plus grands criminels ont échappé à ses coups? Qui punira-t-on de mort, lorsqu'on laisse la vie aux décemvirs. »

Au lendemain de l'insurrection jacobine du 12 germinal, sur la proposition d'André Dumont malgré les efforts de Carnot, Robert Lindet et Prieur, demandant à partager le sort de leurs collègues, Billaud-Varennes, Collot d'Herbois, Barère et Vadier, étaient frappés d'un décret de déportation.

Mais Vadier s'était gardé de rentrer à son domicile. De nouvelles recherches [1] infructueuses furent faites le 13 germinal an III, par la commission administrative de la police de Paris pour le trouver, chez Damelou, rue de la Fraternité. Les citoyens Rouchas et Barbarin, agissant d'après les ordres du Comité de Sûreté générale, n'eurent pas plus de succès.

Vadier resta introuvable ; d'après Courtois, il aurait trouvé asile chez le fils de l'un des membres de la Commune de Paris, Chavigny, qui, le 11 thermidor, avaient été traînés à l'échafaud sur la proposition d'Amar, Vouland et Vadier, sans distinction entre les vrais conspirateurs qui avaient pris part à la révolte et ceux des membres de la Commune qui s'étaient bornés à signer leur acte de présence [2].

---

1. Arch. nat. F. 4643.
2. Le nom de Vadier reviendra d'autres fois encore au cours des discussions. Dupin, à la séance du 10 floréal, présidée par Sieyès, cite ce trait de duplicité : « Je sollicitai et j'obtins au Comité de Sûreté générale la liberté des citoyens Chiconneau, Lavalette et Donazeau, tous deux adjoints. Un membre du Comité de Sûreté générale eut l'air de me témoigner de l'amitié : c'était Vadier. Mais je

Après la journée de prairial, bien que Vadier fût manifestement étranger au mouvement, Clauzel, son collègue de l'Ariège, tient à l'impliquer dans l'insurrection. « Il y a quelques jours, disait-il le 5 prairial, vous avez chargé vos Comités de veiller à ce que les quatre grands scélérats que vous avez jugés, soient sur-le-champ déportés... Je demande que vous fassiez traduire à Paris, devant la Commission militaire, les représentants condamnés à la déportation. Il faut enfin que la Révolution s'achève ; il faut que les scélérats qui ont été cause de la mort d'un de nos collègues, subissent la juste peine due à leurs crimes. Parmi les hommes auteurs des fatales journées qui viennent d'avoir lieu, parmi ces hommes que vous avez frappés, il en est qui se sont échappés ; je demande qu'à leur égard on décrète que tous ceux qui leur donnent asile seront punis de mort. Il faut des mesures sévères pour faire le bien ; je persévère donc à demander que les comités envoyent sur-le-champ des courriers extraordinaires à l'île d'Oleron, pour faire ramener à Paris et traduire à la commission militaire les ci-devant membres de cette Assemblée, condamnés à la déportation ; pendant que la Convention nationale décrète que tous ceux qui donneront asile aux autres représentants qui se sont soustraits au décret d'arrestation que vous avez lancé contre eux, soient aussi traduits à la commission et jugés comme conspirateurs. »

On écarta par la question préalable cette malheureuse et immorale proposition ; la Convention rapporta le décret du 12 germinal, qui ordonnait la déportation de Collot, Billaud, Barère et Vadier ; elle les décrétait d'accu-

ne fus pas plus tôt sorti qu'il déclara au Comité de Sûreté générale que j'étais vendu à la Ferme générale. Ce fut mon collègue Monestier, de la Lozère, qui m'avertit. »

sation et ordonnait la traduction des trois premiers sans délai au tribunal criminel du département de la Charente-Inférieure pour y être jugés. Le nom de Vadier était omis dans le second paragraphe du décret.

Les représentants Ruhl, Romme, Soubrany, Goujon, etc., furent renvoyés devant une commission militaire, comme fauteurs du mouvement du 1er prairial. On connaît le suicide héroïque de ces représentants après leur condamnation. Tandis que Clauzel désignait son collègue Camboulas comme pouvant fournir des preuves sur la complicité très improbable de Vadier dans cette insurrection, l'ancien président du Comité de Sûreté générale se terra dans sa retraite; l'amnistie du 4 brumaire an IV, proclamée par la Convention dans sa dernière séance, lui rendit, momentanément, la liberté.

Bientôt il dut obéir au décret qui chassait de Paris les anciens conventionnels non réélus aux Conseils. Dépourvu de ressources, il résolut de se rendre à pied à Toulouse où les Jacobins étaient encore les maîtres de la municipalité et du département. Un tailleur d'habits aux anciens mousquetaires du Roi, le citoyen Fleuré, s'offrit à l'accompagner avec l'intention de recouvrer en route quelques vieilles créances. Le 10 floréal an IV, Vadier sortit par la barrière de la Conférence et, prenant le chemin de Passy, Boulogne et Saint-Cloud, il se rendit à Bagneux par Viroflay et Châtillon, fixant au 24 le jour du départ. Il portait une lévite de drap bleu, un gilet écarlate à boutons d'ivoire, un chapeau rond à longs poils, une cravate de soie à raies roses. Le soir du 24, les voyageurs couchèrent à Longjumeau; en traversant Bourg-la-Reine, ils rencontrèrent un bouledogue qui les quitta seulement à Toulouse. Averti par un instinct secret, l'animal avait-il

senti l'identité de nature existant entre l'homme et lui ?
Il s'attacha aux pas du vieux molosse de la Révolution
dont les crocs aigus s'étaient enfoncés si profondément
dans les chairs vives et saignantes des factions ? S'ache-
minant par Étampes, Orléans, La Ferté, Châteauroux, ils
arrivèrent près d'Argenton, où Guay-Vernon, évêque
constitutionnel de Limoges, l'apercevant du haut d'une
diligence qui l'amenait à Paris, descendit pour lui offrir
ses services. Le 10 prairial, Vadier se trouvait à Langeac ;
il put voir sur les avenues de cette petite cité provinciale
les autorités constituées, escortées de la garde nationale,
célébrer avec la population la fête de la Victoire. Prenant
par Cahors, Pompignan et Grisolles, il arrivait le 14 au
soir à Toulouse, sur qui s'abattait à la même heure un
orage épouvantable. Le sombre horizon était sillonné
d'éclairs ; le tonnerre grondait dans le ciel de prairial.
Quel contraste avec le premier départ à Versailles en mai
1789, à travers les campagnes gonflées de sève et cou-
vertes de fleurs ! L'averse était si forte que Vadier faillit
être entraîné dans les égouts, près des moulins du Baza-
cle. Le chien disparut ; symbole vivant du peuple, il avait
tenu à protéger le vieux révolutionnaire jusqu'au seuil de
la retraite, mais bouleversé par tant d'émotions violentes, il allait courir à d'autres maîtres.

CHAPITRE II

LA TERREUR DANS L'ARIÈGE

La dictature de l'an II. — La mission de Chaudron-Rousseau à l'armée des Pyrénées-Orientales. — Le portefeuille d'un proconsul. — Trahisons en face de l'ennemi. — Les Comités de surveillance. — Listes de suspects pour une commune; — pour un département. — Lettres du représentant Clauzel; — du fils Vadier; — du président du Comité de Sûreté générale au représentant Chaudron-Rousseau. — Portrait graphologique de Vadier. — Lettres de Vadier à Fouquier-Tinville. — Les quatorze condamnés de l'Ariège. — Transfert des prisonniers à Paris. — Accusations contre Vadier. — Entrevue de Vadier avec le fils d'une des victimes. — Les parents des victimes. — Calomnies de Senart et de Vilatte. — Bibliographie relative à Vadier. — Vadier se défend. — La petite Vendée pyrénéenne.

Tout en s'occupant de la police générale de la République, Vadier porta naturellement une attention très vigilante sur son propre département. A ce point de vue plus spécial, son influence devait fatalement apparaître dans les papiers posthumes du représentant Chaudron-Rousseau, envoyé dans l'Ariège. En l'an II, la dictature suprême était exercée par les deux Comités de gouvernement; elle avait pour agents, en premier lieu, les tribunaux révolutionnaires et les commissions populaires; en second lieu, les diverses autorités constituées, c'est-à-dire tous les corps administratifs, les commissaires aux accaparements, à la vente des biens nationaux et d'émigrés, aux saisies de meubles, les taxateurs. Les principaux instruments de puissance étaient les comités révolutionnaires, les armées révolutionnaires et les sociétés populaires. La machine était vivement actionnée par Carrier en Vendée, l'ancien prêtre Joseph Lebon à Arras, Maigret dans la vallée du Rhône, Collot, Fouché et Couthon à Lyon, Fréron et Barras dans le Var, Tallien à Bordeaux, Robespierre jeune et Ricord à Nice. Dans les départements du Sud-Ouest, on avait envoyé un proconsul très doux, Chaudron-Rousseau, qui ne fit tomber aucune tête durant sa mission, mais qui néanmoins procéda avec vigueur. En prévision d'attaques ultérieures, Chaudron-Rousseau avait gardé par devers lui les pièces pouvant établir sa justification. Il n'eut pas à les produire, et elles sont restées *inédites*[1].

Ces documents sont des plus instructifs ; ils projettent une vive lumière sur l'état de l'esprit public et l'application des mesures de sûreté générale. Les dénonciations des particuliers, les rapports des agents secrets des Comités, les communications des comités révolutionnaires et des comités de surveillance, les lettres des membres de la Convention, servaient d'indication, souvent impérative, au représentant en mission, pour dresser, dans chaque département, la liste des suspects. L'importante correspondance de Vadier, président du Comité de Sûreté géné-

---

1. Précieusement conservées par lui, ces pièces furent transmises à son propre neveu, Walferdin, collectionneur fameux des curiosités du dix-huitième siècle. Elles furent acquises, à la vente de ce dernier, par M. Dide, alors directeur de la *Révolution française*. Nous en devons la communication à l'obligeance de l'ancien sénateur du Gard ; nous lui adressons ici nos meilleurs remercîments.

rale, révèle les principes directeurs de la police politique pendant la Révolution.

Le dossier[1] de Chaudron-Rousseau contient des pièces nombreuses ; leur examen permet d'étudier le mécanisme de la procédure révolutionnaire. On peut y suivre

1. Ce dossier regorge de dénonciations particulières et collectives. Donnons-en quelques-unes à titre de spécimen :

Foix, le 4 floréal an II (*Lettre écrite aux députés de l'Ariège et adressée à Vadier père*). Citoyen, le cœur me saigne, on ne peut détruire ici le fanatisme et l'apathie des habitants. Chaudron a fait le plus grand bien en encoffrant la prêtraille. Dans les municipalités où il n'a pas pris cette mesure, soit qu'il ait cru que les esprits n'étaient pas préparés, il a laissé aux malveillants le moyen de se rallier aux fanatiques. Au Bosc, non loin d'ici, le curé a fait prononcer le peuple sur son compte. Partout où il y a des prêtres, les messes sont singulièrement suivies et on y court de loin. Faites disparaître les prêtres, ou notre département va devenir la proie des fanatiques. On a tenté de faire emprisonner les oisifs ; cette mesure a manqué, la municipalité vacille. Écris à Rousseau, souviens-toi de tes concitoyens. Mercadier a fait un travail, juge son travail et oublie à ton ordinaire l'individu qui, du reste, s'est bien amendé. SEGUIER-LAPIQUE. — Pourrai-je prendre la liberté de saluer Jeannelon ?

———

Perpignan, le 15 messidor, 2ᵉ année. — Citoyen représentant, je te préviens que dans la commune de Montferrier, district de Tarascon, département de l'Ariège, il y a un citoyen nommé Cière, homme qui est des plus dangereux. Si on n'y prend pas garde, tu entendras bientôt le fruit de son travail. A mon arrivée à Foix, je te ferai voir ses écrits qui ne tendent qu'à sa mort. Ainsi, point de retard pour faire arrêter cet infâme monstre aristocrate. Salut et fraternité.

FAU, capitaine.

———

DÉNONCE : Bounnet, curé de Bedeillac, faisant toutes les fonctions publiques, faisant des mariages, enterrements, baptêmes et toutes autres fonctions, et notamment vis-à-vis des gens des environs, lesquels se rendent en foule aux dites fonctions, ce qui cause le maintien du fanatisme.   MALBERT jeune.

———

Il existe à la Roque deux hommes suspects. L'un est Sage aîné, notaire, qui, depuis la Révolution, quoique très riche, ne fait aucun acte de civisme. Il défendait vivement le système féodal dans l'assemblée du Bailliage, à Limoux et dans celles tenues dans le pays à la fin de 1789, sous le nom de Confédération des Pyrénées. Défen-

un même citoyen dénoncé par les comités de surveillance,
arrêté par les soins des représentants en mission, traîné
sur une charrette vers Paris avec d'autres compagnons
d'infortune, sommairement interrogé et jugé, finalement
livré à Sanson.

seur officieux de Lévis, émigré, contre sa commune avec laquelle ce
ci-devant seigneur avait un procès pour usurpation de droits seigneuriaux. Lié avec tous les prêtres fanatiques et les aristocrates
du département, notamment avec Castel et Sicre de la Borio. Il a
pendant l'Assemblée législative constamment perverti l'esprit public
dans le canton ; partisan zélé de la royauté, il abusa en septembre 1792
de son influence comme juge de paix du canton, et engagea les
citoyens composant l'assemblée primaire, à donner des pouvoirs limi-
tés aux électeurs qui devaient nommer les députés à la Convention.
Il leur fit demander formellement le maintien de la royauté en
France. Il répondait aux citoyens des campagnes qui lui demandaient
ce que c'était qu'une république ? *Une république est un gouvernement où il n'y a aucun maître ; chacun fait ce qu'il lui plaît ; le
plus fort s'empare du bien de son voisin !* De ces assertions, les
citoyens des campagnes concluaient avec lui que le gouvernement
républicain ne leur convenait pas. Le second est un ci-devant moine,
Génovélin, homme sans mœurs, qui se dit originaire du Poitou. En
1789, il vola sa maison, débaucha une fille honnête qu'il emmena à
Paris, où il l'abandonna peu de temps après ; on ignore ce qu'il a
fait depuis. Tout fait présumer qu'il était émigré. Il s'est fixé à la
Roque, il y a peu de temps, avec une fortune immense qu'il prétend
avoir acquise en faisant la guerre pendant six mois dans la Vendée ;
il n'est pas présumable qu'un moine aye fait la guerre aux Ven-
déistes, et il l'eût faite, sa fortune ne peut avoir été acquise qu'en
dilapidant le denier de la république. Ce qui le rend encore plus
suspect est qu'il a été se fixer dans une commune où il était inconnu
et où il n'a ni parents ni amis. La note se termine par quelques
lignes écrites de la main de Vadier père : « Rouzaud, administrateur
du district de Tarascon, et Du Four, secrétaire du dit district, qu'on
dit être des hommes fourbes, avides, intrigants et dangereux. »

Veut-on connaître les appréciations relatives aux officiers municipaux de la commune de Saverdun ? Le maire, être nul, a fait toujours cause séparée de celle des patriotes ; il est méchant par caractère, fourbe et adroit par réflexion, désirant faire le mal, mais assez
rusé pour ne pas chercher à se compromettre. Banqueroutier frauduleux sans arrangements avec ses créanciers, intrigant par goût, il
piste de toute part les secrets des familles. Le juge de paix est représenté comme l'ensemble de tous les vices, sans mœurs, sans probité,
empruntant partout, ne payant personne, ayant bravé et bravant

Le Portefeuille d'un Proconsul.

Paganel avait écrit de Toulouse, le 16 novembre, à l'agent national que les comités de surveillance devaient former un tableau de tous les détenus avec les motifs ayant déterminé leur arrestation, afin de prononcer sur leur sort. La société populaire fut invitée à nommer un comité de surveillance pour répondre au vœu de Paganel[1]. Le comité de surveillance de la commune de Pamiers fit passer, en ventôse, au représentant Chaudron-Rousseau, le tableau de tous les détenus, déclarés suspects par les commissaires civils et les divers comités révolutionnaires

encore l'opinion générale en s'engraissant du bien de l'orphelin, sacrifiant tout à son ambition et à son intrigue ; vindicatif, intrigant, doué de l'ignorance la plus crasse, n'ayant enfin aucune de ces qualités douces, éclairées et conciliatrices qui peuvent et qui doivent nous faire chérir la plus belle de nos institutions. Un officier municipal, d'une jactance ridicule, tient des propos dangereux et incendiaires contre des citoyens dont lui-même a, dans des époques encore bien récentes, connu et la droiture et la probité. Orgueilleux par principe, si toutefois un ignorant en a. Despote envers ses administrés, ne pouvant avoir leur estime il voudrait enchaîner par la crainte jusqu'à la faculté de penser à son égard. Un administrateur destitué du département « reconnu intrigant de première ligne, remuant et bas par caractère, est l'homme de toute la clique, et furieux de voir que son inclination fédéraliste a été découverte il prend tous les masques pour se donner l'air d'un vrai patriote. Aussi met-il tout en jeu pour tracasser les plus purs. »

Une lettre sans signature datée de Toulouse, le 6 septembre 1792, avait été trouvée au domicile d'un suspect ; elle est jointe au dossier. On verra par les vœux qui la terminent quels étaient, en 1792, les sentiments de certains Français à l'arrivée de l'armée de Brunswich : « J'ai vu le décret qui veut que les religieuses soient hors de leur couvent le 1er d'octobre. On espère qu'il n'aura pas son plein effet à cause de l'arrivée des troupes étrangères. On annonce aussi celui qui permet le divorce. Peut-on se jouer ainsi de la Religion, et voir sans frémir dans sa famille des gens qui soutiennent les auteurs de tels décrets ? »

1. Cette délibération fut envoyée à Vadier, le 20 nivôse an II. (Arch. communales de Pamiers.)

du département. Les arrestations sont fondées sur l'incivisme et les entraves apportées à la défense nationale.

Liste des citoyens suspects à arrêter dans la commune de Pamiers pour y ramener le bon ordre et protéger l'exécution des Loyx.

GRACIES père, marchand de tabac, intriguant, banqueroutier, incendiaire. Très suspect.

GRACIES, aisné et cadet, qui ont quitté leur poste et se sont reffusés à diverses réquisitions et engagé d'autres citoyens à ne pas déférer aux réquisitions pour voler à la deffense de la Patrie.

CARDEILHAC (Ferrière), homme très suspect, qui, s'est constamment montré l'ennemi de la Révolution et notamment lors de la scène des Bâtons, où il était à la tête des aristocrates dont il avait provoqué le rassemblement, en criant à haute voix : « A présent c'est le coup de tomber sur ces brigands de patriotes ».

LAGARDE, Beaufils de Cardeilhac s'est toujours montré l'ennemi de la Révolution et a même dit publiquement que les volontaires étaient des dupes de partir parce qu'ils allaient se faire égorger et que lorsqu'un aristocrate était arrêté, il disait que le tour des patriotes viendrait et qu'ils la passeraient dure, décriant la Société populaire où il n'a jamais paru.

PRADÈRE, médecin, dont le père est incarcéré pour fait d'aristocratie et incivique, délivrant des exoines et certificats aux aristocrates pour les soustraire aux arrestations et détourner les citoyens de voler à leur poste. Forcé de quitter Sainte-Gabelle, où il habitait, pour avoir excité des mouvements contre-révolutionnaires.

CAZANEUVE, aîné, très suspect, qui a pris les armes contre les patriotes et qui s'est toujours montré l'ennemi ouvert de la Révolution.

BERDOT, dit LANGUE-DOC, renvoyé de gendarme pour indiscipline ; homme très suspect et très dangereux qui dans le temps a écharpé plusieurs patriotes, même ses beaux-

frères, et qui était l'agent de l'aristocratie la plus enraci-
née.

LACANAL, dit PET-DE-PRIGOUL, incendiaire, homme dangereux, provoquant au pillage et excitant des mouvements populaires et qui d'ailleurs est flétri par la justice.

FAURE FICHES, ex-noble, ou soi-disant tel, ex-conseiller de la Cour des aides de Montpellier, très fanatique et très suspect et qui n'a jamais paru à la Société populaire.

PIQUEMAL (Jean-Pierre), ex-sacristain du ci-devant chapitre cathédral, aristocrate et fanatique dangereux très incivique, et auquel on a trouvé dans ses poches, lors des assemblées primaires, des billets pour favoriser les aristocrates et qui même s'est refusé à faire le service des prêtres constitutionnels.

BERTRAND PAULY MARRAST, aristocrate décidé, l'ennemi de la liberté par la résistance qu'il a portée à voler aux frontières, et prenant la voie du remplacement pour se soustraire aux réquisitions, est très suspect, n'ayant jamais fréquenté que les aristocrates.

CARDAILLAC PATE, des Cordeliers, très aristocrate et très suspect.

DANGEROUX fils, marié à la citoyenne LACHAPELLE, aristocrate, et leur émissaire, soudoyé par la liste civile, suspect et dangereux.

SUBRA, aîné, intriguant aristocrate, méprisant la Société populaire, incivique et très dangereux, faisant la correspondance des aristocrates.

DOMMENJOU, dit NANET, aristocrate, s'étant refusé au service de la patrie et qui est parvenu à se faire réformer. Ennemi ouvert des patriotes jusqu'à les maltraiter.

MENJOLLE (Félix), fils, roullier, aristocrate décidé, n'ayant jamais rien fait pour la Révolution, fuit les sociétés populaires et tient les plus mauvais propos pour empêcher les volontaires à se rendre à leur corps.

Des listes semblables étaient préparées dans les autres communes du département : réunies et envoyées au représentant en mission, elles formaient la liste des suspects, pour l'ensemble du département.

Liste des gens suspects et ennemis de la Révolution qui doivent être enfermés dans le département de l'Ariège, pour y protéger l'exécution des lois.

PAMIERS : Tous les signataires de l'adresse au ci-devant tyran à raison des événements du 20 juin. Ladite adresse ci-jointe, et d'Armaing, ci-devant maire de Pamiers, retiré à la commune d'Unzent.

VERNIOLE : Dupla cadet, dit le Sabonnaire ; Dupla fils aîné ; Le Bleu.

DALOU : Tourenc, officier municipal ; Persegue, Le Curé, Marsal Marfaing, Dangeroux père, notaire ; La Douce, maire.

VARILHES : Solères fils, ex-garde de Capet.

SAVERDUN : Sarrut Marliac ; Gardelle, maire ; Sol Lasnauzes, juge de paix ; Boy, officier municipal ; Gouzy fils ; François Roux, Pauliac, ex-noble.

LE VERNET : Les Poutéles frères ; un ci-devant frère ignorantin, résidant dans cette commune.

MONTAUD : Delom, ancien maire ; Marseillac aîné.

FOIX : Galy, médecin ; Saurine, commissaire de Capet ; la femme Daunoux, née Dalen, épouse d'émigré ; Séré de Saint-Vincent, retiré à Labastide ; Calvet, ex-chevalier, père du législateur ; Bribes, ancien juge ; Lanes, ci-devant juge ; Séré frère, à Magloire ; Doumenc cadet ; Font cadet.

SAINT-PAUL : Deramond aîné, ci-devant procureur à Pamiers ; Barthet aîné, employé au district de Tarascon ; Lamarque cadet ; Deramond père ; Jean-Paul Deramond d'Armentières, négociant.

CÈLES : Vidalat, juge de paix du canton de Saint-Paul.

TARASCON : Lafont de Saurat, membre du district ; Garrigou père ; Garrigou fils aîné, membre d'un comité de bienfaisance à Toulouse ; Beloy, ci-devant officier de gendarmerie ; Rousse, trésorier du district ; Estèbe fils aîné, boiteux ; Dunac, prêtre ; Baudru, ex-administrateur.

AX : Graule aîné ; Guilhem Sylvestre ; François Sylvestre ; Bernard Sylvestre ; Martin Marchand, père d'émigré ; Dorgés, cadet, ex-chevalier ; Gomma cadet.

SAURAT : Delpla Goytès, qui a voté à l'assemblée primaire du mois d'août pour la royauté et la liberté de Capet, il faut pour s'en assurer consulter la municipalité de Saurat et le bureau de cette assemblée ; il est marié avec une fille de Saint-Jean Pointis, ex-noble reclus, sa femme a deux frères émigrés, son cousin germain fut guillotiné à Saint-Girons, et il avait demeuré un mois chez le dit Goytès, avant d'émigrer ; Carbonne, officier de santé ; Laziroule, maire, ex-constituant.

QUERIGUT : Condami, frère d'émigré ; Rodière, ex-juge, camarade de Darmaing.

NIAUX : Luppé, fils aîné ; Benazères, ci-devant seigneur.

VICDESSOS : Chambrière, ex-administrateur du district de Tarascon.

MONTFERRIER : Rouzaud, juge de paix.

AUZAT : Pomel.

SIGUER : Ghuilhémat ; Daroxi, ex-administrateur.

LABASTIDE-DE-SEROU : Bertrand, ex-noble ; Dartignières, son frère, ex-noble ; Narbonne Lara, père d'émigrés ; Debrieu, notaire.

SAINT-GIRONS : Meniel, ingénieur ; Trinqué, médecin, administrateur du district ; Géraud, ancien administrateur ; tous les prêtres du district.

CAMPAGNE (district de Pamiers) : Garrigues, curé : Prévot aîné.

DAUMAZAN : Garrigues aîné.

ARTIGAT : Lajoux père, notaire ; Pauly, médecin ; Floret, ancien garde du despote castillan.

CARLA-LE-PEUPLE : Guerre, ancien juge de paix ; Duvernis, curé de Segurd et Saint-Félix ; Délom, curé de Bajou ; Louillet, curé de Saint-Bauzeil ; deux frères faisant les fonctions dans les paroisses de Saint-Victor et Madière, près Pamiers ; le curé d'Escosse, près Pamiers ; et autres prêtres faisant des fonctions.

Lettres du représentant Clauzel.

En dehors des dénonciations locales, le représentant en mission recevait également des instructions de ses collègues. Citons divers extraits de la correspondance de

Clauzel, membre de la Convention, avec son collègue Chaudron sur les mesures à prendre dans l'Ariège. « Il était impossible, écrivait-il à son collègue, qu'un pays situé comme l'est l'Ariège, à deux cents lieues du centre des lumières et voisin de la moinaille espagnole, fût des premiers à secouer des préjugés dont la chute doit entraîner l'état de ceux qui en vivaient? C'est une corde qu'il faut pincer adroitement : Hé, si le moment actuel, qui est des plus favorables, n'est pas saisi à propos, les cent têtes de cette hydre renaissent, elle dévore la philosophie sans retour et l'univers est à jamais replongé dans l'erreur des ténèbres. »

Clauzel devait prendre une grande importance dans le Comité de Salut public renouvelé. Ses lettres jettent un jour curieux sur les événements de Thermidor et rendent hommage à l'énergie de Vadier dont Clausel ne va pas tarder à se déclarer l'ennemi.

Clauzel, représentant du Peuple, à son collègue et ami Chaudron-Rousseau.

Paris, 15 thermidor, an II de la République française.

Je ne te parlerai pas, cher ami, de la conspiration qui vient d'éclater, ni de l'oppression sous laquelle gémissait la Convention nationale ; les papiers nouvelles t'auront appris que la tête des principaux chefs de la première est tombée sous le glaive de la loi, et que la seconde reprend tous ses droits, toute son énergie? Nous ne permettrons plus qu'il s'élève deux pouvoirs dans le sein de la Convention, et pour cela, rien de mieux que la sévère observation du principe conservateur de la liberté, le renouvellement partiel des membres de tous les comités, aux époques convenues. Si on ne l'eût pas violé, les scélérats

RobersPierre, Couthon et Saint-Just, n'auraient pas envoyé en mission, n'auraient pas placé leurs créatures ;
mais toute la République, excepté les partisans de cette
tyrannie, morte aussitôt que naissante, démontre la joie
qu'elle a de voir la Représentation nationale exercer
librement ses fonctions, ou pour mieux m'exprimer toute
la latitude de sa mission. Je suis sûr que tu partageras
cette satisfaction. On prétend que l'infâme RobersPierre,
qui de son autorité privée, n'avait organisé, au Comité de
Salut public, un bureau de la police générale de la République, que pour ôter cette importante partie au Comité
de Sûreté générale, donnait des ordres aux représentants
du peuple près les départements, d'incarcérer les citoyens
à tort et à travers. On lui attribue la perfidie de vouloir se
donner ensuite pour le restaurateur de la Liberté ? J'espère
que nos collègues n'auront pas secondé cette noirceur ;
qu'ils n'auront fait emprisonner que les ennemis de la
République, les fanatiques, les royalistes, les aristocrates,
les intrigants et les frippons. Toute cette sequelle doit
être extirpée du sol, où la justice et la probité sont à
l'ordre du jour. Mon frère, de Mirepoix, accablé d'infirmités, âgé de plus de la soixantaine, m'écrit que tu viens
de le nommer administrateur du département ; que cette
marque de ta confiance, vu l'impuissance où il se trouve
d'y correspondre, redouble, mon cher ami, le chagrin
que lui donne depuis longtemps la dégradation de sa
santé, qui ne se rétablit que très lentement avec les cheveux blancs. Les émoluments attachés à cette fonction
donneraient à vivre à quelque bon père de famille, dont
les lumières et l'amour de la chose publique, remplace-
raient facilement mon frère, tandis que tu ne peux le
suppléer au Comité de surveillance de Mirepoix, où sa
présence seule, effraye les ennemis du nouveau Régime.

Tu n'auras pas vu avec indifférence que ton ami Laloi,
est pour quatre mois membre au Comité du Salut public?
Perrin et Projean sont en mission depuis quinze jours.
J'embrasse mon cher collègue Chaudron.

CLAUZEL.

Vadier a montré la plus grande énergie pour démasquer
les conspirateurs: *Les gens du Midi mourront plutôt que de
cesser d'être républicains.*

———

Paris, 21 thermidor, an II de la République française.
Perrin et Projean sont accourus ici, dès qu'ils ont appris
à Strasbourg les événements de la nuit du 9 au 10. Heureuse chance! Elle apprend à la Convention à ne plus se
dessaisir des rênes du gouvernement. Depuis qu'elle a
repris son énergie, les bénédictions du peuple, notamment
celui de Paris, lui annoncent assez que la volonté générale est que l'autorité suprême ne sorte plus de son sein.
On voit sans cesse dans les rues les gens s'embrassant;
se féliciter de la liberté rendue à des citoyens patriotes,
emprisonnés despotiquement; se réjouir de ce qu'on peut
maintenant parler, écrire; ne plus redouter les arrestations arbitraires et espérer que les coupables seuls suc-
comberont sous le glaive de la loi. Je t'invite à ménager
ta santé et à me donner signe de vie.

CLAUZEL.

Lettres du fils Vadier.

Vadier fils [1], nommé officier de police judiciaire près
le tribunal militaire de Pamiers, donnait également son

1. L'*Intermédiaire* du 10 septembre 1895 p. 237, pose la question
suivante à propos de Louis XVII : « Quand vous tuez une louve,

avis relativement aux arrestations et mesures à prendre
dans le département de l'Ariège [1].

*Le montagnard Vadier au montagnard Chaudron-Rousseau,
représentant du peuple.*

Pamiers, ce 20 ventôse de l'an II de la République française,
une et indivisible, plus que jamais impérissable.

Nous avons oublié, mon cher Chaudron, de faire arrêter
un frère de Charly, qui était sub-délégué, et qui est le plus
dangereux de la famille ; il se nomme Charly cadet, ancien
sub-délégué ; il est dans ce moment à Mirepoix ; veuille
bien le faire arrêter de suite, car il pourrait s'esquiver
après avoir appris l'arrestation de son frère. L'aristocrate
Bardon t'a écrit dans la nuit pour faire suspendre son départ pour Toulouse ; il a fait constater son état par un
chirurgien nommé Doumenc, son parent et très suspect ;
l'intriguant Pradère, médecin, son ami, et aussi dangereux, lui a prêté le collet ; nous verrons, à ton arrivée,
le sort qu'il faudra faire à cet intriguant, qui, pour en
avoir imposé, doit être condamné, d'après la loi, à trois
ans de fers ; je puis t'assurer que Bardon est plus gras,
et se porte mieux que moi ; il va promener tous les jours ;
n'ayes aucun égard à sa demande, et fût-il malade, il est
assez indifférent que de pareils êtres meurent en chemin,
au lit ou en prison.

Tu trouveras, ci-joint, le supplément à la liste que je
remis à Comta ; je vais m'occuper de choisir les sujets
qui doivent composer le nouveau comité de surveillance ;

aurait dit en 1794 Vadier fils aux paysans de l'Ariège, vous tuez aussi
ses louveteaux ; de même il faut tuer le petit Capet, fils de la louve
Marie-Antoinette. » Vadier fils a-t-il réellement tenu ce propos ?

1. La première lettre est adressée à Mirepoix. Elle porte un cachet
de cire rouge avec l'exergue : *Vivre libre ou mourir.*

je verrai aussi quelles sont les personnes véreuses qui
doivent être séquestrées de la Société et fairai une liste
des autres gens suspects qui devront être arrêtés ; viens
bientôt nous voir et apprends-moi l'époque de ton arrivée.
Vive la Montagne, vive la République une et indivisible.
Périssent tous les gouvernements ennemis de l'humanité
et assassins de la nature.

CARPE-VADIER.

Pamiers, ce 30 ventose de l'an II de la République française,
une et impérissable.

Je m'empresse, brave montagnard, de t'adresser par un
gendarme une lettre pour toi, que mon père a insérée
dans mon paquet ; j'apprends de Narbonne qu'il y a eu
beaucoup du train à la Société populaire, que Causse est
président, et que la commission des douze rejette de son
sein les meilleurs patriotes ; je ne sais ce qui en sera,
mais je crains que cette ville ne soit livrée à l'aristocratie.
L'expulsion de ces deux vrais sans-culottes motive mes
craintes peut-être trop réelles ; ce pays a bien besoin de
toi ; il est entièrement gangrené et fanatisé ; j'oubliais
d'insérer dans la liste que je te remis, le nom d'un scélérat qui, pour favoriser l'aristocratie, fit faire feu ici sur
les patriotes ; j'espère que tu ne l'oublieras point, il se
nomme Beloi, officier de gendarmerie, résidant à Tarascon. Je suis très pressé, ne quitte point ce département
sans venir nous voir ; si je puis faire quelque nouvelle
découverte, je t'en ferai part ; périssent les conjurés et les
traitres. Vive la République une et impérissable !

CARPE-VADIER.

Mes amitiés à Comta et tes autres braves collaborateurs.

Pamiers, ce 27 floréal de l'an II de la République française,
une et impérissable.

Je suis très impatient de recevoir de tes nouvelles, mon
cher Chaudron, et t'attends ici de jour en jour; on m'a
assuré que tu devais revenir à Perpignan, avant de venir
dans notre département; je suis très fâché que ce nouveau
voyage retarde le plaisir que j'aurai de t'embrasser, mais
ne néglige rien je t'en conjure pour hâter ton retour, nous
avons besoin de toi pour vivifier ce pays que la présence
des prêtres infecte encore; j'ai appris avec plaisir que tu
avais écrit à notre évêque pour lui enjoindre de se retirer
à vingt lieues du département. Il ne faudra point borner
là cette mesure et l'étendre aux autres prêtres fanatiques;
c'est du moins l'avis de mon père dans une de ses dernières lettres, dont je te ferai part à ton arrivée; la société régénérée de notre ville vota bien, sur la motion
que j'en fis, une adresse à la Convention, pour applaudir
à tout ce que tu avais fait dans le pays, et demander qu'il
te fut encore accordé un nouveau délai pour finir les opérations de l'Ariège; il fut décidé qu'un extrait t'en serait
envoyé de suite par un ordonnance. Tu vois combien tu
es désiré dans le pays, ne tarde point à t'y rendre, pour
protéger les patriotes et extirper le fanatisme, je ne connais point les motifs qui t'ont fait destituer et mettre en
état d'arrestation le citoyen Baude, greffier du tribunal
que tu avais toi-même réintégré, je ne suis point son apo-
logiste et n'entreprends point ici de le justifier; il demande
justice et à être entendu, il désire si tu ne te décides à
prononcer son élargissement que tu lui permettes de rester
ici dans la Maison d'arrêt, ou partout ailleurs qu'à Toulouse, pour n'être point confondu avec ses ennemis; je
me rendrai peut être importun auprès de toi, mais je ne
puis me refuser à cet acte de justice; le plaisir que j'ai

d'ailleurs de m'entretenir avec toi l'emporte cette fois sur le désagrément que pourrait provoquer ma lettre. Adieu, brave Montagnard, viens bientôt nous voir; je t'embrasse de cœur et d'âme. Vive la Montagne! périssent tous les traîtres !   Carpe-Vadier.

———

Carpe-Vadier, officier de police, au Montagnard
Chaudron-Rousseau.

Toulouse, ce 16 prairial de l'an II de la République française, une et indivisible.

Je m'empresse de t'envoyer, mon cher Chaudron, des renseignements que mon père m'a fait passer concernant certains personnages de notre département que tu devras faire incarcérer; tu devras encore y en joindre bien d'autres pour ramener la tranquillité dans notre pays et finir de le vivifier. J'ai vu souvent ici d'Artigoyte qui m'a annoncé ta prochaine arrivée, veuille bien l'anticiper autant qu'il te sera possible; je suis très occupé ici à juger des militaires et instruire des procédures; j'espère avoir évacué toutes les affaires à ton arrivée. Mon père me marque que tu pourrais rester dans le pays tout le temps qui te serait nécessaire, ce qui m'a fait le plus grand plaisir; adieu, je t'embrasse, viens bientôt nous voir. Vive la Montagne! et périssent tous les traîtres! Carpe-Vadier.

———

Carpe-Vadier, juge militaire, au montagnard Chaudron-
Rousseau, représentant du peuple, en séance à Tarascon.

Patrie, Liberté, Égalité, Fraternité ou la mort !

Pamiers, 29 prairial, an II de la République française, une et indivisible.

Instruit de ta prochaine arrivée à Tarascon, et mon père m'ayant prié par sa dernière lettre de t'engager à renfermer tous les gens suspects ou ennemis de la Révolution qui restent encore dans le département et ne lâcher aucun reclus, je m'empresse de t'envoyer une liste de ceux que je crois devoir être enfermés pour ramener la tranquillité dans notre département et protéger l'exécution des lois. Tu trouveras ci-joint les renseignements qui te seront bien utiles pour la ville de Saverdun. Je t'envoye aussi un supplément aux notes remises à l'Accusateur public, près le tribunal révolutionnaire, que mon père m'a fait passer.

J'ai écrit au comité de surveillance de Mirepoix pour me procurer les pièces qu'on me demande; il est en attendant bien essentiel que tu fasses traduire au Comité de Sûreté générale de la Convention Nationale tous les personnages qui ont figuré dans cette scène.

Je t'envoye aussi un extrait des registres du Conseil général de la Commune de Pamiers, contenant une adresse à Capet à raisons des événements du 20 juin 92, pour que tu fasses de suite, conformément à la lettre que vient de m'écrire mon père, traduire au tribunal de Paris tous ceux qui sont impliqués dans cette affaire.

Tu dois aussi joindre à ce convoi : Darmaing, ancien maire de cette ville, résident à Unzent; de même que Pilhes, médecin, détenu ici; sans oublier son frère Pilhes, La Beaumèl, reclus à Toulouse. Je te communiquerai, à notre première entrevue, la lettre que mon père m'a écrite à cet égard; veuille donc m'accuser la réception de cet envoi et me marquer à peu près l'époque où j'aurai le plaisir de t'embrasser et de te voir chez moi. Vive la Montagne! Et périssent tous les insectes coalisés contre le premier peuple de l'univers! J'embrasse Rowel, Payan, Commiera.   CARPE-VADIER.

———

*Carpe-Vadier, juge militaire, au brave Montagnard
Chaudron-Rousseau, Représentant du Peuple.*

Pamiers, ce septidi messidor de l'an II de la République
française, une et indivisible.

Je t'attends tous les jours, mon cher Chaudron, avec
la plus grande impatience; je t'avais marqué dans ma
dernière lettre que j'avais écrit à Clauzel, de Mirepoix,
pour lui demander les pièces relatives à la procédure de
Mirepoix; je m'empresse de te faire passer ma réponse,
qui te sera fort nécessaire pour faire arrêter tous ceux
qui ont figuré dans cette affaire; je te ferai part, à ton
arrivée ici, de plusieurs lettres que m'a écrit mon père,
contenant les noms de plusieurs personnages, que tu devras faire traduire au Comité de Sûreté générale. Viens
bientôt nous voir et marque-moi à peu près l'époque de
ton arrivée. Adieu, je t'embrasse. Vive la Montagne!
Périssent tous les traîtres!   CARPE-VADIER.

Supplément à la liste que je t'ai envoyée, et adresses
de ceux que mon père me désigne pour être traduits au
Comité de Sûreté générale, à Paris : Lafont de Sabarat,
détenu à Rieux-de-Volvestre. — Servolle, détenu à Toulouse. — Sicre cadet, de Laborio, près Varilhes. — Séré,
ancien membre du Directoire de Foix, à Toulouse, détenu,
ou à Foix. — D'Artiguères, à Foix, dans sa maison. —
Peyrefite aîné, à Uston, district de Saint-Girons. — Pey-
refite-Montabonne, son frère, à Saint-Lizier, district de
Saint-Girons. — Beyroule, ancien commandant de gendarmerie de Tarascon, détenu à Foix.

Lettres de Vadier à Chaudron-Rousseau.

Cette correspondance inédite [1] est de beaucoup la plus intéressante. Les lettres du président du Comité de Sûreté générale ont une importance singulière, grâce aux terribles fonctions exercées par le conventionnel. Il écrivait à Baudot et à Chaudron-Rousseau au commencement du deuxième mois de l'an II :

Vadier à Baudot et Chaudron-Rousseau ses amis et collègues.

> Paris, le 9 du 2º mois l'an II de la République française, une et indivisible.

Braves Montagnards,

J'ai reçu la lettre que vous m'avez fait l'amitié de m'écrire de Langon. Je vois avec peine que la malveillance et

1. Pour ne négliger aucun élément d'appréciation sur la nature de Vadier, nous avons soumis ses lettres autographes à l'examen d'un des disciples les plus distingués de l'abbé Michon. Voici les indications graphologiques qu'elles renferment, d'après M. Aimé Masvieu, qui a déjà publié le portrait graphologique de Marat, dans l'ouvrage du Dr Cabanès : « Cet homme au style à l'emporte-pièce, à la menace imminente, à l'esprit sans cesse tourné vers ce qui pourrait porter atteinte à cette République qui vient de naître, et pour laquelle il sacrifierait sa vie, est un homme doux et bon, d'une sensibilité considérable, un être inspirant la sympathie, et que l'adversité décourage trop facilement. Où donc puisa-t-il cette force qui le caractérisait aux yeux de ses coreligionnaires politiques ? D'abord, dans une liaison d'idées énorme, dans une logique que rien ne pouvait vaincre. La République a fort à faire pour se débarrasser de ses ennemis : Eh bien ! nous n'écouterons que le raisonnement, nous ferons taire le cœur, nous agirons... Ainsi a fait Vadier. Joignez à cela que la volonté, sans être bien énergique, ne lui fit jamais défaut, et qu'il est doué, en outre, d'une ténacité incomparable. Et quelle aptitude à dissimuler ! Certes, la porte de sortie ne lui faisait jamais défaut ; et combien, sous une naïveté apparente, il a dû *rouler* d'adversaires ! Prudent, défiant, modeste, s'oubliant pour le but à atteindre, Vadier était en outre un lettré. Le signe de l'esthétique se rencontre souvent chez lui. Comme presque tous les hommes de cette époque, il était orateur. Tel est ce caractère que les contemporains ne pourront pas contrôler, mais que le graphologue certifie, en son âme et conscience, conforme à la vérité. Aimé MASVIEU. »

la pénurie ayent nécessité des mesures peu concordantes touchant les subsistances de la part des représentants du peuple ; ce défaut d'harmonie n'a pu sans doute provenir que de la difficulté de pourvoir à deux objets également instants à la fois et de la manière dont chacun de vous en a apprécié le danger. Les besoins de Bordeaux pouvaient retarder le retour de cette ville au giron de la République, ceux de l'armée de Perpignan pouvaient maintenir sur notre sol la présence funeste des satellites du tyran de Madrid. Vous étiez donc entre deux écueils et je crois que votre sagesse nous aura sauvé de l'un et de l'autre, c'est au moins l'idée que j'en ai conçu avec le Comité de Salut public. La Convention vient de rendre un décret qui a détaché du ministère de l'intérieur la partie des subsistances pour en investir une commission de trois hommes actifs, patriotes et intelligents ; il y a lieu d'espérer que cette mesure simplifiera les rouages de ce mécanisme et qu'elle donnera plus de mouvement et de nerf au système de réquisition et de préhension qui doit approvisionner nos armées et Paris. C'est du moins l'espoir des vrais amis de la Patrie.

Je vous rends mille actions de grâce, mes chers collègues, de tout le bien que vous avez opéré par votre énergie dans le département de l'Ariège ; il n'en fallait pas moins pour retirer ce beau pays de l'état d'apathie et d'engourdissement où il était plongé. L'esprit public n'avait pu percer la croûte des préjugés et de l'ignorance dans un pays livré à la prêtraille, aux escrocs du palais, à la morgue de quelques insolents hobereaux. Vous avez tranché dans le vif, il n'y a que ce salutaire scalpel qui pouvait extirper la carie corrosive qui avait pourri tous les canaux de la félicité publique. Je vous conjure, braves collègues de racler jusqu'aux dernières immondices, si

vous voulez que l'arbre de la liberté déploye de vigoureuses racines dans un pays que la nature semble avoir
embelli de tous ses dons pour le bonheur de l'espèce
humaine. Nos succès à Lyon, dans le Nord et dans la
Vendée prouvent que nous ne tarderons pas à secouer
l'arrière-faix des trahisons. La République est invincible
si les factions sont déjouées et si les traîtres sont punis.
Le noyau principal est dans ce moment sous le glaive des
tribunaux; ils ne tarderont pas, à l'instar de l'infâme Antoinette, à sceller de leur sang impur le triomphe de la
liberté.

Recevez, braves collègues, le tribut de mon admiration,
de ma reconnaissance et de mon estime.   VADIER.

Le 23 nivôse an II, il écrivait au maire jacobin de Toulouse :

Vadier à Groussac.

Paris, le 23 nivôse, l'an II de la République française,
une et indivisible.

Gilabert, accusateur public au tribunal militaire du
2e arrondissement, séant à Narbonne, a fait passer au
Comité de Sûreté générale un interrogatoire subi par le
nommé Belondrade, de Saverdun, prévenu de désertion
dans l'intérieur, devant ce tribunal. — Il résulte de cet
interrogatoire : 1° Que ce déserteur était un des attroupés
ou rebelles qui se tenaient dans les bois, entre Saverdun
et Gailhac, et qui fut arrêté dans la prairie dudit Gailhac,
par les citoyens de cette commune; 2° Que Cazes, Tisseire
aîné, Dardigna et Voisard, du lieu de Montaut, étaient les
principaux instigateurs de cette nouvelle Vendée avec
quelques habitants de Labastide de Lordat; 3° Que ce der

nier fait a été attesté, à l'interrogé, pendant qu'il était aux prisons de Foix, par plusieurs rebelles détenus alors avec lui, qui sont de Mazères, Labastide, Saverdun, Montaut ou environs; et encore par les nommés Sylvestre de Saverdun et Jean Séguela, demeurant à la maitairie de Laporte, appartenant au citoyen Laporte, habitant de Saverdun; 4° Que l'intention de ces instigateurs était d'empêcher tous les volontaires de la réquisition de se rendre à leurs corps, de les rassembler tous pour opérer un grand mouvement contre-révolutionnaire et faire égorger tous les patriotes; 5° Qu'une force armée toulousaine avait dispersé ces rassemblements et dissipé ce noyau de guerre civile; 6° Que les nommés Leprince frères, de Saverdun, sont les auteurs du meurtre commis à coups de fusil, de la personne du citoyen Montcla, marchand de cette ville.

Tu sens, mon cher Groussac, combien il est intéressant, soit pour le repos des bons citoyens de l'Ariège, soit pour le triomphe de la cause des commissaires civils et la confusion de leurs détracteurs, soit pour démasquer le fourbe Clausel, qui ne sévit que sur quelques paysans en épargnant les grands coupables, combien, dis-je, il est intéressant de recueillir les preuves qui doivent faire tomber la tête de ces derniers et épouvanter leurs pareils. Je t'adresse à cet effet un arrêté du Comité de Sûreté générale, de l'exécution duquel nous te chargeons en l'absence des représentants du peuple Paganel ou Chaudron, qui pourraient n'être pas à Toulouse; mais cela ne suffit pas. Comme ces coquins-là à leur arrivée ici doivent être par nous envoyés à l'accusateur public du tribunal révolutionnaire, il faudrait préparer les preuves pendant qu'on les traduira, et pour cela il faudrait faire ouïr sur une commission que les représentants du peuple peuvent donner, étant revêtus de pouvoirs illimités, les témoins désignés

ci-dessus par l'interrogatoire dont s'agit et tous autres
qui peuvent être savants de ce complot et nous faire parvenir de suite à mon adresse l'enquête qui sera faite et
qui servira de base au renvoi que nous ferons de ces scélérats au tribunal révolutionnaire. Je compte que tu rem-
pliras toi-même cette commission, avec le zèle que l'intérêt de la République t'inspire et celui que tu as toi-même
à confondre ses ennemis et les tiens. Je n'écris pas à mes
collègues Chaudron et Paganel en cas d'absence et pour
ne pas multiplier les écritures qui absorbent le peu de
temps que mes grandes occupations me laissent. J'espère
que tu me suppléeras auprès d'eux en leur communiquant
tout ceci.

Adieu, mon cher Groussac, je n'entre pas dans d'autres
détails. Tu suppléeras à ce que je puis omettre. Lafont
devait être jugé le lendemain qu'il reçut le décret que je
lui envoyai par un courrier extraordinaire. Il m'écrit
qu'il va se mettre en route pour Paris et qu'il sera porteur
de l'infernale procédure que le coquin d'Avy avait fabri-
quée contre lui. Il me tarde bien de l'embrasser.

Salut et fraternité.   VADIER.

————

Paris, le 28 pluviôse an II de la République française.

J'ai reçu, mon cher collègue, ta lettre du 19 par Gili-
bert; je t'avais écrit, ainsi qu'à Paganel, dans une lettre
qui vous était commune et que j'adressai à Groussac, en
cas d'absence de l'un ou de l'autre. Ton voyage à Perpignan et à Bordeaux, bien nécessaire sans doute, a cruellement retardé le bien que j'attendais de ton arrivée dans
mon département. Les choses y vont fort mal dans ce
moment; Paganel s'est laissé tromper par des intrigants
et surtout par le plus mauvais sujet de ce pays-là, qui a
dirigé par son influence les changements funestes qui ont

été faits dans les tribunaux, les administrations et les comités révolutionnaires. Il est résulté de cet ordre de choses que les aristocrates ont été mis en liberté et lèvent la crête, que le peuple ne sait plus à qui donner sa confiance, que les assignats sont de nouveau discrédités et que l'esprit public est quasi éteint dans ce pays-là. Cet homme fourbe et immoral est le nommé Vignes, destitué de la place de juge du district par Cassanyes; il a été fait juge de paix par Paganel, et c'est toute sa parenté qui remplit le tribunal de Pamiers. — Cet homme dangereux a singé le patriotisme pour arriver aux places, mais je te jure qu'il n'est point d'être plus pervers dans la République. Il a eu l'adresse de séduire les Toulousains et même de se réclamer de moi auprès d'eux, parce que dans une occasion il se trouva attaché à la cause du patriotisme opprimé en ma personne; mais si on l'a vu alors marcher du bon côté, il ne faut l'imputer qu'aux circonstances et non à sa vertu, et je t'assure que je n'ai jamais cessé de le mal estimer, quoique je l'aie deffendu dans un temps où l'aristocratie lui faisait la guerre. Ce n'était pas lui que j'avais en vue, mais la cause où il était alors attaché. Le premier service que tu as à rendre à mon pays et à ma ville est de la délivrer de cet homme et de tout ce qui tient à lui, c'est le moyen de remettre le calme et de remonter l'esprit public. Il faut ensuite réincarcérer les aristocrates les plus saillants, tels que: Castel, d'Armaing, Larrue, Duchalonge, Lemercier, abbé, Bayle ci-devant président du tribunal criminel, Siere de Laborio, Séré fils, Dartiguières, Bribes, Belbèze de Foix, Gardebose, notaire à Pamiers, Garrigou, Cairoule à Tarascon, Charli aîné, Montaligre son frère, les Rigal frères, Bardon fils, Palmade, Monsirbent frères, Lacvivier du Pont-Neuf, Servolle, Deramond de Saint-Paul, ci-devant procureur, tous à Pamiers, Pauly d'Artigat, médecin, Solère-Beauce à Varilhes, Guerre du Carla, ci-devant juge de paix, les deux Garrigues de Daumazan, Leychart, Dedieu, Cassaing, Caubère, Michel de Saint-Girons, Martimort de Mazères, Malroc, Caudeval, Montfaucon, Tournier, Denat, Deloum, Dufresne, Manent-Tamby à Mirepoix. Je me borne pour cette fois à cette liste, parce que le courrier me presse et qu'elle me paraît suffire pour opérer la tranquillité. Je reviendrai à la charge s'il le faut : j'attends tout de ton zèle, tu peux compter sur le mien pour la chose publique, mes collègues et mes amis.

Adieu, je t'embrasse bien cordialement.   VADIER.

———

Paris, le 25 ventôse, l'an II de la République française,
une et indivisible.

J'ai reçu, mon cher collègue, la lettre que tu viens de m'écrire, datée le 16, de Saverdun. Le plan que tu as conçu pour la régénération de notre département est sage et méthodique ; je suis sûr du succès dès que tu ne consulteras que ton cœur et ton propre discernement ; ta bonne intention ne peut que te rendre infaillible. Je ne me permettrai pas d'autres renseignements que ceux que je t'ai donnés ci-devant, je n'en puiserai point dans les différentes versions qui me viennent ici, je suspecte à bon droit des deux côtés des gens qui, peu soucieux du bien général, ne visent qu'à leur fortune ou leur élévation particulière. On ne voit plus sur la scène que les intrigants de ce genre. Le peuple seul est juste et bon, c'est donc la masse qu'il faut entendre et non pas les meneurs qui la séduisent pour leur profit. Tu trouveras partout de ces fripons qui se placeront entre toi et lui pour te cacher son véritable vœu, n'écoute donc que la vertu du peuple et la tienne. Demande-lui quels sont les hommes qui méri-

tent sa confiance ; il te le dira, si personne ne s'interpose
pour étouffer sa voix. Quant aux aristocrates dont je crois
t'avoir donné la liste, il ne peut y avoir d'équivoque, ils
sont incurables et le temps n'a pu les rendre meilleurs.
Je t'exhorte à ne point t'apitoyer sur ces scélérats et à
reclure tous ceux qui oseront s'intéresser à eux et qui, de
cela seul, ne valent pas mieux. Je reçois dans ce moment
des lettres de trois ou quatre juges militaires de Narbonne, collègues de mon fils, qui me disent avoir été calomniés auprès de toi par des aristocrates qui ont surpris
ta religion. Ils me disent que c'est l'ouvrage d'un nommé
Causse, ex-législateur du côté droit. Mon fils a dû se rendre
à Pamiers pour y voir sa mère, qui est bien malade, et
veiller à mes affaires, dont il est, à lui seul, le timon. Il
me mande que son séjour à Pamiers sera très court, et
qu'il craint même d'être rappelé promptement à ses fonctions, vu que le tribunal est désert par l'arrestation de ses
juges : il n'y en demeure que trois, dont un est malade...
Tu peux t'en rapporter là-dessus à mon fils, comme sur
bien d'autres objets. Je suis sûr de la pureté de ses intentions, je te réponds que son patriotisme a toujours été à
la hauteur du mien, quoiqu'on l'ait injustement accusé à
Toulouse de m'avoir prévenu contre la bonne cause. Il y
a dans cette ville, peut-être plus qu'ailleurs, des mar-
chands de patriotisme et des escrocs en bonnet rouge ; tu
t'en convaincras comme moi avant de la quitter. Sois sûr
que tu ne conserveras leur bienveillance qu'autant que
tu seras l'approbateur de tout ce qui flatte leur ambition
ou qui sert leur ressentiment. J'en ai fait la fâcheuse
expérience. Mais comme les hommes ne me sont rien,
que le salut de la République est tout, à mes yeux comme
aux tiens, il faut la sauver sans acception de personnes,
et ne point t'irriter des obstacles. Adieu, mon cher ami,

je compte sur l'attachement que tu m'as promis et te
renouvelle toute mon affection et mon estime. VADIER.

*Au républicain montagnard Chaudron-Rousseau, repré-
sentant du peuple dans le département de l'Ariège, à Pamiers* [1].

———

Le 10 germinal, il adressait ce billet à son fils :

Je n'ai pas le temps de t'écrire, mon cher fils. Il n'y a
rien de nouveau, ma santé va bien; je n'ai reçu encore
ni huile ni panier de saucissons, ni caisse. J'ai écrit à Arthaud qui doit s'être adressé à quelque fripon. Je persiste
à te dire de ne me rien envoyer que par Fabre et de découvrir ce qu'est devenu ce qui ne m'est point arrivé. Si
Chaudron est encore chez nous, renouvelle-lui mon
amitié : il m'a rendu compte de tout; j'étais bien sûr de
ses intentions. C'est *l'homme le plus pur peut-être de la Convention* et tu jugeras par là combien il doit être mon ami.

Je t'embrasse.

———

Vadier à son ami Chaudron-Rousseau.

Paris, le 11 floréal an II de la République française,
une et indivisible.

J'ai reçu avec un grand plaisir, mon cher collègue, le
détail que tu as bien voulu me communiquer de tes opérations dans l'Ariège. Mon fils m'avait tenu au courant
des mesures vivifiantes et régénératrices dont tu viens de
sauver ce pays. Grâces te soient rendues, mon cher ami;
puissé-je t'en marquer ma reconnaissance éternelle. Je te
remercie particulièrement de ce que tu as fait pour mon
fils; tu as vu la triste position de sa mère, dont je ne tar-

1. Collection Étienne Charavay.

derai pas à pleurer la perte[1]. Le désordre de mes affaires serait irrémédiable en mon absence, si mon fils était forcé d'en quitter un instant le timon, au temps surtout de la récolte. Tâche, je t'en conjure, de trouver un moyen qui puisse concilier, avec sa présence à Pamiers, les devoirs de républicain, que je désire lui voir remplir pardessus tout. Le plan du Comité de Salut public est de rappeler tous les commissaires en mission. Je pense qu'on excepte ceux des armées, mais pas d'autres. J'ai été affligé de cette mesure par rapport à toi, sachant bien qu'il te demeure encore beaucoup à faire dans mon pays pour le régénérer entièrement; je l'ai vivement représenté au Comité de Salut public, qui a paru ne pas vouloir démordre de son système; j'ai pourtant obtenu, à force d'instances, de Collot-d'Herbois, chargé de cette partie, la prorogation de ton rappel pendant un mois, quoi qu'il l'ait été annoncé, m'a-t-il dit, par le courrier précédent; ce premier délai pourra en entraîner un autre; en tout cas, il suffira peut-être pour achever les principales opérations, sauf à y revenir au besoin. Je t'adresse, mon cher ami, une lettre du brave Dupré, mon ancien collègue, victime d'une erreur momentanée; mais dont je connais le patriotisme pur, la loyauté, la moralité. Il a été un instant la dupe des rapports mensongers qui parvinrent à Carcassonne sur les journées des 31 Mai et 2 Juin, mais il donna les preuves les plus signalées de son attachement à l'unité de la République et de la représentation; il proposa la dissolution de la commission, dont il n'était devenu membre que par l'effet de la confiance que le peuple avait dans sa vertu. Je t'avoue que si de tels hommes pouvaient être punis et assimilés aux ennemis de la liberté,

1. Elle mourut, en effet, à Pamiers, le 15 floréal an II.

il lui resterait peu de partisans, et rien ne serait plus
cruel que de voir confondre ainsi le crime et la vertu,
l'erreur et la scélératesse. Je ne connais pas le reste des
individus qui ont coopéré, dans l'Aude, à des mesures
fédéralistes; mais je sais bien que Dupré est un homme
vertueux et un ami bien chaud de la liberté !

Je te renouvelle ma sincère amitié.   VADIER.

J'engage Dupré à attendre ici la réponse que tu peux
m'adresser directement.

———

Le 13 floréal, Vadier revient à la charge auprès du représentant en mission.

Vadier à son collègue Chaudron.

Paris, le 13 floréal an II de la République française.

J'apprends avec beaucoup d'inquiétude, mon cher collègue, que les prêtres ne cessent de travailler le peuple
de l'Ariège et qu'ils ne font que trop de progrès. Le ren-
fermement de ces hypocrites n'a fait qu'accroître leur
malice et la funeste compassion des âmes faibles et crédules; il eût fallu peut-être pour généraliser la mesure et
la rendre efficace ne pas laisser un de ces scélérats dans
le pays; ils agissent, quoique détenus, et comme il en
demeure dehors qui ne cessent de faire leurs farces, il en
résulte un mouvement qui peut à la fin incendier ce bon
pays. Je t'envoye deux lettres qui te prouveront ce danger : l'une est du patriote Seguier-Lapique de Foix, l'autre
est d'un dangereux caffard que la guillotine seule pourrait
guérir; il ose prendre le titre de mon parent; le fût-il, je
n'opinerais pas moins d'en purger la société. J'ai appris
ici que Baude que tu as réintégré dans la place du greffier du tribunal, à Pamiers, est un dangereux intrigant,

et qu'il avait traité de la relaxation du scélérat Castel pour
2 mille livres lorsqu'il était membre du Comité révolutionnaire; je crois qu'il serait prudent de renvoyer ce faux
patriote qui n'a aucun moyen d'existence dans son pays
qui est Montpellier ou de l'enfermer s'il s'obstine à rester
à Pamiers, où il ne peut que faire du mal par son avidité
et son immoralité. Il est un homme encore qui, quoique
mon parent, doit être éloigné des places par la même raison, c'est Sourrouilhe, dit Colomiés, qui a été de tous les
temps agioteur et peu délicat.

Ce n'est pas en vain que la vertu doit être mise à l'ordre
du jour; point de composition avec les fripons, de quelque manteau qu'ils se couvrent. Tu verras dans les papiers publics que nos braves armées volent de victoire en
victoire depuis que les factions sont abattues. La Flandre
maritime est à nos genoux; bientôt le féroce Cobourg
sera fouetté au delà du Rhin, le roi des marmottes n'aura
plus d'azile et les pillards de la Pologne vont rendre gorge
de leurs infâmes pirateries; il ne manquera plus que de
mettre à l'ordre du jour le tyran de Madrid et les lâches
forbans de Londres.

Je te renouvelle ma tendre amitié. VADIER.

Je te recommande mon fils. Fais en sorte, avant de
quitter le pays, de trouver un moyen de le rapprocher
de mes affaires dont il est l'unique timon. Je t'observe que
l'évêque de l'Ariège, quoique vertueux, probe et même
patriote, est cependant attaché comme avec de la glu aux
prestiges et aux singeries religieuses. S'il a, comme je
n'en doute pas, quelque part aux excursions fanatiques
de son clergé, il serait prudent, sans manquer d'égards
pour sa probité et sa vieillesse, de conseiller le changement d'air et de lui conserver son revenu à vingt lieues

de son clocher; il ne faut pas risquer une Vendée pour
un homme.

———

Vadier à son ami Chaudron.

Paris, le 4 prairial, an II de la République
française, une et indivisible.

J'ai reçu, mon cher collègue, tes diverses lettres, tu
sais le peu de temps que j'ai pour écrire, mais j'avais
prévenu tes désirs. Collot a dû t'écrire pour proroger ton
séjour là-bas, non pour quinze jours mais pour tout le
temps que ta sagesse et ta discrétion jugeront nécessaire
au parachèvement des opérations excellentes que tu as
entreprises pour le salut de notre pays. Aussi, sois tranquille, je te réponds que j'obtiendrai tous les délais que
tu voudras. Si je t'ai écrit avec intérêt pour Dupré, je
n'ai pas entendu paraliser la justice que t'a prescrite, à
son égard, l'amour de ton devoir et de la liberté. Il ne
m'avait point avoué les torts multipliés dont il s'est cou-
vert, et d'après le détail que tu viens de me faire, je retire ma recommandation. Tu connais mon austérité et
l'inflexibilité de mes principes. J'ai pu aussi être mal
éclairé par Fabre et je m'en repose sur ton discernement
à cet égard comme sur toutes choses. On m'a envoyé
bien des pièces contre les scélérats traduits ici de Pamiers, il en résulte que les Pilhes, Solères et les signataires de l'adresse liberticide envoyée au tyran par la
municipalité de Pamiers dans ce temps-là, sont impliqués
par ces mêmes pièces. Il faudra faire traduire ici tous ces
coquins-là de brigade en brigade, si l'accusateur public
négligeait de les appeler. Tu ne dois pas négliger non plus
de faire arrêter indistinctement tous les prêtres et de les
éloigner au moins à vingt lieues; c'est l'unique moyen de

saper le fanatisme dans ses fondements. Il est aussi quelques coquins qui les suppléent dans leurs complots; quoique tu en aies incarcéré plusieurs, il en demeure encore de bien dangereux, voici une liste des principaux que ma mémoire me fournit.

A Pamiers : Les signataires de l'adresse au tyran, Darmaing, ci-devant maire; Dessort, régisseur à l'hôpital; Amilhat cadet, secrétaire greffier.

Verniolle : Dupla cadet, dit le Sabounaire : Dupla fils aîné.

Dalou : Le curé, Dangeroux père, notaire.

Varilhes : Solère fils, ex-garde de Capet; Sicre de la Borio.

Saverdun : Tous les Gardeles, amis de Vignes; Sol-Lasnauzes, Boy, municipal; Gouzi fils.

Vernet : Poutéles frères, un ci-devant frère ignorantin.

Montaut : Deloum, ancien maire; Marseillac aîné.

Foix : Joly de Massat, médecin; Bribes, ex-juge; Calvet père; Saurine, ex-commissaire national : Lanes, ex-juge; Séré aîné, frère de Magloire ; Doumenc cadet ; Font cadet.

Saint-Paul : Deramond aîné, ex-procureur à Pamiers; Bartet aîné, employé au district de Tarascon ; Lamarque cadet, Deramond père, Laroque, tous les Sage, surtout le cadet.

Tarascon : Lafont de Saurat, administrateur du district; Garrigou père et fils, Delloy, officier de gendarmerie ; Rousse, trésorier.

Mirepoix : Deloum, ex-juge à Pamiers.

Saurat : Carbonne, chirurgien ; Laziroule, maire; Bergasse, son frère; Dessort, ex-conseiller ; Delplagoueytes ; Senovert, de Toulouse, réfugié à Saurat.

Saint-Girons : Mayniel, ingénieur ; Trinqué, médecin, Ad^{ens}, Giraud, ex-administrateur ; tous les prêtres possibles de ce district comme des autres.

Daumazan : Garrigues aîné, Aressy, ex-juge.

Campagne : Prévost aîné, Garrigues, Caré.

Artigat : Lajoux père, notaire; Pauly, médecin; Flouret, ex-garde du tyran d'Espagne.

Carla : Guerre, ex-juge de paix.

A cette mesure il faudrait ajouter l'extradation de tous

les détenus du département dans des prisons plus éloi-
gnées, c'est-à-dire vers Castres, Cahors et à vingt lieues au
moins ; c'est le seul moyen de remettre la tranquillité et
de déjouer toutes les manœuvres. Tu verras, à mon griffo-
nage, combien je suis pressé ; je le répète, demeure à ton
aise le temps que tu voudras, je prends sur ma responsabilité tous les délais qui pourront t'être nécessaires. Ne
néglige pas de faire faire la demande de ton adjonction
par Milhaud et Soubrany, d'après le motif légitime du
nouvel ordre de campagne qui va s'ouvrir en Catalogne.
Adieu, mon cher collègue, je te renouvelle mon amitié
sincère ; il peut se faire que j'aurai besoin dans quelques
jours d'un congé pour mon fils, que je suis à même de
marier ici ; ce serait l'affaire d'un mois, je t'en préviendrai
s'il y a lieu, et je compte sur tes bontés pour lui.

Adieu encore une fois, je t'embrasse de cœur et d'âme.

VADIER.

Je te prie de stimuler la prompte exécution d'un décret
que je viens d'obtenir pour la translation du chef-lieu du
district de Mirepoix à Pamiers et de presser le zèle de
l'agent national chargé de son exécution.

———

Vadier à son ami Chaudron.

Paris, le 11 prairial an II de la République française.

La Convention, mon cher collègue, vient de rendre un
décret qui porte, que les représentants rappelés par arrêté
du Comité de Salut public qui à la distance de 110 lieues
ne se rendraient pas dans 10 jours et au delà, dans 20, ou
qui de retour à Paris, repartiraient sans nouvelle mission
seront censés avoir donné leur démission, j'ai été de
suite au Comité de Salut public où Collot-d'Herbois m'a

promis de t'écrire que ce décret ne s'appliquerait pas à toi dont la mission est indéfiniment prorogée. — Je m'empresse de te faire part de ma diligence. Je vois avec beaucoup de peine que les occupations nécessaires dans le département de l'Aude et des Pyrénées orientales retardent ton retour dans l'Arriège. J'apprends que les aristocrates y relèvent la crête... que les sociétés populaires en proie aux intrigants te font parvenir des réclamations pour t'apitoyer sur les plus dangereux des détenus tels que Vignes et ses pareils. Je t'assure que ces intrigues n'ont pas le vœu du peuple et que tu ne dois pas en être touché. Je t'exhorte à suspendre toute relaxation jusqu'à ton retour là-bas, tu dois au contraire étendre les arrestations sur les intrigants qui t'écrivent. Tu as sagement fait de ne pas céder aux sollicitations de Baude, et il est mieux encore de l'avoir confiné à Montpellier que de le reclurre auprès de Pamiers, où son influence était dangereuse; cependant comme c'est un ancien patriote, que l'aristocratie peut triompher de sa disgrâce, il serait possible d'adoucir le caractère de suspicion qui résulte de ton arrêté sous la condition bien expresse que cet intrigant ne reviendra pas dans l'Arriège, lors même qu'il y serait sans place, car n'ayant aucun autre moyen d'exister et aimant à jouir avec abondance, il ne pourrait qu'être dangereux dans le choix des moyens de se la procurer. L'enthousiasme inspiré à la société de Pamiers, qui ne cesse d'écrire à sa louange, passera bientôt lorsqu'elle aura cessé de conserver l'espérance de son retour. Adieu, mon cher collègue, je compte toujours sur ta bienveillance : tu dois te reposer sur la mienne, c'est de toi que j'attends le bonheur et la tranquillité de ma patrie. Je t'embrasse et suis ton meilleur ami. VADIER.

———

Désorienté au milieu des haines locales, Chaudron-Rousseau réclame de nouvelles instructions. Vadier lui répond, le 23 et le 25 messidor an II :

Vadier à son ami Chaudron

Paris, le 23 Messidor l'an II.

J'ai reçu, cher collègue, tes deux dépêches depuis ton retour dans l'Ariège, je vois les heureux effets de ton zèle dans le triomphe de nos armes contre les lâches Espagnols et dans la découverte admirable que tu viens de faire des scélérats qui ont trahi la patrie. Je vais solliciter du Comité du Salut public les mesures que tu indiques, mais je t'observe que tu n'avais pas besoin d'être autorisé à l'extension de pouvoir que tu réclames pour l'arrestation des coquins qui sont hors des départements dont la surveillance t'est confiée ; il faudrait prendre la mesure qui est dangereuse à retarder, sauf ensuite à la soumettre à l'autorisation qui ne pourrait être refusée. Tu me demandes de nouveaux renseignements sur l'Ariège ? Je ne peux que m'en référer à ceux que j'ai fait passer à mon fils en ton absence, et auquel tu peux t'en rapporter. Je t'envoie ceux qui viennent de me parvenir par main affidée sur le district de Tarascon. Quant à Saint-Girons et Pamiers, mon fils est en état de suppléer aux omissions qui peuvent m'être échappées. Je te recommande par exprès de faire traduire tous ceux impliqués dans les adresses liberticides faites au tyran ou dans le massacre du peuple fait à Pamiers. — instigué par les scélérats qui composaient le département en 1790, ceux impliqués dans les scènes du drapeau blanc, et de la force armée envoyée de Foix pour aristocratiser à Pamiers la municipalité et la garde nationale, avant l'arrivée du bataillon de Cambrésis. Je t'observe

qu'il faudrait judicieusement distinguer les insurgeurs
d'avec les insurgés, c'est-à-dire les vrais scélérats d'avec un
peuple trompé. Il est encore un autre crime irrémissible
envers la liberté publique qui est l'époque du rassemblement contre-révolutionnaire de la Boulbonne qui excita
l'envoi de la troupe révolutionnaire de Toulouse ; c'est
aussi le cas de distinguer dans cette crise les instigateurs
d'avec les menés. Enfin, mon cher ami, il ne te faut pas
quitter ce pays sans l'avoir purgé en entier de tous les
ennemis du peuple ; je te promets de te seconder ici de
tout mon pouvoir et de faire autoriser toutes les mesures
que tu prendras pour la régénération de mon pays ; compte,
mon cher ami, sur ma reconnaissance et mon affection.
Mon fils me tracasse pour venir à Paris, je n'approuve pas
ce voyage dans le moment de la récolte où personne ne peut
le suppléer là-bas ; engage-le, je t'en prie, à retarder ce
voyage, jusqu'en brumaire où nos affaires auront moins
besoin de sa présence. Je t'embrasse de tout mon cœur.

VADIER.

———

Vadier à son ami Chaudron-Rousseau.

Ce 25 messidor l'an II.

Voici, cher collègue, une suite d'éclaircissements sur
les coquins de mon pays. Je te continuerai par prochain
courrier et ainsi de suite tout ce que je pourrai recueillir
afin que tu puisses finir ta besogne sans qu'aucun ennemi
du peuple échappe à ta justice. La victoire va au galop
dans les Pays-Bas ; Bruxelles est à nous et les Autrichiens
ont mis la fuite et l'évacuation à l'ordre du jour. Salut et
amitié.   VADIER.

———

Citons encore une dernière dépêche, écrite d'une main

plus fiévreuse que les précédentes et d'où se détache en
vigueur ce que l'on appellerait aujourd'hui la psychologie
du conventionnel investi des fonctions de président du
Comité de Sûreté générale :

Vadier à son ami Chaudron.

> Ce 2 thermidor, l'an II de la République
> française, une et indivisible.

Voici, mon cher collègue, la suite d'éclaircissements
que je t'ai annoncé. Tu en feras usage selon ta sagesse.
Nous n'avons pas le temps de rédiger nos victoires ; tous
les héros de la liberté en dépêchent en les remportant.
Namur vient encore d'être ajouté à tant de conquêtes.
Les Prussiens sont battus vers les Vosges, sur une ligne
de plus de vingt lieues. Ils s'enfuyent à toutes jambes.
Dieu veuille qu'après tant de trophées la liberté n'ait rien
à craindre dans l'intérieur ! Je t'avoue que j'en suis jaloux
comme d'une maîtresse ; je suis si ombrageux sur l'article,
que je crains jusques aux fantômes. Je t'embrasse cordialement.   VADIER.

Je t'enverrai en dernière analyse tout ce qui a trait à
Saint-Girons, je m'occupe à le recueillir. Alard va être
jugé : j'espère que son affaire ne fera pas un pli, il me
prie de te saluer de sa part.

———

A la même époque, Vadier écrivait au général Pille,
chargé des mouvements des armées de terre, l'un des
collaborateurs les plus précieux de Carnot. S'il est implacable envers ceux de ces concitoyens qui entravent la
marche du gouvernement, il s'intéresse d'autre part à
ceux qui volent au secours de la patrie menacée.

Vadier à Pille.

Paris, le 8 thermidor, an II de la République
française, une et indivisible.

Je te fais passer, citoyen, la demande de deux braves militaires de mon département qui n'ont jamais cessé de professer les bons principes et de combattre les ennemis publics et secrets de la liberté. Attachés au général Marbot depuis le commencement de la guerre, ils désireraient passer avec lui à l'armée des Pyrénées occidentales où ce général vient d'être envoyé ; si cette demande ne peut contrarier les opérations déjà concertées, je te prie de la prendre en considération.

Salut et fraternité.   VADIER [1].

Il ressort de cette correspondance que Vadier manquait de mansuétude. On ne dira jamais de lui, comme Royer-Collard de Danton, qu'il fut magnanime. Mais il croyait une sévérité inflexible nécessaire au salut de la patrie. En somme, il sut proportionner les mesures de rigueur au degré de danger que les hommes faisaient courir au pays ; on a lu ses instructions visant le clergé et l'évêque de Pamiers. Il est bon de noter ses craintes sur l'organisation d'une Vendée pyrénéenne que les événements ultérieurs ont justifiées. A ses yeux, il existe une corrélation étroite entre la compression à l'intérieur des ennemis de la République et les victoires de nos armées à la frontière. A travers ces grandes préoccupations, Vadier s'inquiète de sa femme qui se meurt, de son fils qu'il veut marier à Paris, de ses affaires, de ses moissons, voire des caisses d'huile et de saucisson qui s'égarent ; tant il est vrai qu'aux heures les plus tragiques, l'homme reste avec ses peti-

---

1. *En marge :* Répondu le 16 thermidor. (Collection Étienne Charavay.)

tesses, ses trivialités, son égoïsme inconscient, ses besoins
impérieux, mais aussi avec de plus nobles passions : le
désintéressement, l'amour de la patrie poussé jusqu'à
l'exaltation la plus furieuse.

Dans l'Ariège près de cinq cents personnes furent mises
sous les verrous, parmi lesquelles quatorze comparurent,
en deux fournées, devant le Tribunal révolutionnaire et
subirent la peine capitale. Vadier fut accusé d'avoir assouvi
des vengeances particulières ; dans de nombreuses pétitions, dans les polémiques de la presse quotidienne, on
lui reprochait l'âpreté avec laquelle il avait poursuivi l'envoi à Paris de quatorze de ses concitoyens. On imprima
ses lettres à Fouquier-Tinville ; il recommandait ses adversaires à la sollicitude de l'accusateur public, ne lâchant
sa proie que sur la bascule de la guillotine. Vadier répondit qu'une longue procédure avait précédé la condamnation des quatorze contre-révolutionnaires de l'Ariège, que
leur culpabilité avait été démontrée et le jugement rendu
en vertu de la loi. Au surplus cet acte de vigueur avait eu
pour résultat d'étouffer les germes d'une Vendée pyrénéenne. Il suffit de lire l'histoire locale pour acquérir la
certitude que ce danger n'était point chimérique. Après
la conspiration du camp de Jalès, M. du Saillant, général
des frères du Roi, avait chargé le marquis de Biron de
soulever le département de l'Ariège qui devait servir de
refuge et de ligne de retraite sur l'Espagne pour l'armée
royaliste. L'agitation disparaît pendant la Terreur pour renaître bientôt. Sous le Directoire, elle est à son comble.
Toulouse devient un centre insurrectionnel ; l'armée royaliste, dont les avant-postes sont campés jusqu'au faubourg
Saint-Agne, est forte de 16.000 hommes, parmi lesquels
2.000 du contingent ariégeois, et est battue par les troupes

du général Chaussey[1]. L'un des accusateurs les plus ardents
de Vadier, Darmaing, fils d'une des victimes, représentait devant la Convention son père comme un républicain
persécuté, mais s'adressant en 1821 à une Altesse Royale
pour obtenir je ne sais quel poste[2], il révèle ses secrets
de famille et rappelle que son père était honoré de la
confiance des princes à une époque périlleuse et qu'il périt en défenseur du trône. Le flair de Vadier n'avait donc
point été ici en défaut.

Lettres de Vadier à Fouquier-Tinville.

Quatorze citoyens de l'Ariège subirent à Paris la peine
capitale. C'étaient Larue, homme de loi; Larue cadet,
homme de loi, ex-abbé; Palmade-Fraxine, ci-devant lieutenant particulier civil; Darmaing père, homme de loi;
Darmaing ci-devant avocat du tyran; Castel aîné; Rigail
aîné; Moignier-Rigail; Monsirbent aîné, ancien greffier,
Monsirbent, apothicaire, exécutés place du Trône, le
23 prairial. — Cases, Tisserre, Voizard, Bernard Dardigna,
exécutés le 28 messidor an II.

On exhuma plus tard dans les dossiers du Tribunal révolutionnaire les lettres de Vadier relatives à ces condamnés; on l'accusa d'avoir poussé avec une rare inten-
sité de haine au supplice de ses compatriotes.

Les lettres[3] adressées par Vadier à Fouquier-Tinville,
l'accusateur public, peuvent servir de première base au

---

1. Casteras, *Histoire de la Révolution dans l'Ariège*.

2. H. Duclos, *Histoire des Ariégeois*, t. VI, p. 541.

3. Des renseignements étaient souvent demandés par l'accusateur
public aux représentants du peuple pour les faits soumis au tribunal révolutionnaire qui concernaient leur propre département ou
ceux dans lesquels ils avaient été envoyés en mission. C'est ainsi
que Carnot eut à donner son témoignage dans le procès du général
Custine.

jugement à porter sur cet acte douloureux de la vie mili-
tante du révolutionnaire de l'Ariège. Il est donc nécessaire de les connaître. Cette correspondance est d'ailleurs
invoquée à chaque instant dans les attaques dirigées
contre l'ancien président du Comité de Sûreté générale.

16 germinal, an II.

Je t'envoie, citoyen, la délibération prise par le comité
révolutionnaire de la commune de Pamiers, au sujet de
dix conspirateurs traduits ici par ordre des représentants
Milhaud et Soubrany. On m'annonce que cet envoi sera
suivi de pièces authentiques, à la charge de ces ennemis
de la liberté; veuille bien ne les mettre en jugement, que
lorsque ces pièces nous seront parvenues.

Le Président du Comité de Sûreté générale.   VADIER.

———

4 prairial, an II.

Je t'adresse, citoyen, des pièces relatives aux quatre
accusés, traduits par ordre du Comité de Sûreté générale.
Ils sont accusés, à bon droit, d'avoir été les instigateurs
d'une nouvelle Vendée. Si les pièces que je t'envoie ne
pouvoient suffire à une légitime condamnation, je t'invite
à recueillir dans ces pièces le moyen de completter l'instruction, par les témoignages indiqués dans les mêmes
pièces. Je t'observe que si, par malheur, ces hommes
pouvoient être acquittés, ce qui serait une calamité publique, il est au moins indispensable de les réclure, ou de
les renvoyer aux Commissions Populaires, pour prononcer
leur déportation et la confiscation de leurs biens.

VADIER.

———

4 prairial.

Je t'envoie, citoyen, les pièces que j'ai reçues concer-

nant les dix contre-révolutionnaires de Pamiers, que tu
as fait traduire à la Conciergerie d'après ma note : tu
m'as dit avoir quelques pièces à leur charge. Tu verras
qu'indépendamment de celles que je t'envoie, la société
populaire nous en annonce encore de plus concluantes,
si celles-ci ne suffisent point. Je t'assure, foi de républicain, qu'il n'est pas un de ces scélérats, qui ne soit l'ennemi de son pays, de la liberté et de la Convention Nationale. Il n'a pas tenu à aucun de ces monstres, que le
tyran Espagnol n'ait établi son règne dans nos climats.
Je t'observe qu'il en est encore quelques-uns qu'on n'a
point traduits, qui sont, s'il se peut, plus coupables ; tels
que les nommés Solère, ex-maire, son neveu garde de
Capet, les Pilhes, frères, les signataires de l'adresse au
tyran que tu trouveras dans les pièces. Je te recommande
vivement cette affaire : je t'engage à la conduire à fin,
avec le zèle, l'activité et le discernement qui te caracté-
risent ; je sais qu'il suffit de t'indiquer les ennemis de
ton pays et de la liberté publique, pour être assuré de
ton courage et de ton adresse dans l'investigation de
leurs crimes et de leur conduite : souviens-toi qu'il n'en
est pas un, parmi ceux dont je te parle, qui ne donnât
jusqu'à la dernière goutte de son sang, pour rétablir la
Tyrannie.

Je t'embrasse cordialement.   VADIER.

———

7 prairial.

Je t'envoie, citoyen, un cahier de déclarations de témoins,
reçues par le comité révolutionnaire de Pamiers, contre
les dix scélérats que tu as fait traduire, des Carmes à la
Conciergerie. Je pense que les instructions jointes aux
pièces que tu as déjà reçues suffiront pour légitimer leur
condamnation. Dans le cas contraire, il seroit encore

facile d'ajouter des preuves supplémentaires, mais j'ai lieu de croire que cela suffira.

Salut et fraternité.   VADIER.

———

22 prairial.

Il m'est impossible, mon cher Fouquier, de me rendre au tribunal demain matin, comme tu le désires. Lakanal est en commission à Bergerac. Je t'ai transmis tout ce que nous avions relativement aux dix scélérats qu'on doit juger. J'ignore si ces preuves seront bastantes; je t'avois dit qu'on s'en procureroit de nouvelles, s'il en étoit besoin. Tout ce que je puis te dire en vrai républicain, c'est qu'il n'en est pas un sur dix, qui ne soit l'ennemi forcené de la révolution, et qui n'ait employé tous les moyens pour la renverser ; et je te répète, que ce seroit une calamité publique, s'il pouvoit en échapper un seul au glaive de la loi.

Salut et fraternité.   VADIER.

———

18 messidor.

Je te fais passer, Citoyen, une requête qui a été adressée au Comité de Sûreté générale, par celui de surveillance de Pamiers, contre les nommés Cases, Dardigna, Tisseire et Voizard, du lieu de Montaut, District de Pamiers, Département de l'Ariège. Il y en a, je crois, plus qu'il n'en faut, avec les documens que je t'ai fait passer antérieurement, pour purger la République de ces quatre monstres, bien convaincus d'avoir provoqué un criminel rassemblement, où l'arbre de la liberté fut insulté et profané, où s'est poussé le cri infâme de vive Louis XVII, en août 1792. Tu verras dans la poscription du Comité de surveillance, qu'on y retient des scélérats, principaux chefs du rassemblement; je t'engage à les faire traduire

sans délai ; je voudrois que tu en fisses autant de ceux qui
ont été compliqués dans la procédure des guillotinés de
Pamiers. Le nom de ces scélérats sont autant que je le
rappelle, Solère, ex-maire de Pamiers ; Joseph Darmaing,
aussi ex-maire de cette Commune ; Pilhes, médecin, et
son frère, dit Labaumelle. Les signataires de l'adresse
liberticide envoyée au tyran, en juillet 1792, par la Municipalité de Pamiers. Les membres du Département, alors
séant à Foix, dans deux occasions ont envoyé la force
armée, la gendarmerie et du canon contre le peuple de
Pamiers, et pour faire triompher l'aristocratie de cette
ville. Tu as déjà beaucoup de pièces et plus qu'il n'en faut,
pour établir le genre de ces crimes contre-révolutionnaires. S'il en manquoit après que ces scélérats auront été
traduits, je m'engage à en faire venir soit par écrit, soit
en indiquant des témoins irréprochables de toutes ces
horreurs. J'attends tout de ton zèle, dans une affaire d'où
dépend le salut et le bonheur de ma patrie. Salut et fraternité.   VADIER.

———

Dans l'esprit de Vadier de nouvelles fournées devaient
suivre les précédentes. Lorsqu'en fructidor an III, Chaudron-Rousseau fut rappelé de sa mission à l'armée des
Pyrénées-Orientales, il eut à fournir des explications [1]

1. On l'accusait d'avoir traduit devant le tribunal militaire de
Perpignan, d'Escalaïs aîné, citoyen de cette ville qui avait été condamné à mort par ce même tribunal. Lorsqu'il fut envoyé dans le
département des Pyrénées-Orientales, l'armée espagnole occupait
Collioure, Port-Vendre et le fort Saint-Elme par trahison. L'esprit
de ce département inspirait les craintes les plus vives ; le jour de
son arrivée à Perpignan, il fut informé que l'on tenait ouvertement
contre les généraux, des propos faits pour ôter la confiance du soldat
et désorganiser l'armée ; l'esprit de désorganisation régnait dans la
société populaire, elle s'était déclarée permanente ; il ne forma aucun
doute qu'il n'y eût un esprit de parti pour tout diviser. Au moment
où l'armée allait attaquer l'ennemi, l'on vint dénoncer au représen-

sur l'ensemble de ses actes dans les départements du
Sud-Ouest ; il adressa un Mémoire justificatif au Comité
de Législation, où exposant sa conduite il indique les

tant d'Escalais aîné, et, à l'appui de cette dénonciation on produisit
des lettres écrites contre la Convention nationale. Pour arrêter les
mauvais desseins et en imposer, il crut nécessaire de le faire arrêter
et traduire au tribunal militaire. Son séjour à Perpignan ne fut que
de quatre jours ; il n'avait aucune liaison avec les membres de ce
tribunal, qu'il avait trouvé formé, et n'exerça sur eux aucune influence.
Pouvait-on lui faire un crime d'avoir pris un arrêté pour traduire
au Comité de Sûreté générale, les maires et officiers municipaux de
la Cerdagne qui avaient renoncé formellement au gouvernement
français ?

Signalons aux Archives diverses pièces concernant la mission des
représentants auprès de l'armée des Pyrénées-Orientales : d'abord
la lettre d'Escalais, datée de Paris, le 28 mai : « Si tous les départements avaient assisté hier à la séance de la Convention nationale,
cette Convention n'existerait déjà plus. » Et il signale les rugisse-
ments et applaudissements des tribunes : des étrangers votants, etc.
L'arrêté de Chaudron-Rousseau le livrant à la Commission militaire
de Perpignan, l'accuse d'avoir calomnié et avili la Convention nationale et égaré les citoyens des Pyrénées-Orientales par une correspondance tendant à dissoudre la Convention nationale. Citons (Arch.
nat. A F II. 87) la lettre du 15 septembre 1793 de Chaudron-Rousseau
à la Convention, annonçant que les troupes du général Fregeville
ont dissipé l'attroupement des brigands contre-révolutionnaires existant à Montaut et Pamiers ; arrestation et renouvellement des municipalités. — Démolition du château de Lagarde et vente des objets
et meubles en dépendant (24 vent. an II). — 22 vent. an II. Nomination du comité de surveillance de la commune de Mirepoix. —
1er germinal an II. Envoi par arrêté de cinquante caisses de pommes
de terre pour l'ensemencement dans les Basses-Pyrénées. Le Comité
révolutionnaire de Pamiers est chargé d'organiser une armée, de
prendre des mesures, de surveiller les autorités constituées, les officiers et employés de l'armée et de correspondre avec les sociétés
populaires. — 20 oct. 1793, Baudot, Ch.-Rouss. Mouquet, agent du
C. de S. P. — 19 messidor an II. Arrêté contre l'observation du
dimanche. — 25 messidor. Réquisition des ouvriers nécessaires à la
récolte des blés dans les deux Cerdagnes. — Arrêté daté de Toulouse, signé de Jean Bon Saint-André, 10 mai 1793, requiert le département de l'Ariège de prendre toutes les mesures possibles pour la
fabrication des boulets nécessaires à l'armée des Pyrénées. Arrêté
de Baby, Moquet et Groussac destituant les juges du tribunal de Foix
et les remplaçant par Darnaud père, etc. — 10 frimaire, an II. Arrêté
de Massiac et Baby créant l'armée révolutionnaire composée de
2 compagnies de 110 hommes chacune et 30 hommes à cheval. —
14 nivôse an II. Paganel réorganise les autorités constituées.

motifs qui avaient pu le déterminer. Envoyé pour établir
le gouvernement révolutionnaire et prendre des mesures
de salut public au milieu des orages d'une grande révolution, il avait à déjouer les efforts des malveillants de tout
genre. Il était si peu, disait-il, dans les principes de
Robespierre, qu'après renseignements et sur les observations qui lui furent présentées par des parents de plusieurs citoyens de Mirepoix et de quelques autres communes de l'Ariège, conduits au tribunal révolutionnaire
de Paris en vertu des arrêtés du Comité de Sûreté générale, du Comité de Salut public et d'un mandat de Fouquier-Tinville, il eut le courage, à la fin de messidor, an II,
de s'opposer, de son autorité privée, à l'exécution de ces
arrêtés et, à cet effet, il envoya un courrier extraordinaire
à Toulouse, Montauban et Cahors, pour les faire arrêter
et retenir sous différents prétextes, ce qui les empêcha
d'arriver avant le 9 thermidor ; de cette manière, il réussit
à sauver la vie à un grand nombre d'individus. Il n'y avait
d'autre moyen, à cette époque, pour sauver les individus,
que de gagner du temps. C'était assurément une preuve
d'humanité et un acte de courage.

Vadier père fit confier l'exécution de l'arrêté du Comité
de Salut public à Cancel, agent national du district de
Pamiers, et celui du Comité de Sûreté générale au Comité
révolutionnaire de Pamiers. Darmaing, fils d'une des victimes de la Terreur, constate que C. Rousseau s'était refusé
aux vives sollicitations des Vadier d'envoyer au tribunal révolutionnaire, à Paris, quatorze malheureuses victimes, contre lesquelles il ne voyait aucunes preuves matérielles, et
qui, malheureusement, ont péri. Voici comment Darmaing
s'exprime, dans un imprimé contenant l'extrait des lettres
écrites par Vadier à son ami Fouquier-Tinville : « Lorsque
Chaudron-Rousseau, représentant du peuple, se trouvait

à Pamiers, département de l'Ariège, Vadier le sollicita plusieurs fois pour qu'il envoyât au tribunal révolutionnaire les quatorze victimes dont ces lettres font mention. Chaudron-Rousseau lui demanda toujours des faits appuyés de preuves, et le solliciteur n'en produisit jamais ; il ne se rebuta cependant pas. Le représentant ayant passé dans le département de l'Aude, il alla l'y rejoindre pour insister de nouveau ; mais, dépourvu de preuves ainsi qu'à Pamiers, il en remporta le même refus. » Il remporta également le même refus à Narbonne où il vint le joindre ; il partit pour Perpignan et obtint cette fois gain de cause auprès des représentants du peuple près l'armée qu'il eut l'art de surprendre. Vadier père ayant écrit le 3 prairial que les pièces qui avaient servi à la condamnation des quatorze citoyens de Pamiers chargeaient également plusieurs citoyens de l'Ariège, qu'il lui désignait, il lui recommandait de les faire traduire au tribunal révolutionnaire ainsi que les signataires de l'adresse au Tyran et les auteurs de mouvements contre-révolutionnaires de la Boulbonne.

Vadier fils vint en Messidor apporter les pièces relatives à ces deux objets, et le pressa de remplir la demande de son père. Ces recommandations réitérées du président du Comité de Sûreté générale étant pour lui un ordre auquel il devenait impossible de se soustraire, il prit un arrêté pour traduire provisoirement à Paris et mettre en état d'arrestation plusieurs citoyens compromis dans les listes et lettres du président Vadier ; mais en même temps il fit insinuer aux parents de ceux qui venaient d'être arrêtés de lui présenter des pétitions et de fournir des pièces à l'appui qui le missent dans le cas de suspendre l'effet de son arrêté — ce qui eut lieu. Il ne tarda pas à soupçonner que Vadier père avait en vue de satisfaire des ressentiments personnels. En conséquence, il se fit remettre par les comités du département de l'Ariège la liste de tous les détenus avec les motifs de leur arrestation, et il prit sur lui, quoi qu'il pût arriver, d'en faire mettre un grand nombre en liberté, de faire retenir à Toulouse, Montauban et Cahors ceux qui étaient conduits à Paris[1]. Voici l'arrêté de Chaudron-Rousseau :

Foix, le 1er thermidor, an 3e de la République française.

Le représentant du peuple, etc.

Instruit que plusieurs citoyens de Mirepoix, que le Comité de surveillance de la commune de Pamiers, a fait traduire au tribunal révolutionnaire à Paris, depuis quelques jours, par ordre du Comité de Sûreté générale, ont été mis sur des charrettes et enchaînés, qu'on leur fait payer exhorbitament les frais de voyage et qu'ils sont maltraités par leurs conducteurs,

Arrête :

Que le maire de la commune de Toulouse est requis de

---

1. Il avait été un instant question de créer à Toulouse un tribunal révolutionnaire, comme en témoigne la lettre suivante dont l'extrait est tiré des Archives de l'Ariège et qui est curieuse à connaître, à cause de la conversation de Cambon qu'elle reproduit. Elle est du citoyen Loubers, député de la Société de Toulouse près la Convention nationale.

Paris, le 10 mai au matin 1793, an II de République française.

Amis et frères,

Ce matin, trois aristocrates contre-révolutionnaires vont être guillotinés l'un après l'autre. Notre camarade Montané travaille miraculeusement. Cambon me promit hier de demander un décret portant établissement à Toulouse d'un tribunal révolutionnaire et il m'assura que ce ne souffrirait pas de difficulté, vu son utilité ; sa nécessité et l'économie immense qu'il produira à la nation à raison du transport des accusés. D'ailleurs, les prisons de Paris sont encombrées à tel point que les prisonniers qui s'y trouvent, ne sauraient être jugés les uns après les autres de deux ans, quand tous les jours il en partirait quelqu'un. Tout à vous pour la vie.

LOUBERS, votre député.

donner des ordres pour retenir à Toulouse ou dans toute
autre commune, s'ils ont dépassé Toulouse, les citoyens
de Mirepoix envoyés au Tribunal révolutionnaire, et ce
jusqu'à nouvel ordre; qu'il sera de suite par la municipalité
du lieu où lesdits citoyens seront rencontrés, informé du
traitement qu'ils éprouvent, des frais de transport ou
autres qu'on a exigé d'eux, de la manière dont ils voyagent, et enfin s'ils sont traités avec humanité; de tout
quoy il sera dressé procès-verbal [1] qui nous sera de suite
envoyé.   CHAUDRON-ROUSSEAU.

1. Les procès-verbaux des municipalités de Caussade et de Grisolles fournissent d'intéressantes indications sur le mode de transfert
des prisonniers traduits à Paris. Interpellés sur les traitements
éprouvés, les frais de transport et autres qu'on a exigé d'eux, la manière dont ils voyagent et enfin s'ils sont traités avec humanité, ils
répondirent, le 3 thermidor an III, aux officiers municipaux de
Caussade « qu'ayant toujours été aussi libres que le permet leur
situation, ils n'ont éprouvé depuis leur départ aucun mauvais traitement de la part de leurs conducteurs; qu'ils ont été traités partout
avec humanité; qu'à la vérité, ils ont été obligés de payer 150 livres
pour les frais d'une charrette qui portait les susnommés, depuis
leur départ jusqu'à Toulouse où, sur leur pétition, constatant leurs
besoins, leurs infirmités, leur âge et le peu de ressources que la
précipitation de leur départ leur avait permis de se procurer, la
Municipalité leur fournit une charrette découverte, laquelle leur a
été continuée jusqu'ici. Ils nous ont observé de plus que les citoyens
Domméng, Rabaut, Blazi, Doumin, Lapâlotte, Louis Benazet et
Igonnet étant sans aucune ressource, les citoyens Solaire-Bos, Lafage, Morlière aîné et Ribaute-Paris avaient pourvu à leur subsistance jusqu'à ce jour, quoique ayant déclaré à la Municipalité de
Toulouse et sur son interpellation, l'indigence des susdits citoyens
et leur peu de ressource particulière; ils avaient lieu d'espérer,
d'après la promesse verbale de la Municipalité, qu'elle voudrait bien
y pourvoir de tout. » Les autres détenus arrivés le même jour à
Grisolles répondirent : « être venus sur une charrette, libres et sans
fers; il leur a été de plus demandé s'ils sont contents du traitement
qu'ils éprouvent, tant à raison des frais de transport, ou autre qu'on
exige d'eux, ont répondu: que jusques ici, ils n'avaient encore rien
payé; que, de plus, on ne leur avait fait aucune demande et qu'ils
étaient traités avec humanité, tant par leurs conducteurs que par
les citoyens où ils étaient logés. Et, pour nous conformer à l'entière
disposition du susdit arrêté, nous avons arrêté les susdénommés
jusqu'à nouvel ordre en les faisant garder soigneusement. »

Grâce à cette mesure et malgré les sentiments de Vadier, aucun de ces malheureux ne périt. Peu de temps après, Chaudron-Rousseau se refusa à faire mettre en état d'arrestation plus de cinq cent soixante personnes du département de l'Ariège[1], comprises dans les listes dressées par Baby, suppléant à la Convention nationale, et qui lui furent transmises par Vadier. Il opposa le même

1. Chaudron-Rousseau montre ce même courage au mois de pluviôse an II, à Bordeaux, où il s'était rendu pour les besoins pressants de l'armée des Pyrénées-Orientales, pour provoquer et coopérer avec ses collègues Tallien et Isabeau qui l'avaient appelé à délibérer avec eux, à l'arrestation des hommes de sang qui composaient la Commission militaire, le Comité révolutionnaire de Bordeaux, et le sanguinaire Peyraud-d'Herval — mesure qui fut vigoureusement improuvée par le Comité de Sûreté générale d'alors. Il fit preuve d'une égale fermeté au mois de pluviôse de l'année suivante pour écraser les terroristes de Bordeaux et fermer le Club national avec ses collègues Treilhard et Colombel, mesure qui, après une violente agitation, donna la tranquillité à cette ville. Dans le département de la Haute-Garonne, il avait fait incarcérer quelques chefs de terroristes qui comprimaient la commune de Toulouse et paralysaient les autorités constituées. En arrivant à Paris, il sollicita et fit rendre un décret qui ordonnait l'arrestation de plusieurs autres, et il dénonça au Comité de Sûreté générale, en présence de la députation de la Haute-Garonne, ceux qu'il était dangereux de laisser en place. Relativement à sa conduite dans le pays conquis et dans le pays Basque, le Comité de Salut public approuva, par arrêté, les différentes mesures qu'il avait prises et témoigna publiquement sa satisfaction. Tandis que dans les départements environnant le département de l'Aude, des armées révolutionnaires et de prétendus pouvoirs exécutifs pillaient et rançonnaient la plupart des citoyens, que des tribunaux et des comités révolutionnaires faisaient couler journellement le sang sur les échafauds, que des comités de surveillance dilapidaient les effets des détenus et faisaient mettre le séquestre sur leurs biens, que par des réquisitions tournant généralement à l'avantage de ceux à qui elles étaient accordées, l'honnête négociant voyait consommer sa ruine, il exerçait avant le 9 thermidor dans le département de l'Aude, au nom de la Convention nationale, des actes de justice et d'humanité qui faisaient aimer la Révolution. Il mettait en liberté un grand nombre de citoyens que des comités de surveillance avaient fait incarcérer; il permettait aux détenus de voir leurs enfants et de recevoir des secours de leurs parents, et, prévenant l'esprit de justice qui détermina la Convention nationale à généraliser la même mesure, il rendit quelquefois aux leurs ceux qu'un jugement trop

refus au fils Vadier, auquel le président du Comité de
Sûreté générale lui recommandait de s'en rapporter
entièrement par différentes lettres et notamment par
celles des 23 et 28 messidor an II. Aussitôt que sa santé
le lui permit, il s'empressa de se rendre à Paris. En arrivant, il n'eut rien de plus à cœur que de demander au
Comité de Sûreté générale, la mise en liberté des citoyens

sévère condamnait à la réclusion jusqu'à la paix. Il poursuivait les
dilapidateurs et prohibait tout séquestre sur les biens des détenus ;
il n'accordait point de réquisiton et aucune tête ne tomba dans ce
département. « Si l'on veut se reporter au temps où j'étais en mission,
s'écriait Chaudron-Rousseau, si on veut prendre en considération
les circonstances où nous nous trouvions, si on ne veut pas oublier
que c'était l'époque la plus difficile, où la crainte et la terreur gla-
çaient toutes les âmes, où personne, même au sein de la Convention
nationale, n'osait s'opposer à la volonté tyrannique des Décemvirs,
on trouvera sans doute combien sont peu fondées les inculpations
qu'on me fait, et que l'ensemble de ma conduite, dans mes différentes
missions, a constamment adouci le régime de rigueur, et devancé
celui du retour à l'humanité et à la justice. Mais comment donc
arrive-t-il qu'avec des intentions pures et une vie probe, je me voye
aussi violemment déchiré par la calomnie et accusé de vol ? Qu'on
interroge ma commune sur ma conduite et ma vie depuis mon enfance,
tous mes concitoyens s'empresseront de certifier qu'en toutes occasions ils m'ont reconnu de la probité et m'ont vu marquer un désintéressement supérieur à la simple équité. Si j'ai fait tort à quelqu'un
et si j'ai pu l'offenser même sans le vouloir, qu'il m'accuse et s'en
plaigne hautement, je suis prêt à lui faire justice, mais qu'il ne dise
pas que je suis un malhonnête homme, car je jure que je le prendrai
à partie et que je le forcerai par la voie la plus courte à prouver son
dire, ou à se rétracter publiquement. » Un dernier reproche avait été
adressé à Chaudron-Rousseau, qui montre bien l'état de dépendance
étroite des représentants en mission vis-à-vis des comités : c'était
le retard apporté à son retour, après l'ordre de rappel. Il dut se justifier du soupçon, qui planait sur lui, d'une résistance quelconque à
la volonté nationale, puisqu'il y avait impossibilité physique, ce dont
on ne peut faire un crime à personne. Il ne s'était pas rendu à la
Convention nationale aussitôt son rappel ; c'est qu'il se trouvait dans
son lit malade au quartier général ; il adressa le certificat médical
qui constatait son état, au Comité de Salut public, le 29 prairial ;
ses collègues Meillan, Anguis et Bousquet pouvaient certifier aussi
l'impossibilité de partir où l'état de sa santé l'avait réduit jusqu'au
4 thermidor, an III, époque où il quitta Bayonne pour se rendre à
Paris.

15

de l'Ariège qui avaient été mis en état d'arrestation ou qui avaient été traduits à Paris d'après les dénonciations des Comités révolutionnaires, d'après celles de Vadier ou d'après les ordres des Comités de Sûreté générale et de Salut public, avant le 9 thermidor, et il réussit à faire rendre la liberté à plus de soixante citoyens. C'est sur sa demande que le terroriste Baby, fabricateur des listes de proscription et agent principal de Vadier père, fut mis en état d'arrestation. Les citoyens du département de l'Ariège qui avaient été les témoins de sa conduite lui rendirent à cet égard une entière justice.

Accusations contre Vadier.

Le plus véhément des accusateurs de Vadier fut J.-B. Darmaing, fils de l'une des victimes. Il adressa de nombreuses brochures aux membres de la Convention pour réclamer le châtiment du persécuteur de sa famille. Ces brochures sont surtout remarquables par l'ardeur du ressentiment qui les a inspirées. Écoutons le récit d'une entrevue[1] avec le président du Comité de Sûreté géné-

1. Faisant allusion à cette entrevue, Vadier répond à Darmaing : « Tu n'es ni moins injuste, ni moins atroce, lorsque tu construis une accusation sur l'accueil que tu as reçu de moi. Tu sais que tu t'es glissé dans ma chambre comme auroit pu faire un filou ; tu guettois le moment où la porte en étoit entr'ouverte pour t'y introduire sans frapper. Tu m'entretenois des sincères regrets de ton père, de son retour aux sentimens qu'il devoit à sa patrie, de la prétendue amitié qu'il me conserveroit jusqu'à sa mort. Quel hypocrite que fût ce langage, je ne pouvois le regarder que comme l'expression de la piété filiale ; mais ne pouvant concilier mes devoirs avec le but de cette sollicitation, je devois ne point t'affliger en te manifestant ma conviction sur les crimes nombreux de ton père... Les ménagemens que j'ai dû garder avec toi, et que tu traites de trahison étoient fondés sur l'humanité. Je ne te croyois pas imprégné d'autant de malice et de perfidie. Ton âge et ta figure pouvoient m'éblouir sur les vices de cœur que tu tiens de l'éducation et de la nature ; et c'est dans cet aveuglement que tu as puisé un prétexte pour me noircir.

rale : « J'arrive à Paris, et mon premier mouvement est d'aller implorer le secours d'un ancien ami de mon père, d'un homme qui m'avait toujours chéri comme un de ses enfants, et de la bonne volonté duquel son fils m'avait particulièrement assuré. Oh! écoutez-moi. Je viens, lui dis-je, au secours de mon père, il fut ton ami, tu ne l'abandonneras pas. On l'accuse d'avoir acheté la sortie de sa prison avec de l'or et de l'intrigue; on l'accuse aussi d'avoir médité une contre-révolution dans son pays. Toi qui le connais, tu sais combien une pareille accusation est peu fondée; je mets sous tes yeux les preuves de son innocence; rends un père malade et peu riche à une femme et à six enfants qui ont un besoin indispensable de lui. Si d'autres motifs d'accusation sont produits, fais que je puisse les apprendre et le justifier. L'ami de mon père me reçoit avec une tendresse que j'ai le malheur de croire véritable. « Il avait été instruit trop tard de la translation de mon père à Paris, c'était une entreprise qu'il aurait arrêtée; mon père n'était rien moins que contre-révolutionnaire, je pouvais être tranquille, bien tranquille. » Et en effet, je fus tranquille, et plein de joie, je volai au-devant de mon père, et je lui appris qu'il devait bientôt sa justification et sa liberté à son ami. Mon père eut quelques doutes, mais on croit facilement dans l'infortune, et mon opinion finit par être la sienne.

On imagine bien que je ne négligeai rien pour réaliser les espérances qui m'étaient données. Deux mois s'écoulent en démarches, en sollicitations de tout genre. Que deviens-je au bout de ce terme, lorsque j'apprends que mon père est traduit au tribunal révolutionnaire pour y être interrogé. Mon père traduit à ce tribunal terrible !... Plein d'inquiétude, je vole chez son ami. « Tout ceci n'est qu'une erreur », me fait-il dire par sa fille de confiance. — Mon père, encore une fois, ne peut-être regardé comme un contre-révolutionnaire. — ... A peine suis-je instruit que l'information est commencée, que je reçois la nouvelle affreuse de sa translation à la Conciergerie. Que faire, et à qui recourir ? C'est encore à l'ami de mon père que je m'adresse, au perfide ami de mon père : car, je pense bien que vous commencez à entrevoir toute sa perfidie. Je me rends chez lui, accompagné de trois de mes compatriotes. Là, tout ce que la pitié filiale peut m'inspirer de ressources pour émouvoir, je le mets en œuvre, et il semble que je n'avais pas besoin de faire de si grands efforts, tant ma situation touche, intéresse ! « Je ne puis compromettre mon caractère, m'est-il répondu ; je t'aime, je te plains, et il n'est rien que je ne fasse pour toi ; mais je ne dois, eu aucune manière, influencer les jugements ; tout ce que je puis dire à l'accusateur public, c'est qu'il y a des distinctions à faire entre les accusés, c'est que très certainement, ton père n'est pas dans la classe des contre-révolutionnaires. » On m'avait prévenu que quelques pièces victorieuses pour la justification de mon père étaient arrivées au Comité de Sûreté générale. Je me rends chez l'ami de mon père. Il me fait attendre longtemps. Enfin je parviens à lui parler ; je le prie, vu que je n'ai pas de moments à perdre pour faire usage de ces pièces, de vouloir bien me les procurer. *Je n'ai pas le temps*, me répondit-il, et son air était visiblement égaré, et pour la première fois, il détourna les yeux de dessus le fils de son ami, et il était abattu de terreur : il serait donc vrai que l'homme est tellement né pour la vertu que toutes ses facultés souffrent lorsqu'elles se meuvent pour concevoir et achever les grands crimes. »

J.-B. d'Armaing intéressa divers membres de la Convention nationale à son sort. Cambacérès et Clauzel le firent nommer secrétaire du comité de législation; il comparut, en qualité de témoin, le 2 floréal an III au procès de Fouquier-Tinville. Il rappela les faits qui s'étaient produits au tribunal révolutionnaire : « Mon père s'écriait toujours qu'il n'était pas maire et que ce n'était pas lui qu'on accusait. Coffinhal, fatigué de ses cris, lui demanda : « Quoi! tu n'es pas véritablement le maire. — Non, répendit mon père, » et il énonce les pièces qui le constatent. — Ces scélérats, s'écria Coffinhal en l'interrompant, voudraient faire croire qu'il est nuit en plein midi. Mon père fait retentir sa plainte. L'accusateur public la traite de rebellion et les malheureux furent mis hors des débats. Larue Cadet n'avait pas mieux été interrogé : — Citoyens, dit-il en s'en allant, je vois que vous êtes pénétrés de mon innocence, puisque vous ne m'avez rien reproché... Il se retire; le jugement à mort lui est lu dans la prison et, enchaîné sur la fatale charrette, il périt comme les autres sans avoir été entendu. Fouquier avait caché ce qui était à leur décharge. Les quatre malheureux qui devaient périr n'avaient pas subi un seul interrogatoire; ils allaient se mettre à table, ne se doutant de rien, lorsque Fouquier les envoya chercher vers deux heures. Les malheureux se rendent au tribunal; à quatre heures ils n'étaient plus.

Fouquier. — J'ai toujours ignoré les motifs de vengeance qui ont pu faire agir Vadier; je n'ai eu de relations avec ce représentant que par lettres. C'est lui qui m'a écrit le premier. Je n'ai eu aucune liaison, aucune intimité particulière avec Vadier. J'ai dressé les actes d'accusation d'après les pièces; je n'en ai jamais soustrait, je ne me suis pas laissé influencer. Lorsqu'on fit l'inventaire de mes papiers après mon arrestation, Clauzel me dit qu'il soupçonnait Vadier d'avoir fait traduire au tribunal révolutionnaire d'Armaing et autres; je lui dis qu'il y avait dans les pièces des lettres de lui, Vadier, adressées à moi; on les retira, ce qui prouve que j'ignorais les motifs secrets des vengeances et des haines de Vadier. Je lui écrivis le 22 prairial au matin; je le prévenais que les accusés de Montaut et de Pamiers seraient mis en jugement le lendemain et je l'invitais à se rendre au tribunal pour y être entendu comme témoin. Si on me représentait cette lettre, elle répondrait à toutes les inductions qu'on pourrait tirer contre moi.

Nous venons d'entendre le fils de Darmaing, le plus virulent des accusateurs[1] de Vadier; Marie Cazes, femme

1. L'opinion publique était favorable à Vadier dans son pays, puisque le 11 ventôse an 3ᵐᵉ, Taschereau-Fargues écrivait de Paris aux citoyens de la commune de Pamiers : « J'apprends qu'entraînés par ce sentiment qui nous fait désirer de ne point trouver des coupables dans ceux-là même qui d'une extrémité à l'autre de la République sont accusés d'avoir commis les forfaits les plus odieux, vous avez cru devoir faire entendre votre voix au sein de la Convention nationale en faveur du Représentant du Peuple Vadier. Votre zèle pour lui serait louable s'il était l'effet d'un mouvement réfléchi de vos cœurs, et non celui d'une démarche ténébreuse qui sans doute aura surpris votre religion, car alors vous auriez attendu que la vérité vous eût été connue avant que de vous prononcer pour un homme telle qu'ait été dans un autre temps votre opinion pour lui..... Là où le crime commence, les liens de la fraternité doivent être rompus. Vadier vous en impose encore, mes chers compatriotes, malgré que son hypocrisie sanguinaire soit partout ailleurs démasquée; que votre vœu désormais s'identifie avec celui de la République; aimez vos concitoyens lorsqu'ils le méritent; mais gardez-vous surtout d'accorder des éloges mendiés aux ennemis les plus cruels de l'humanité..... Vous foulez sous vos pas les cendres de quelques victimes que ce même Vadier a immolées à sa vengeance; vous insultez au malheur de leur malheureuse famille par l'intérêt que vous prenez à leur implacable ennemi qui avide de sang s'irritait en voyant que la Justice Révolutionnaire quoique prompte comme la foudre était encore trop lente pour engloutir tout ce qui lui portait ombrage. Je ne vous parlerai point, Citoyens, des atrocités qu'il a commises envers moi. Je dirai seulement que la scélératesse la plus consommée dans le crime n'aurait point creusé avec plus de perfidie l'abyme dans lequel il m'a d'abord précipité. Il a trahi dans moi l'amitié, la reconnaissance, et le sentiment des bienfaits dont la sollicitude envers lui

de Bardon, l'un des quatorze exécutés du département de
l'Ariège, adressa une pétition au Comité de Sûreté générale, le 22 ventôse an III. Ses griefs furent retenus dans
le rapport de la Commission des 21 : elle produisit des
lettres établissant qu'avant d'épouser Bardon, des pourparlers avaient eu lieu en vue de son mariage avec le fils
Vadier. Sans plus de preuves, d'Aubigny n'accuse-t-il pas
Saint-Just d'avoir amassé tout ce que la haine et la vengeance ont de plus poignant sur la tête d'un ancien notaire
de Blérancourt dont il s'était efforcé de devenir le gendre ?
furieux qu'un autre ait eu la préférence, il avait juré de
s'en venger. De même (Archives, sect. judic. D III, 345),
Chaudron-Rousseau n'est-il pas dénoncé comme ayant
poussé son agent Compta, ex-moine, à terroriser Pinet-
Laval et, sous menace de la guillotine, d'avoir retiré, après
une scène de larmes de sa femme, son refus de marier sa
fille, jeune, jolie et très riche, à son fils. Le mariage n'eut
pas lieu par suite de la chute de Robespierre.

Si les descendants, les alliés des « victimes » de Vadier
le poursuivirent de leurs récriminations passionnées, ils
ne furent pas les seuls contre lesquels ce terrible ouvrier
de la Révolution eut à se défendre. Déjà, en décembre 1790,
l'abbé Royou et Mallet-Dupan avaient attaqué Vadier à
propos de l'affaire de Pamiers. Il n'était alors qu'un député
sans importance. Dès qu'il eut quitté la Sûreté générale,

fut poussée à l'excès. Peut-être c'est ce même sentiment qui vous a
porté, Citoyens, à cette dernière démarche pour Vadier en présumant que c'est lui qui a converti votre Commune en District de
département, détrompez-vous : ce n'est point son ouvrage, mais bien
celui de deux autres Représentants du Peuple qui ont sacrifié leur
intérêt personnel à vos justes réclamations. Astruc et Baude alors
vos Commissaires pourront vous dire combien de fois il a repeté
ces mots au sujet de votre demande : *Je ne veux point compromettre
ma vertu.* Salut, santé et bonheur. TASCHEREAU-FARGUES. (*Arch.
comm. de Pamiers.*)

la Convention et les papiers publics furent assaillis par une véritable avalanche de dénonciations.

Ouvrons d'abord les *Mémoires* de Senart, et écoutons ses récits dont la véracité est fort suspecte. Senart était un filleul de Louis XVI ; il avait épousé la fille d'un jardinier de Trianon que Marie-Antoinette avait tenue sur les fonts baptismaux. Il afficha des principes révolutionnaires et sous le masque républicain devint un des commis principaux du Comité de Sûreté générale. On devine quelle foi il faut ajouter à ses anecdotes rétrospectives beaucoup trop favorablement accueillies par les historiens même les plus enthousiastes de la Révolution. Il n'est pas téméraire de penser que l'attitude de Senart fut des plus platement obséquieuses à l'égard des membres du Comité de Sûreté générale, au temps de leur toute-puissance ; il n'en met que plus de soin à épancher son fiel et distiller son venin, lorsqu'ils furent livrés en pâture aux fureurs d'une réaction déchaînée. Il traitera Amar de pantin et plus tard, Michelet prendra l'épithète dans le sac contre-révolutionnaire pour l'accoler au nom de Vadier sans plus de façon, avec la bonhomie indifférente du génie.

Écoutez Senart[1] : « Vadier est connu pour être orgueilleux, barbare et lâche : je ne parlerai pas de ce qu'on a dit de lui ; mais je rapporterai les traits qui me l'ont fait connaître, et qu'on ne lui a pas encore reprochés. Une certaine séance de nuit du Comité fut suspendue quelques instants pour manger un morceau : c'était l'habitude de mettre des provisions dans un cabinet à côté du lieu des séances. Il y avait eu dans la soirée une grande quantité de guillotinés ; Louis du Bas-Rhin dit : *Cela va bien, les paniers s'emplissent. — Alors*, répondit Vouland, *faisons*

---

1. *Mémoires de Senart*, chapitre XIV, publiés par Alexis Dumesnil. 1824.)

provision de gibier. — *Mais*, dit Vadier à Vouland, *je vous ai vu sur la place de la Révolution, près de la guillotine.* — *J'ai été rire de la mine que ces gueux-là font à la fenêtre.* — *Ho!* dit Vadier, *le plaisant passage que le vasistas! Ils vont là éternuer habilement dans le sac. Je m'y amuse, j'y prends goût, j'y vais souvent.* — *Allez-y demain,* reprit Amar, *il y aura grande décoration, j'ai été aujourd'hui au tribunal.* — *Allons-y,* dit Vadier. — *J'irai pour sûr,* répartit Vouland. Je demeurai transi comme si je m'étais trouvé entre un ours, un tigre et une panthère; je me tâtais moi-même pour m'assurer que ce n'était point un rêve. A peine avait-on prononcé le nom d'un suspect, ou dénoncé, l'expression de Vadier était : *Tête à marquer.* Il n'aimait pas les explications, il affectait surtout un grand zèle révolutionnaire. *Les circonstances,* disait-il, *sont impérieuses; il faut des exemples, coupons des têtes.* Il disait d'autres fois : *Nous avons besoin d'argent, ce sont des confiscations indispensables : en voilà assez, allons, mon avis est d'envoyer au vasistas.* Il était caustique, impérieux, colérique, rancunier, soupçonneux. Il plaidait comme une partie intéressée contre l'admission des moyens justificatifs; il semblait l'adversaire né de tous les hommes. Il ne craignait que les Jacobins ; le moindre signe de leur désir devenait pour lui un objet de fanatisme dont il était aveuglé. Sa confiance dans Taschereau l'a précipité dans de grands écarts...

Voici le tour d'un autre bon apôtre [1] : l'ex-abbé Vilate, ancien juré au tribunal révolutionnaire, reproche à Vadier ses orgies dans une maison de *Clichi*, appartenant à Barère, où l'enjouée Bonnefoy accompagnait Dupin, rapporteur sur les fermiers-généraux et faisant cuisine de fermier-général. « Le vieux Vadier se mêlait aussi des jeux

---

1. *Causes secrètes de la Révolution du 9 au 10 thermidor.*

perfides de l'amour ; le laid Vulcain, dans l'Olympe, ne
fut jamais davantage l'objet de plus de sarcasmes. » Passant ensuite à l'action de Vadier sur la justice révolutionnaire, Vilate affirme qu'à son influence était due la nomination de Fauvetti, l'une de ses créatures, à la présidence
de la Commission populaire d'Orange, et que dans de fréquentes conversations avec les jurés du tribunal révolutionnaire, il les exhortait à la plus sévère inflexibilité. Il
se transportait souvent au bureau de Fouquier et disait :
« Ça ne va pas assez vite. Il faut renouveler les jurés faibles. » Il parlait avec le plus grand mépris du peuple de
Paris : ce n'était qu'un *vil troupeau, un composé d'imbéciles ; avec une paille on pouvait conduire ce tas de badauds.*
Puis revenant à Clichy qui l'obsède. Clichy, dont il veut
faire décidément le *Parc aux Cerfs* des gouvernants de la
Révolution : « Si Vadier n'eût pas partagé les habitudes,
les jouissances des décemvirs, s'il eût observé les mœurs
sévères que lui commandaient la gravité de son âge, de
son caractère et ses *soixante années de vertu*, même l'aspé-
rité que la nature marâtre a donné à ses dehors et à ses
manières, il pourrait se défendre de la fausse honte d'a-
voir figuré dans des cercles où son aspect repoussant et
rébarbatif obombrait la gaîté des jeux volages, effrayait
les plaisirs et les grâces. Moderne Polyphème, pour ainsi
dire, ne semblait-il pas les rechercher, avec le désir d'y
rencontrer quelques Galathées. »

Nous ne pouvons manquer de trouver Guffroy dans les
rangs des accusateurs. A propos d'un procès où Vadier
avait été juge ou conseil au présidial de Pamiers (affaire
Fevrieux), il prétendait que Vadier aurait écrit, étant président du Comité de Sûreté générale : « Dans l'ancien
régime, les grands, les nobles, les riches, les gens en

place gagnaient leur procès sans coup férir et sur l'étiquette du sac, sans presque débourser d'argent contre les
pauvres..., et, dans le régime actuel, les sans-culottes
doivent sur l'étiquette du sac gagner leur procès contre
les gens riches. » Cette lettre aurait été vue de plusieurs
membres du tribunal de cassation à qui le président Brun
la communiqua à cause de sa singularité et de la qualité
de Vadier. Celui-ci aurait fait arrêter Brun pour saisir sa
lettre et sans le 9 thermidor il eût été exécuté.

Il faut croire que les dénonciations des contemporains
ne suffisaient pas : sans autre preuve qu'une simple supposition de Dulaurier, de l'Institut, M. de Casteras dans
son livre sur la *Société toulousaine au dix-huitième siècle*,
ne l'accuse-t-il pas d'avoir tramé la mort des parlementaires de Toulouse qui, en 1779, avaient réduit ses épices
dans un procès? Or, les membres du Parlement furent
poursuivis pour une protestation collective, à laquelle ils
avaient tous pris part, chez le président de Cambon et
qui avait été enregistrée par la Chambre des vacations.
Vadier faisait arrêter, le 9 germinal an II les ex-présidents
et ci-devant conseillers du ci-devant parlement de Paris.
Avaient-ils, eux aussi, réduit ses épices?

Bibliographie relative à Vadier.

On grossirait démesurément ce volume en citant même
de courts extraits des attaques et des défenses, véritables
réquisitoires et plaidoyers *pro capite ;* bornons-nous à
cette nomenclature bibliographique pouvant servir de
guide aux lecteurs qui désireraient éclaircir ces incidents
obscurs et d'ailleurs secondaires du grand drame de la
Révolution.

Opinion de M. Vadier, député du dép. de l'Ariège à l'Assemblée nationale, sur l'affaire de Pamiers. — Imp. nat., 1790. In-8° de 24 pages.

Rapport et projet de décret présentés au nom du Comité des secours publics par le citoyen Vadier, député du dép. de l'Ariège à la Convention nationale, sur l'administration et distribution des revenus des pauvres des quarante-huit sections de Paris. Imprimés par ordre de la Convention nationale. — Imp. nat. In-8° de 11 p.

Opinion du citoyen Vadier, député du dép. de l'Ariège à la Convention nationale, concernant Louis XVI. Imprimée par ordre de la Convention nationale. — Imp. nat. In-8° de 8 p.

Seconde opinion du citoyen Vadier, député du départ. de l'Ariège, sur Louis Capet, imprimée par ordre de la Convention nationale. — Impr. polyglotte des Rédacteurs-Traducteurs des séances de la Convention nationale, rue Aubry-le-Boucher, n° 43, près la rue Quincampoix. In-8° de 12 p.

Rapport et projet de décret présentés à la Convention nationale au nom des Comités de Sûreté générale et de Salut public, par Vadier. Séance du 27 prairial an II. Imprimés par ordre de la Convention nationale. — Imp. nat. In-8° de 22 p.

Dénonciation contre un des anciens membres du Comité de Sûreté générale par J.-B. Darmaing, natif de Pamiers, dép. de l'Ariège. 27 frimaire. — Imp. Pain, passage Saint-Honoré, Paris. In-8° de 41 p.

Pièces justificatives de la Dénonciation de Vadier contenant réfutation de la réponse de celui-ci à Lecointre et à Darmaing par J.-B. Darmaing, an III. — Imp. Pain, passage Saint-Honoré. In-8° de 73 p.

Supplément un tableau des crimes et mensonges de Vadier, par J.-B. Darmaing. — Imp. de l'Union, rue Neuve-Augustin, n° 21, Paris. In-8° de 12 p.

Réfutation des libelles de Vadier ou justification des citoyens du dép. de l'Ariège, accusés et traduits par lui au Tribunal Révolutionnaire, adressée au Comité de Sûreté générale de la Convention.

Dernier tableau des crimes et mensonges de Vadier, assassin des vertueux Philippeaux et Camille Desmoulins, et Réfu-

TATION des derniers écrits de Vadier par J.-B. Darmaing, an III.
— Imp. Pain, passage Honoré, Paris. In-8° de 37 p.

GRANDE DÉNONCIATION contre Vadier le royaliste par Marat,
l'ami du peuple. Feuille de l'*Ami du Peuple*, n° 523 du mardi
19 juillet 1791. — Imp. de Guffroy, rue Honoré, n° 35, cour
des ci-devant Capucins. In-8° de 8 p.

EXTRAIT de soixante ans de vertus, ou LETTRES écrites par
Vadier à son ami Fouquier-Tinville. — Imp. de Guffroy, rue
Honoré, n° 35, cour des ci-devant Capucins. In-8° de 8 p.

DÉNONCIATION contre le représentant Vadier, président de
l'ancien Comité de Sûreté générale par la citoyenne Garde,
veuve Larue, domiciliée à Pamiers. In-8° de 27 p.

VADIER à ses collègues. — De l'imprimerie sans-culottiste
de G. F. Galetti aux Jacobins Honoré.

RÉPONSE de Vadier aux accusations de Lecointre. — Imp.
Guérin, rue des Boucheries-Honoré, Paris. In-8° de 15 p.

RÉPONSE de Vadier à la dénonciation calomnieuse du nommé
Darmaing. — Imp. Guérin, rue des Boucheries-Honoré, Paris.
In-8° de 16 p.

SUITE DE LA RÉPONSE de Vadier à la dénonciation du nommé
Darmaing, imprimée par ordre de la Convention nationale.
— Imp. nat., nivôse an III. In-8° de 18 p.

RÉPONSE de Vadier à la pétition de la citoyenne Bardon,
fille de Cazes, imprimée par ordre de la Convention nationale.
— Imp. nat., pluviôse an III. In-8° de 20 p.

ANALYSE des pièces justificatives de l'opinion émise par Vadier dans ses lettres à Fouquier-Tinville, au sujet des contre-
révolutionnaires de l'Ariège, imprimée par ordre de la Convention nationale. — Imp. nat., pluviôse an III. In-8° de 35 p.

RÉPONSE de Vadier à l'adresse de quelques habitants de Foix,
imprimée par ordre de la Convention nationale. — Imp. nat.,
pluviôse an III. In-8° de 24 p.

RÉPONSE de Vadier aux nouvelles calomnies de Darmaing,
avec une suite d'analyse de pièces justificatives. Imprimée
par ordre de la Convention nationale. — Imp. nat , pluviôse
an III. In-8° de 32 p.

ENCORE UN MOT de Vadier sur les calomnies intarissables de
Darmaing. Imprimé par ordre de la Convention nationale. —
Imp. nat., ventôse an III. In-8° de 16 p.

Résumé de la défense de Vadier contre la dénonciation de Darmaing. Imprimé par ordre de la Convention nationale. — Imp. nat., ventôse an III. In-8° de 20 p.

Réponse de Vadier à la dernière caricature de Darmaing. Imprimée par ordre de la Convention nationale. — Imp. nat. ventôse an III. In-8° de 16 p.

Mentionnons enfin pour être complet d'autres pamphlets qui circulèrent dans la capitale ; leurs titres très suggestifs en disent assez sur le but poursuivi par leurs auteurs. Voici les principaux :

Adieux de Carrier à Collot, Billaud, Barère, Duhem, Levasseur et autres gibiers de guillotine. Testament satirique. — Carrier remet l'exécution de ses dernières volontés au vieux Vadier qui a mérité sa confiance par ses soixante ans de vertu

Actes d'accusation de Collot, Billaut, Barère et Vadier, agents du gouvernement anglais, envoyés à la Commission des Vingt-Un.

Que de têtes qui branlent ! A votre tour après Carrier, MM. Bertrand Barrère, Collot d'Herbois, Billaud de Varennes, Vadier, Voulland, Amar, etc., etc., et vous tous, enfin, qui composiez les anciens Comités de Salut public et de Sûreté générale ; et, de suite, le docteur Duhem et le financier Cambon.

Vadier se défend.

En butte à toutes ces accusations, Vadier se défendit avec la plus grande énergie : les pétitions des contre-révolutionnaires étaient du reste contre-balancées par de nombreuses adresses d'approbation[1]. Il n'avait d'autres ennemis, assurait-il, que les ennemis du peuple, et il était

1. Adresses du Comité révolutionnaire de Girons à Vadier, 21 fructidor. — De la Société populaire régénérée des sans-culottes de Pamiers affiliée à celle des Jacobins de Paris, 25 fructidor.

bien ridicule de lui imputer un esprit de domination ou
de parti. Son âge, son caractère auraient dû le mettre à
l'abri de tels reproches. Ses mœurs étaient simples ; sans
liaisons et bien étranger aux intrigues, il s'était dévoué à
la Révolution par le seul amour de la liberté et de l'égalité. N'aspirant qu'à la paix, la solitude, la frugalité, il
invoquait le témoignage de ses collègues Chaudron-Rousseau, Paganel, Fayau, Legros, Mailhe, Gaston, Lakanal, etc.,
qui avaient été dans son département et qui avaient pu y
recueillir l'opinion des patriotes et des gens de bien sur
sa vie politique et privée.

En face de Darmaing, le plus passionné, le plus violent,
nous dirions volontiers aussi le plus perfide de ses accusateurs, éclatent le tempérament de Vadier et l'ardeur
de sa foi révolutionnaire. Aux attaques furieuses de l'adversaire, il oppose une résistance désespérée ; chacune des
accusations est immédiatement suivie d'une réponse justificative : « J'aurois mieux aimé, pour mon compte, périr
par le glaive d'un assassin que d'être torturé depuis six
mois sous le marteau de la calomnie, d'être réputé le complice des scélérats que j'ai combattus, et de la tyrannie que
j'abhore, et d'être la proie de ses satellites qui me dé-
chirent. On me fait voler des montres à des guillotinés ;
je voyage par des agens, qui apportent à Paris tous les
galions du midi, pour sauver ma tête et corrompre mes
juges ; je suis tantôt *Vulcain* qui, dans des orgies lubri-
ques, épouvante les grâces par sa difformité ; tantôt *Ca-
cus*, renfermé dans un antre avec sa *Pythonisse*, et faisant
peur aux chats-huants. N'est-ce pas dégrader la représentation nationale que de la mettre en prise avec ce qu'il y
a de plus vil ? n'est-ce pas une lutte honteuse que celle
qu'on élève entre les défenseurs de la liberté, les colonnes
de la révolution, et les héritiers des conspirateurs ? Qui

voudra se charger désormais de ces fonctions augustes, dès qu'il en sera responsable envers tous les saute-ruisseaux que l'aristocratie voudra attacher à ses gras de jambe? Non, ce n'est pas la mort d'un père que tu veux venger, scélérat, tu sais trop bien qu'il ne la doit qu'à ses crimes, mais c'est l'aristocratie que tu sers en m'assassinant; c'est la fortune qui est le prix de tes calomnies...; c'est un parti qui te protège pour m'opprimer..., c'est un ennemi qui a juré ma perte dont tu es l'odieux instrument. Si tu en veux à ma vie, que ne viens-tu me l'arracher en brave, au lieu de broyer dans l'ombre avec tant de bassesse le fiel d'une âme vile et le venin d'un cœur dépravé? Quoi! tu vantes ton énergie, et tu n'as pas le courage des assassins! Mon honneur, ma vie, ma famille et mon bien sont mis en jeu dans cette cause, tandis que mon délateur y gagne du crédit, de l'argent, des places, des protecteurs et des amis, si l'on peut compter comme tels les oppresseurs de l'innocence et les ennemis de la liberté. »

Sa défense n'avait rien 'de commun avec celle de Carrier; celui-ci reniait ses actes, désavouait les faits, rejetant le blâme sur ses agents. Vadier n'insultait aucun de ses coopérateurs qui avaient servi avec énergie et fidélité la cause du peuple. Carrier avait cru des actes de férocité nécessaires; tandis que pour prévenir la guerre civile dans la contrée dont il était le représentant, Vadier s'était borné à provoquer la punition légale des traîtres qui en secouaient le flambeau. L'ancien évêque de Castres, Royère, considérait l'ancien pays de Foix comme la contrée du royaume la plus propre à former un noyau de contre-révolution; il y connoissoit beaucoup d'honnêtes gens, aimant leur religion et leur roi; ce pays de montagnes et de défilés étoit très propre à entretenir longtemps une guerre de postes. Des prêtres fanatiques parcouraient les Pyrénées, prêchant la révolte sous l'œil bienveillant des autorités supérieures du département.

« C'est sur la fable du prétendu refus de mariage qu'on a échafaudé toutes ces ridicules accusations; et s'il est démontré qu'il a existé un complot de nouvelle *Vendée*, dont les condamnés ont été les moteurs; s'il est prouvé que ces fonctionnaires publics ont toléré et même fomenté les rassemblements criminels et liberticides qui ont eu lieu à Montaut, mon fils et moi ne pouvons être blâmés d'avoir rempli un devoir sacré envers la patrie, en provoquant la punition des traîtres qui ont voulu la déchirer. Si on en eût usé ainsi envers les chefs des brigands de la Loire et de la Vendée, on n'eût pas vu verser le sang de cent mille républicains... » Intrépide dans ses dénégations, J.-B. Darmaing persiste à nier la nouvelle Vendée de 1793 : « Il faut donc que cet impudent s'inscrive en faux contre les procédures faites à Foix et à Saverdun, les enquêtes reçues par les commissaires civils, le compterendu par *Chaudron-Rousseau* au Comité de Salut public, les procès-verbaux et les déclarations des communes de Mazères, Bonnac, Saverdun, Pamiers, Cante, Marliac, Gailhac-Toulza, Muret, Cintegabelle, etc.; les jugements de mort et de déportation rendus au tribunal criminel de Foix; enfin contre la propre lettre de *Clausel*, procureurgénéral-syndic, frère du député son ami. »

Ses accusateurs préféraient s'en tenir à de vaines déclamations contre le terrorisme sans apporter un mot démontrant l'innocence des condamnés, effaçant leur crime contre la patrie. Et pourtant c'est grâce à leur félonie, « que les Espagnols s'étoient emparés de *la Cerdagne française, de la Vallée de Carol*, etc.; et que sans la vigilance de *Dagobert*, ils eussent pris *Mont-Libre*, et envahi les départe-

16

ments de l'*Aude* et de l'*Ariège*. Je remettrai à la commission des pièces qui prouvent les tentatives qu'ils ont faites pour surprendre l'entrée des ports par le district de Saint-Girons, et reprendre la *Vallée d'Aran* et le Haut-Cominges. Je demande à présent à tout homme juste qui aime sa patrie, qui voit de sang-froid et sans passion, si je suis coupable pour avoir conçu des alarmes, m'être exaspéré sur des hommes qui ont voulu perdre mon pays, et y amener l'esclavage et la guerre ; et si la conviction que j'ai eue de leurs crimes, *par mes propres yeux*, n'est pas justifiée par les pièces dont je viens de donner le détail. Je m'en repose entièrement[1] et sur la paix de ma conscience, et sur l'incorruptible équité de la commission et de la Convention nationale. »

1. Après la chute de Vadier, ses partisans dans l'Ariège furent traqués et désarmés ; son fils fut enfermé quelque temps dans les tours de Foix. La Société régénérée de Pamiers écrivait le 3 floréal an III, aux administrateurs du district : « L'execution de la loy sur le désarmement des Terroristes exige la plus prompte exécution ; les municipalités du district de Pamiers netant pas encore régénérées, il y aurait les plus grands dangers à laisser le soing de ce desarmement à ces officiers municipaux qui ont pris la plus grande part à l'exercice de la tyrannie qu'ils portent dans leur cœur ; en conséquence les C^{aux} soussignés vous invitent à nommer des commissaires desarmateurs pour effectuer l'enlèvement des armes qui sont dans les mains des Terroristes, et de continuer le désarmement dans la commune de Pamiers par des commissaires dont l'amour de la justice et de l'ordre ne soit point équivoque, car les partisans de la Terreur sont nombreux dans ce district, et le système de Vadier a des ramifications étendues. (*Arch. communales de Varilhes*, pièce communiquée par M. Frézoul, sénateur de l'Ariège.)

APRÈS LA TERREUR

APRÈS LA TERREUR

CHAPITRE PREMIER

L'AGITATION JACOBINE SOUS LE DIRECTOIRE

Le café Chrétien. — La Société du Panthéon. — La *Chanson des Égaux*. — Fermeture des clubs. — Arrestation de Drouet et de Babœuf. — Le terroriste Baby. — Attaque du camp de Grenelle. — Un déjeuner chez Lakanal. — Jugement et exécution de Baby. — La dénonciation de Lakanal.

Après l'amnistie de Brumaire, Vadier vécut à Paris les premiers mois qui suivirent l'installation du gouvernement directorial. L'agitation était grande à Paris[1] ; les émissaires des partis vaincus célébraient les jacobins de 1793, déploraient leur sort, exaltaient le passé aux dépens du présent, dénonçaient la cherté des vivres dont ils rendaient la Constitution responsable. Les centres d'agitation se multipliaient. Le café Chrétien, dont Vadier était un des habitués, resta le véritable quartier général de la

1. Tableaux de Paris pendant la Révolution, par Schmidt.

défense jacobine. D'autres cercles étaient disséminés ; il ne leur manquait qu'un lieu de réunion générale ; la Société du Panthéon, c'est-à-dire l'ancienne église Sainte-Geneviève, combla cette lacune. Cette Société, en relation très étroite avec les cafés de la Montagne-Geneviève, ne se réunissait pas au Panthéon même, mais tout à côté, dans le réfectoire de l'ancien couvent de Sainte-Geneviève, ou chez Cardinaux, à l'Estrapade.

Le *Courrier de Paris* dénonçait ces rassemblements nocturnes où, disait-il, Barrère mettait probablement en délibération les moyens de tailler de nouvelles carmagnoles. Vadier, malgré ses soixante ans, s'y rendait tous les soirs et avait été nommé président de la nouvelle Société avec Cambon pour contrôleur général des finances. Parmi les affiliés, on citait encore Pache, Bouchotte, Duhem, Saint-André, Léonard Bourdon, Maure, Maigret et la plupart des anciens jacobins.

Au café Chrétien, le renchérissement des denrées faisait les délices des sociétaires, ils espéraient qu'il amènerait un mouvement. C'est là que débarquaient tous les patriotes venus des départements, notamment des hommes du Midi, arrivés en grand nombre et disant qu'il ne fallait ni rois ni riches, que le peuple était heureux avant le 9 thermidor et qu'il était très malheureux depuis dix-huit mois. Vadier, Rossignol, Javogues, témoignaient la plus vive satisfaction et ne cessaient de répéter que tout allait bien et que sous peu tout irait mieux. Maigret et Jourdan avaient juré sur leurs sabres de venger la mort de Robespierre et leur serment fut répété par un grand nombre de sociétaires. Chez un traiteur de la rue Saint-Honoré, Amar blâmait hautement les opérations du gouvernement, déclamait contre le corps législatif, et n'hésitait pas à flétrir le 9 thermidor comme un jour

funeste à la chose publique. « Pour moi, disait-il, je me
fais gloire d'avoir partagé les travaux de Robespierre ; le
peuple, alors, avait du pain ; on en a fait un homme de
sang ; mais la postérité le jugera. » Les républicains s'é-
tant réciproquement décimés, ce fut une joyeuse époque
pour la jeunesse dorée [1], pour les Merveilleux et les Tappe-
durs qui se donnaient le divertissement d'aller partout
donner la chasse aux jacobins.

On trouvait le gouvernement trop doux pour les fripons
et dur, au contraire, aux pauvres gens : la loi des rassemblements était trop rigoureusement exécutée. Un souffle
de révolte circulait à travers les rues de Paris. Le *Journal
des Hommes libres*, rédigé par Antonelle, préconisait l'insurrection et le retour à la Constitution de 93. La *Chanson
des Égaux* [2] retentissait dans les faubourgs : on faisait
appel directement au dévouement de Babœuf, le tribun
chéri du peuple :

> Nous t'attendons : trace la loi
>   De l'Égalité sainte !...
>
> Oui ! Tribun ! Il faut en finir
> Que tes pinceaux fassent pâlir
>   Luxembourg et Vérone !
> Le règne de l'Égalité
> Ne veut dans sa simplicité
>   Ni panaches, ni trône.

1. Taine prête aux sectionnaires de Paris une sainte horreur des
camps ; il se garde d'adresser le même reproche à la jeunesse dorée.
Il aurait pu pourtant recueillir cet aveu échappé à la plume d'un
merveilleux de marque : « Nous étions tous, ou presque tous, des
réquisitionnaires insoumis. On se disait que nous servions plus utilement la chose publique dans les rues de Paris qu'à l'armée de
Sambre-et-Meuse, du Rhin et Moselle ou des Pyrénées-Orientales,
et qui eût proposé de nous envoyer battre l'estrade aux frontières
aurait été fort mal reçu, croyez-le bien. » (*Souvenirs de la réaction
thermidorienne*, par Georges Duval, Paris, 1844, t. II, p. 127.)

2. Numéro 5 de l'*Éclaireur*.

> Mourant de faim, ruiné, tout nu
> Avili, vexé, que fais-tu ?
>   Peuple, tu te désole :
> Cependant le riche effronté
> Qu'épargna jadis ta bonté
>   T'insulte et se console.
>
> Certes ! un millier d'opulents
> Retient depuis assez longtemps
>   Le Peuple à la glandée :
> Nous ne voulons dans le faubourg
> Ni les chouans du Luxembourg
>   Ni ceux de la Vendée.

Pour mettre fin aux troubles, le Directoire envoya la légion de police aux armées et la Société du Panthéon fut fermée avec toute une série de clubs patriotes et royalistes, par le général Bonaparte en personne, commandant l'armée de l'intérieur, qui se fit remettre les clefs de la salle. Le gouvernement était attentif, le ministère veillait, appuyé sur une force armée redoutable. Afin de tranquilliser les esprits et de porter le dernier coup aux agitateurs, Carnot adressa un message aux Cinq-Cents et fit procéder à l'arrestation de Babœuf et de Drouet. Les patriotes qui s'étaient hautement prononcés en faveur de la liberté républicaine, ne virent point sans colère frapper un homme qui avait servi son pays au péril de sa vie et portait les marques de la tyrannie autrichienne, à qui l'on donnait les fers pour récompense de ses longs travaux. On tenait ce langage aux portes mêmes du ministère de la police.

Babœuf et ses complices[1] partirent pour Vendôme dans la nuit du 10 au 11 fructidor (27 au 28 août 1796). Dans divers quartiers de Paris, il y eut des mouvements sans

1. Archives nat. F. 4369 ; F. 6357 ; W. 554 et suivants.

aucune suite. Dans la nuit du 23 au 24 fructidor, six à
huit cents patriotes et Jacobins tentèrent pourtant de
soulever le camp de Grenelle. A la suite de cette échauffourée périt l'un des amis de Vadier, Baby, l'agent le
plus actif du Comité de Sûreté générale dans les départements du Sud-Ouest [1]. A la chute de Robespierre, Baby
fut arrêté et recouvra sa liberté à l'amnistie de brumaire.
Mais ses propriétés ayant été ravagées durant sa détention aux Tours de Foix, il vint se présenter aux Cinq-
Cents pour réclamer une indemnité à raison « des dom-
mages éprouvés qui avaient pour cause les services rendus
par lui à sa patrie. » Sa demande fut repoussée. Entièrement ruiné, il se répandit en menaces contre le Directoire et les députés qui poussaient le gouvernement dans
une voie rétrograde ; il ne décolérait point dans les cou-

1. Ancien négociant avant 89, il n'avait pas tardé à fermer boutique, après avoir donné dans le sans-culottisme. Nommé député
pour porter à la Convention l'acceptation de la Constitution de 93,
il fut proclamé à son retour chef de l'armée révolutionnaire et adjoint aux commissaires civils dans la Haute-Garonne et l'Ariège.
Escorté d'une force armée imposante, braquant le canon sur les
places publiques, il brisa les résistances dans ces deux départements
où il mit la Terreur à l'ordre du jour. Là surtout était son crime.
Ses ennemis l'accusèrent, sans preuves, de concussion, d'actes arbitraires : il aurait de préférence mis sous les verrous les suspects qui
possédaient le plus de fortune pour leur extorquer de l'argent. Dans
une dénonciation imprimée de ses concitoyens, cueillons cette perle
qui pourrait bien n'être qu'une perfidie contre-révolutionnaire,
comme la jeunesse dorée d'alors prit l'habitude d'en égrener en si
grand nombre après Thermidor : « L'officier municipal Fournier, cet
agent actif, cet homme de confiance de Baby, monta à la tribune un
jour de pluviôse an II et parlant du citoyen Pilhes père, homme de
loi, détenu dans ce temps à Pamiers, il nous dit que tandis que l'oiseau était dans la cage, il fallait le faire chanter. Il eut, dit-on, la
scélératesse de proposer une somme de dix à quatorze mille livres
qu'il fallait exiger de lui pour lui donner le large. Mais Fournier aurait dû savoir que l'oiseau ne chante point pendant l'orage : il se
tient *coi* durant le mauvais temps. Il attend une saison plus douce
et c'est au renouvellement du printemps que, secouant sa plume et
se penchant sur la branche nouvelle, il fait entendre son ramage. »

loirs des Conseils, où il abordait les représentants avec
lesquels il avait été en relation. Jeté sans ressources, sur
le pavé de la capitale, il devait fatalement grossir l'armée
des mécontents, formée des débris du parti jacobin, et
excitée en sous main par les royalistes et les agents pro-
vocateurs. C'était une proie tout indiquée pour les
éléments de désordre qui pullulaient dans les rues de
Paris. A raison de l'énergie qu'il avait déployée l'année
précédente au service du gouvernement révolutionnaire,
Baby était désigné dans les papiers de Babœuf, pour être
membre de la Convention renouvelée.

En floréal an IV, il aurait dit au journaliste Ferlus qu'il
y avait dans Paris huit à neuf mille patriotes, opprimés
comme lui, résolus à exterminer le Directoire et à former
une nouvelle Convention nationale. Ce Baby avait tenu
les mêmes propos au représentant du peuple Lakanal, en
ajoutant que Vadier était du nombre de ceux qui voulaient
renverser le gouvernement. Après la découverte de la
conspiration Babœuf, il revint chez Lakanal, lui dire que,
pour en finir, il fallait se donner un Roi et qu'il allait travailler à cette restauration avec beaucoup d'autres. *Ce fait
fut signalé par Lakanal au ministre de la police Cochon*. Le
Directoire lança contre lui un mandat d'amener. Il est
joint à l'arrêté d'arrestation, une note manuscrite du
ministre de la police, ainsi conçue : « Le ministre de la
police générale est prévenu que le citoyen Baby, du
département de l'Ariège, *sur le compte duquel on lui a donné
des renseignements*, est logé rue Montorgueil, à l'auberge
du *Cheval blanc*. Il est essentiel qu'il soit arrêté. Paris, le
24 floréal. » L'arrestation ne fut pas maintenue.

La nuit du départ de Babœuf pour Vendôme, des cocardes
blanches avaient été distribuées, ainsi que des proclama-
tions invitant la population au rétablissement de la royauté

et au massacre des républicains. Dix jours après, le 23 fructidor, huit cents hommes armés, à la tête desquels se trouvaient Huguet, Cusset, Javogues, anciens conventionnels et le général Fion, pénétrèrent dans le camp aux cris de « Vive la République ! Vive la Constitution de 93 ! A bas les Conseils ! A bas les nouveaux tyrans ! » Les conjurés comptaient sur la complicité du bataillon du Gard pour soulever le camp et aller s'emparer de la personne des directeurs, mais fort heureusement pour ces derniers, le bataillon avait été déplacé. Dès l'arrivée des assaillants, l'alarme est donnée. On sonne le boute-selle. Les cavaliers surpris dans leur premier sommeil, prennent les armes dans l'obscurité : les uns en chemise, d'autres entièrement nus, ils enfourchent leurs chevaux et dispersent les insurgés. Des patrouilles furent immédiatement envoyées dans toutes les directions et ramenèrent plus de cent cinquante prisonniers, et parmi eux Baby qui s'enfuyait dans la direction de Sèvres [1].

1. Baby fut arrêté après l'attaque du camp de Grenelle. Son arrestation fut opérée par le citoyen Mathouillet, maréchal des logis au 21ᵉ régiment de dragons, 8ᵉ compagnie, qui dirigeait une patrouille de seize dragons autour du camp. La patrouille poussa jusqu'à Sèvres et ne vit rien. Elle rentrait au camp, entre Issy et Vaugirard, lorsqu'elle aperçut de loin trois hommes qui, à la vue des cavaliers, rebroussèrent chemin vers Sèvres. Deux suivirent la route de la verrerie. L'autre — c'était Baby — se jeta dans la plaine. Mathouillet, avec trois dragons, se porta vers celui qui cherchait à fuir. Il était vêtu d'un habit violet pâle, tout à fait passé, de petites bottes larges, dites à l'américaine, d'une culotte à la hongroise couleur marron. L'ayant atteint, le maréchal des logis lui demanda où il allait. Il répondit qu'il venait de Paris. On lui observa qu'il avait bien l'air d'avoir couché au bivouac et qu'il était sans doute de ceux qui avaient attaqué le camp pendant la nuit. Il fut fait prisonnier et vint rejoindre les deux autres, dont les dragons s'étaient déjà assurés. Ils furent amenés au camp. Baby offrit en route, à plusieurs reprises, de l'eau-de-vie aux soldats. Il avait déclaré, au moment de son arrestation, ne pas être armé. On le trouva porteur de deux pistolets chargés au moins de quatre pouces et d'une poire à poudre, qui fut prise par les volontaires. La patrouille était sortie du camp

Une commission militaire fut instituée qui jugea les conspirateurs, sous la tente, à la prison du Temple. L'ancienne procédure fut reprise et les propos tenus chez Lakanal rappelés. Baby fut traduit devant le conseil le 17 vendémiaire an V, dans la fournée des dix-neuf plus importants détenus[1].

Ferlus[2], et un représentant du peuple confirmèrent à l'audience les propos de Baby « dans l'intention qu'il

à trois heures et demie, et l'arrestation eut lieu à la pointe du jour. Les deux compagnons de Baby étaient Bertrand, ancien maire de Lyon, excellent républicain, ruiné par la Révolution, et Hennequin, jeune philosophe de vingt-cinq ans, peintre de talent, élève de David.

1. Devant le conseil de guerre siégeant au Temple, Baby avait pour défenseur Balestier. Il déclara être né à Tarascon, département de l'Ariège, âgé de 37 ans, à Paris depuis le 13 pluviôse dernier. D. Son état ? — R. Propriétaire, rue Montorgueil, 84. — D. Qu'est-il allé faire à Vaugirard le 23 fructidor, la nuit ? — R. N'y est point allé, n'a eu connaissance des événements arrivés au camp qu'après leur arrivée, ne connaît rien sur les causes et les moyens d'exécution du mouvement. Il fut arrêté près de Meudon avec Bertrand et Hennequin, à neuf heures du matin, en se rendant à Sèvres voir un de ses amis. — D. Où avait-il passé la nuit ? — R. Hors des barrières, rue Saint-Jacques. Ils avaient soupé ensemble et, après dix heures, les barrières étaient fermées. On ne voulut pas les recevoir dans deux ou trois maisons. Ils passèrent la nuit dans un moulin à vent et le lendemain ils partaient pour Sèvres où il fut arrêté par des cavaliers à revers jaunes. Il n'était porteur d'aucune arme et la fameuse poire à poudre n'était qu'une gourde, remplie d'eau-de-vie.

2. Dominique Ferlus, qui avait été appelé déjà devant le bureau central du canton de Paris, était un ancien professeur d'éloquence au Collège de Guienne à Bordeaux. Il a publié diverses poésies dans l'*Almanach des Muses* et le *Mercure de France*. Son frère François, ancien bénédictin, se soumit au serment ecclésiastique et fonda en pleine Terreur le célèbre collège de Sorèze dont Dominique prit la direction en 1812. Dominique Ferlus mourut en 1849.

Voici les points saillants de son interrogatoire : Ferlus (Dominique), homme de lettres, 43 ans, né à Castelnaudary (Aude), demeurant rue Neuve-Saint-Roch, n° 124, est à Paris depuis trois ans. D. Connaissez-vous Baby ? — R. Je n'ai vu Baby qu'une seule fois. — D. On assure qu'il vous a fait des confidences dont, *comme bon citoyen, vous auriez dû avertir le gouvernement. — R. J'étais chez le représentant du peuple Lakanal qui m'avait invité à déjeuner pour entendre le discours d'un terroriste effréné. Je m'y rendis. Je trou-*

avait de travailler au rétablissement d'un Roi, puisque la République n'était point gouvernée à sa fantaisie ni à celle des vrais patriotes. »

Le conseil militaire condamna Baby à la peine de mort; le jugement fut rendu le 18 vendémiaire à deux heures du matin. En vertu de cet arrêt, le général Foissac-Latour, commandant le camp de Grenelle, ordonna que les condamnés seraient extraits du Temple le lendemain matin 19, à sept heures précises, « sur le récépissé qu'en donnera le général de brigade Chanez, commandant de la place de Paris, lequel sera tenu de faire transporter sous garde suffisante jusqu'à la Barrière dite de l'École militaire, où

vai avec ce député Baby qu'il me présenta. *Nous étions convenus avec Lakanal de le laisser parler librement, afin de mieux connaître* le projet du parti auquel Baby semblait appartenir. C'était quelque temps avant l'explosion de la conspiration Babœuf. Baby parla longuement sur la nécessité d'un changement dans le gouvernement; il vanta beaucoup le caractère des députés Amar, Vadier et surtout Ricord. Il se plaignait des mauvais traitements que lui avait fait essuyer le député Clauzel, ajoutant que ce scélérat ne périrait pas d'une autre main que la sienne, et que si le changement avait lieu, on verrait beaucoup de vengeances particulières. Il tint d'autres discours de ce genre. Après le déjeuner, Baby se retira. *Me trouvant seul avec Lakanal, nous parlâmes de la nécessité de faire connaître cet homme et ses projets. Lakanal promit d'en parler au ministre de la police* et moi je me retirai auprès du député Martin, grand ami de Clauzel, pour lui communiquer tout ce que j'avais entendu, en le pressant d'en prévenir Clauzel. Je rendis compte à plusieurs autres députés réunis dans la maison des Feuillants, 18, de tout ce que Baby avait dit chez Lakanal. J'avais cru que la déclaration que j'avais faite à plusieurs députés suffirait pour me mettre en règle, *surtout après que Lakanal m'avait dit qu'il en parlerait au ministre de la police, ce qu'il fit en effet, à peu près dans le même temps.* C'est la première fois que je voyais Baby, je ne l'ai plus rencontré qu'une autre fois dans la salle des conférences du Conseil des Cinq-Cents, où il portait une pétition. D'après sa conversation et ce que me dit Lakanal, je sus qu'il avait été employé par l'ancien Comité de Salut public en qualité de commissaire. Il paraît qu'il était l'homme de confiance de Vadier. Ayant vu son nom sur la liste des 132 pris au camp de Grenelle, j'allai aussitôt chez le député Martin pour lui annoncer que Baby était détenu dans la Tour du Temple et qu'il pouvait rassurer Clauzel.

ils seront reçus par le général de brigade Brune, commandant le camp, qui en donnera décharge et *les livrera à l'adjudant divisionnaire Hugo*, qui les fera fusiller en avant du front de bandière, toutes les troupes étant sous les armes. »

Les condamnés subirent la mort avec la fermeté la plus héroïque [1] ; lorsqu'on leur lut la sentence, ils se bornèrent à déclarer qu'ils en appelaient au tribunal de la raison. Il semblait que l'on eût voulu instruire au Temple le procès de la Révolution ; ceux qui avaient coopéré à la chute du trône, ceux qui avaient défendu la représentation nationale, ceux-là mêmes qui s'étaient distingués par leur zèle dans les comités de surveillance ou à la tête des armées révolutionnaires, étaient d'avance voués à la mort ; ils étaient à la fois jugés et condamnés. Lorsque le rapporteur donna ses conclusions, il demanda la tête de ceux qui n'avaient pas été pris au camp, il les regardait, sur de

[1]. Après des débats mouvementés, Baby fut condamné à la peine de mort. Voici le procès-verbal d'exécution : « Ce jourd'hui 19 vendémiaire, an V de la République française, nous, membre et secrétaire du conseil militaire séant au Temple, nous sommes transporté en exécution de l'article 5, section 6 du code pénal militaire de l'an II, au camp de Grenelle, pour y assister à l'exécution du jugement rendu par le conseil militaire, le 18 du courant, qui condamne à la peine de mort les nommés Gagnant, Baby, Javogues, Cusset, Bombon (qui s'est précipité du haut de la tour du Temple et a été conduit mort sur la voiture, au lieu de l'exécution), Pitoy, Huguet, Lafond et Bertrand, et avoir été présent à l'exécution de ce jugement qui a eu lieu au camp de Grenelle à onze heures du matin.
JORET, *secrétaire du conseil.*   PIERRON, *capitaine.* »

Le registre d'écrou de la prison du Temple (arch. de la Préf. de police), porte la mention suivante : « 126. Baby Jean-François, âgé de 37 ans, natif de Tarascon, département de l'Ariège, propriétaire, demeurant à Paris, rue Montorgueil, n° 84, section du contrat social ; taille, 5 p., 3 p., cheveux et sourcils noirs, front rond et découvert, yeux bruns, nez gros, bouche moyenne, menton double avec fossette, visage plein. Pour signe : une cicatrice dans la *potrelle* de la joue gauche. »

simples présomptions, comme les fauteurs de l'attentat :
« Il est temps, disait-il, de sacrifier au repos du gouvernement des hommes inquiets et remuants qui tendent à
entraver sa marche. » Malgré la constitution qui garan-
tissait la défense aux accusés, le tribunal militaire déclara
ne vouloir entendre que deux défenseurs ; il fit même
arrêter l'un d'eux, le citoyen Leymerie, pour avoir insisté
dans son plaidoyer sur l'insuffisance des mesures prises
par la police. Le tribunal jugea comme *chambre ardente*,
sans tenir compte ni de la constitution, ni des principes
juridiques.

Pour Baby, aucune preuve ne fut fournie de sa participation à l'échauffourée, et il n'est pas douteux que la
dénonciation antérieure de Lakanal, corroborée devant la
commission militaire, eut pour le fougueux révolutionnaire les plus terribles conséquences. Lakanal avait-il
démêlé dans la conversation de Baby les intrigues des
agents de cette royauté à laquelle il avait fait jurer par
ses collègues haine et mépris? Nous l'ignorons. L'incident
était curieux à rapporter, car il est caractéristique de
l'état d'âme d'une époque où les relations privées ne
comptaient pour rien en face du devoir civique, dans son
interprétation la plus étroite, et parfois la plus cruelle.

Lakanal est une des physionomies les plus pures, les
plus sereines de la Révolution : il figure parmi les créa-
teurs de l'École normale et du Muséum d'histoire naturelle ; il fut l'ami de Danton, le protecteur de Chappe, le
glorificateur de Rousseau. Envoyé en mission dans les
départements, il déclara bien haut, conformant sa conduite à son langage, qu'il ferait tout avec le levier de la
raison, rien avec le couteau de la guillotine. Ses collègues
le désignèrent le premier sur la liste des membres de
l'Institut et ses concitoyens lui ont élevé une statue : par

une faveur dont bénéficient très peu d'hommes d'État, les
contemporains et la postérité ont été d'accord pour honorer ses glorieux services et rendre à sa mémoire un hommage auquel, pour notre part, nous nous sommes associés.
Aussi avons-nous éprouvé la plus douloureuse des sur-
prises en parcourant aux Archives nationales les dossiers
consacrés à la conjuration du camp de Grenelle : il résultait de l'examen de plusieurs pièces placées sous nos yeux,
que l'ancien président du comité d'Instruction publique,
devenu membre du Conseil des Cinq-Cents, avait invité à sa
table un révolutionnaire de son département, Jean Baby,
qui tenait les propos les plus outrés contre le Directoire ;
il avait pris soin, non sans perfidie, de convier en même
temps un journaliste pour être le témoin de ses menaces,
et son convive avait à peine tourné le dos qu'il courait
dénoncer ses projets au Ministre de la police. Cette dénonciation fut, quelques mois plus tard, l'un des éléments
importants de la condamnation capitale d'un compatriote
qui fut exécuté en plaine de Grenelle par les soins du père
de Victor Hugo.

Des actes vils auxquels puisse s'abaisser un homme, la
délation est certes l'un des plus odieux et des plus répu-
gnants à notre caractère national, bien qu'aux époques
de trouble, comme à l'entrée des troupes versaillaises dans
Paris, la dénonciation soit une fleur empestée poussant
en abondance sur le fumier des guerres civiles. A cette
heure, l'opinion est unanime pour flétrir les dénonciateurs.
Il n'en fut pas toujours ainsi : l'Église faisait de la délation contre les hérétiques une obligation étroite pour les
fidèles ; Louis XI l'inscrivit dans la loi, avec peine de mort
pour les complots contre la sûreté de l'État. Sous la Révolution, aussi bien dans les journaux qu'à la tribune des
clubs et des assemblées, elle fut prônée comme un devoir

de patriotisme. Plusieurs années après la Révolution, M. de Bastard ne disait-il pas à la Chambre des pairs : « La révélation d'un crime d'État est l'un des devoirs les plus rigoureux que la morale publique impose aux citoyens. » Comment expliquer une telle attitude sinon par les mœurs et les idées de l'époque? Lakanal, d'une haute sociabilité, d'une mansuétude incontestée, était incapable d'une inimitié personnelle et d'une vengeance particulière : par mille détails que nous tenons de sa veuve même — car il se maria fort vieux avec une jeune femme qui vivait encore à Paris en 1880 — on peut certifier que nul ne surpassait l'ancien conventionnel en loyauté, en désintéressement. Lakanal se conformait donc aux préjugés du temps[1], lorsqu'il considérait son zèle malentendu comme un devoir de bon citoyen.

1. On a vu précédemment la série de dénonciations dont était littéralement bourré le portefeuille de Chaudron-Rousseau. Citons encore une lettre de Descombels, procureur général syndic du département de la Haute-Garonne (*Arch. nat.*, AF^{III} 169, *dossier : sept.-oct.*, n° 31 339), signalée par M. Levy-Schneider, professeur agrégé d'histoire au lycée de Montauban. C'est un simple mot d'introduction donné à deux patriotes de la Haute-Garonne, daté de Toulouse le 3 octobre 1793. Par deux lettres sous le même pli, ces deux patriotes sont adressés à Vadier et Jean Bon-Saint-André, parce que les députés de la Haute-Garonne à la Convention sont des tièdes : « La société de Toulouse aussi bien que le département vous regardent comme leur seul ami et leur seul protecteur à la Convention » dit Descombels à Vadier. Il lui dénonce le tribunal fédéraliste de Saint-Gaudens, mentionne l'arrestation à Blagnac de « Dutrey, le grand ami de Mailhe, » et à Montauban celle de Bianco Braulds (?) « sinon un traître, du moins un intrigant qui portait des femmes à surprendre la confiance de Chaudron-Rousseau pour lui faire commettre des fautes ». Il accuse les généraux de Perpignan, surtout Poinçot et Monredon, d'éviter aux muscadins l'occasion d'aller à l'ennemi. La lettre destinée à Vadier porte de lui cette apostille destinée à être mise sous les yeux du Comité de Salut public : « Parmi les objets que cette dépêche renferme, il en est qui m'ont paru d'un grand intérêt, d'autres qui sont susceptibles de discussion et qui peuvent être l'effet d'un zèle peu éclairé. » Vadier n'acceptait les dénonciations que sous contrôle.

CHAPITRE II

ARRESTATION DE VADIER

Départ pour Toulouse. — Lettres de la gouvernante de Vadier. —
Arrestation de Vadier. — Son interrogatoire devant le directeur
du jury de la Haute-Garonne. — Interrogatoire du fils de Vadier.
— Divergence d'opinion entre les autorités locales. — Vadier ramené à Paris par courrier extraordinaire. — Interrogatoire devant
le ministre de la police. — Comparution devant le président du
jury d'accusation de la Seine. — Lettre justificative de Vadier. —
Son voyage à pied de Paris à Toulouse. — Un entretien de Vadier
avec le chanteur royaliste Ange Pitou.

Lorsque parut le décret prescrivant l'éloignement de la
capitale aux anciens conventionnels non réélus, Vadier
se rendit à Toulouse. Ses ennemis qui avaient déjà essayé
contre toute justice de le compromettre dans l'insurrection de prairial, l'impliquèrent sans plus de vraisemblance
dans la conspiration Babœuf. Toulouse était en pleine
effervescence. Il y avait eu dans la maison commune un
rassemblement de force armée, l'on avait donné de l'argent aux soldats, fait boire de l'eau-de-vie et distribué
des cartouches; les portes de la ville avaient été gardées;
on cherchait une corrélation entre cette agitation, d'une
part, le voyage de Vadier et les événements de Paris de

l'autre, afin de prouver l'existence d'une vaste conspiration ourdie sur tout le territoire de la République. On signalait les rassemblements tenus dans l'ancien couvent de la place Saint-Georges, où auraient été faites les motions les plus sanguinaires sous la présidence du fils Vadier. Puis, c'étaient des propos vagues que répétaient les gens faibles, crédules ou oisifs. La ville devait être livrée au pillage.

Vadier fut arrêté le lendemain de son arrivée, le 15 prairial an IV, sur l'initiative de l'accusateur public près le tribunal criminel du département de la Haute-Garonne, Janole, qui priait le ministre de la police générale de la République, par lettre du 19 prairial an IV, de ne pas le désavouer. Il ajoutait à propos de deux lettres saisies à la poste : « Il me paraîtrait bien essentiel de faire mettre en arrestation la gouvernante de Vadier qui est sa femme de confiance et qui paraît initiée dans les secrets de la conspiration. » Dans ces lettres la fille de confiance de Vadier, dont il allait faire sa seconde femme, l'avertissait à mots couverts de ce qui se passait à Paris. La première lettre était écrite au compagnon de route de Vadier : Le 9 prairial an IV, on a remué jusqu'aux paillasses, pour trouver mon neveu. Il n'y a pas un petit coin où ils n'aient regardé. J'ai beau eu dire que mon neveu avait rejoint son bataillon depuis le 10 floréal, ils me soutinrent toujours le contraire. Ce fut le 6 du présent mois que la chose arriva. Comme vous verrez ce jeune homme avant moi, je vous prie de lui recommander d'être sage et obéissant à l'ordre de ses chefs et qu'il soit bien prudent, car il paraît qu'on lui en veut beaucoup et qu'on serait charmé d'avoir un prétexte pour lui faire du mal. C'est la troisième visite que l'on fait pour trouver ce pauvre diable, c'est-à-dire, la troisième maison où l'on a été.   S.

Et dans l'autre lettre :

Vous savez que vous avez ici des ennemis puissants qui chercheront toujours à vous nuire sans cesse. Dérobez-vous à leurs regards tant qu'il sera possible. Je vous embrasse un million de fois.   S.

Dans une lettre de Vadier, également saisie, il annonce que la loi rendue le 4 brumaire an IV était un oubli du passé : « elle me rend ma liberté et mes droits civils, que je n'aurais jamais dû perdre. Cette loi délivre du même coup mon malheureux fils, pourvu que rien ne lui soit arrivé dans l'intervalle. Vous jugez du plaisir que j'aurai de l'embrasser. Il s'en faut que la tranquillité publique soit bien rétablie ici et que la confiance renaisse. Le cours qui était à 11 cent livres à votre départ était hier à 3.000, il augmente de 4 ou 5 cent livres par jour. Tel est l'effet de cette belle Constitution qui devait à jamais faire le bonheur du peuple. Paris est un camp où les troupes fourmillent et se renouvellent tous les jours. On voit partout une fermentation sourde, un morne silence et la tristesse peinte sur tous les visages. Les denrées ont doublé et plus. »

Vadier fut conduit par un détachement de la force armée devant le directeur du jury d'accusation de la Haute-Garonne [1] pour subir un interrogatoire détaillé. Sa fatigue était grande. Il s'était levé fort tard, puisque les gendarmes qui l'avaient arrêté entre six et sept heures du soir le trouvèrent avec son bonnet de nuit, tandis qu'il passait sa culotte [2]. Le directeur du jury lui ayant

---

1. Archives nationales, W. 3560, n° 7.

2. On lui saisit : 1° un portefeuille de peau de basane couleur rouge, contenant quatre feuilletons de la Convention; 2° les numéros 183 et 193 du *Journal des hommes libres de tous les pays*, et un journal intitulé le *Postillon de Calais*, numéro 190; 3° une carte de sûreté délivrée par l'administration municipale du 10° arrondisse-

reproché de n'avoir pas obéi au décret du 4 prairial
an III, ordonnant qu'il serait traduit devant le tribunal
criminel du département de la Charente-Inférieure, il
répondit qu'il avait craint d'être exposé au couteau des
assassins, s'il s'y était rendu dans ce temps de réaction où
les passions étaient extrêmes, mais qu'il n'a jamais craint
la justice. Les pistolets trouvés en sa possession étaient
de Fleuré. La poudre lui appartenait; elle lui avait été
remise après l'amnistie par l'agence des armes, ainsi que
deux pistolets à bayonnette et un sabre, tels qu'ils furent
donnés à tous les représentants du peuple.

Il déclara ne pas connaître Babœuf : ses ouvrages lui
paraissaient funestes à la cause de la liberté. Lorsqu'on
lui demanda s'il n'avait jamais porté atteinte à la chose

ment, un passeport, une carte de représentant du peuple; 4° extrait
baptistaire de Vadier. Copie conforme de l'arrêté du département de
l'Aude accordant la main-levée au citoyen Vadier fils faisant pour son
père la saisie jetée sur ses biens situés dans l'étendue de ce département. Même arrêté pour l'Ariège; 5° quittances de contributions
mobilières, mandats l'autorisant à faire payer l'arriéré de son indemnité, un certificat du district de Pamiers prouvant qu'il ne figurait
pas sur la liste des émigrés; 6° l'ordre enjoignant à Vadier de quitter Paris dans les trois jours, à dater de la notification; 7° arrêté du
Comité de Sûreté générale, en date du 11 brumaire an IV, qui accorde au C. Vadier la récréance de ses meubles et effets, un acte fait
à la municipalité de Pamiers par le C. Vadier, ex-représentant, sous
la date du 6 germinal an IV, dans lequel il expose qu'il habite Paris
depuis le 20 septembre 1792 et requiert de n'être plus imposé dans
ladite commune; pétition présentée à l'administration municipale de
la commune de Pamiers par le C. Vadier, où il réclame un certificat
qui atteste qu'il était conseiller au ci-devant sénéchal de Pamiers,
depuis le 6 septembre 1770, et qu'il a exercé cette place jusqu'au
mois d'avril 1789, époque à laquelle il fut député aux États-Généraux; que depuis cette époque il a assisté comme député à l'Assemblée constituante, jusqu'au 1er octobre 1791, terme de la session;
qu'à cette époque il se rendit à Pamiers où il exerça la place de
président au tribunal du district, jusqu'à ce qu'en septembre 1792 il
fût nommé représentant du peuple à la Convention nationale, laquelle
fût répondue d'une attestation conforme le 16 germinal an IV par
l'administrateur municipal de Pamiers. — Finalement, trois cent
vingt-cinq livres et quinze assignats.

publique, il répondit qu'il avait toujours respecté le gouvernement ; il croyait qu'il était du plus grand intérêt du gouvernement de se réunir aux patriotes pour vaincre l'ennemi commun qui est la royauté et que par conséquent rien ne pouvait être plus nuisible à la chose publique que les idées subversives du gouvernement. Questionné sur Drouet, il dit ne l'avoir jamais connu que de vue ; il l'estimait pour son courage et son républicanisme. Mais il n'avait pas eu l'occasion de le voir ni de le rencontrer depuis son retour d'Allemagne. On lui objecta que Drouet était compris dans la conspiration. — Il répondit que s'il en était ainsi, il perdrait à l'instant l'estime qu'il avait conçue pour lui. Mais il ne pourrait concilier jusqu'à un jugement légal contre Drouet, l'amour fervent de ce citoyen pour sa patrie avec la conspiration absurde dont on l'accusait. Il expliqua son opinion : il n'entendait pas nier la réalité du complot contenu dans le message du pouvoir exécutif ; mais il persistait à croire que ce complot était véritablement absurde dans ses moyens et dans ses conséquences, qu'il le croyait même l'ouvrage de l'étranger.

Il avait écrit à sa femme de confiance pour lui raconter son voyage, faire rappeler à Guévernon ses promesses et lui dire d'éviter la visite de Febrius. Pourquoi ? Il répondit que Febrius avait pensé dans le temps, et pendant son séjour à Paris, à se marier avec cette fille ; que les circonstances s'étant opposées à ce projet, il croyait que ce n'était pas le cas, dans ce moment, d'en renouveler les négociations. Cette fille s'appelle Jeannette Ferrand, dite Saurat, nom de sa mère.

Interrogé sur sa lettre écrite après l'amnistie du 4 brumaire, il répondit s'être exprimé en ces termes dans une lettre confidentielle ; il n'avait pas cru la voir divulguée.

Elle devait rester circonscrite dans le secret de l'amitié. Au surplus, il n'avait eu en vue ni d'avilir le gouvernement ni la Constitution acceptée par le peuple ; le dépérissement des finances et les secousses qu'il pouvait amener avaient provoqué la sensibilité manifestée dans cette lettre. Il n'avait d'autres principes que l'amour brûlant pour sa patrie et le vif désir de la voir prospérer. Il avait fait dans cette lettre le tableau réel des événements dont tout bon citoyen devait se montrer affligé, événements dus plutôt aux malheurs des temps, aux orages d'une longue révolution, qu'à la faute de ceux qui étaient chargés du gouvernement à qui il se serait bien donné de garde de les imputer. Il reconnut la lettre quoique non signée. Elle ne l'était pas peut-être par oubli, puis il n'était pas dans l'usage de signer ses lettres aux amis qui avaient connaissance de son écriture.

On lui rappelle le propos de Rossignol : « Je n'ai plus qu'une tabatière d'argent. Quand elle sera mangée, toute ma ressource est dans une insurrection. Je suis prêt : je vous travaillerai cela comme dans la Vendée, en grand. » Il ne connaissait Rossignol que de vue et il n'avait pu l'entendre dire qu'il fallait de grandes mesures pour sauver la liberté. On prêtait aussi au citoyen Ricord ce propos : « Le jour de la vengeance n'est pas éloigné, elle sera terrible et au point qu'il ne faudra plus recommencer, le peuple était irrité et il ferait main-basse sur tous ses oppresseurs. » Vadier répondit qu'il n'avait jamais eu aucune liaison avec Ricord et qu'il n'avait jamais entendu tenir de tels propos.

N'avait-il pas entendu dire, avant de partir de Paris, que les affaires allaient bien, que le grand projet était près d'éclater et que les fonds ne manqueraient pas ? « Si quelque patriote ou prétendu tel, répliqua Vadier, m'avait tenu ce propos, je lui aurais répondu : vous êtes un imbécile de donner dans le piège que vous tendrait l'aristocratie et de croire à la réalité de projets qui seraient aussi funestes à la chose publique qu'impossibles à exécuter. »

Où étaient ses malles ? Il n'avait pas de malles à faire venir. On lui a tout volé à Paris ; il avait laissé à sa fille de confiance le peu de mobilier qui lui restait, n'ayant pas eu les facultés nécessaires pour les faire venir avec lui. Il comptait se procurer à Toulouse le peu dont il avait besoin par le canal de son fils.

La correspondance de Vadier avec son fils depuis son élargissement, n'avait trait qu'à la régie de ses biens et à leurs affaires domestiques. Il lui rendait compte des démarches qu'il avait tentées auprès du Directoire, auprès des ministres de la guerre et des finances pour obtenir la main-levée du séquestre apposé sur ses biens et répéter la restitution des grains qui avaient été versés par le fermier dans les magasins de la République. Dans les suivantes, il lui signalait l'ordre du ministre de la Police de sortir de Paris, auquel il allait se conformer : « Je profiterai de la belle saison pour prendre l'air de la campagne et me remettre. » Le 20 floréal d'Arpajon : « Je suis chez de braves gens. » Le 29 floréal, de Vierzon : « La campagne n'étant pas à la distance de Paris (dix lieues) prescrite par le décret contre les étrangers et les ex-conventionnels, je me décide à aller à Toulouse, où tu m'as dit, dans le temps, que les patriotes étaient en place. Dénué de ressources, je n'ai eu d'autre parti à prendre que de m'en aller à pied, à petites journées. »

Jacques Vadier [1] fut interrogé à son tour le 14 prairial,

1. Après son élargissement des prisons de Foix, Vadier se fit rayer

il était à souper chez le limonadier Boyer où il demeurait
lorsqu'on lui apprit que son père était arrivé et était logé
chez Toulza, et qu'il désirait le voir avant de se coucher.
Pouvait-il résister aux impulsions de la nature? Il sortit
de suite pour aller embrasser son père. Il le trouva dans
l'arrière-boutique de Toulza, auprès du feu. Il était pieds
nus, se chauffant les jambes qu'on lui bassina avec de
l'eau de sureau. Il sauta à son cou. Ils restèrent longtemps
embrassés. Ce moment fut pénible ; il n'avait pas vu son
père depuis plus de quatre ans. Son père soupa. Ils s'entretinrent des affaires domestiques, des fatigues de la
route. Vadier chargea son fils de lui trouver un logement
pour le lendemain, ne voulant pas être à charge à Toulza
(ancien administrateur du district).

De nombreux témoins furent entendus au cours de la
longue procédure qui suivit l'arrestation de Vadier.
Marthe-Lefèvre, cousine de Vadier, fut très troublée à
l'arrivée de Vadier, à neuf heures du soir, elle rentrait de
Pamiers où elle était allée voir sa sœur, la citoyenne
Delom : « Il n'est pas possible que je puisse vous recevoir ; allez-vous-en, vous n'êtes point en sûreté chez moi.
Je vous en dirai plus tard les raisons. » Et elle appela sa
locataire, Cadette Bascans, en l'invitant de l'accompagner
chez Arthaud, qui lui indiqua la maison de Toulza[1].

de la liste des habitants de Pamiers et vint se fixer à Toulouse. Il
avait été incarcéré en vertu d'un mandat du Comité de Sûreté générale de la Convention, provoqué par une dénonciation de ses ennemis
du département de l'Ariège. On l'accusait d'avoir provoqué l'arrestation de plusieurs de ses concitoyens, et de les avoir dénoncés aux
représentants en mission ; ce qui ne put être prouvé. Un jugement
du tribunal criminel de l'Ariège le renvoya, en vertu de la loi du
12 fructidor an III, devant l'officier de police de la commune de Foix
qui le mit en liberté.

1. Boyer accompagna le fils Vadier chez Toulza. En entrant, le
citoyen Vadier fils sauta au cou de son père qui se tenait auprès
d'un grand feu, nus pieds ; ils s'attendrirent mutuellement. Cet

Les membres de l'administration du département de la
Haute-Garonne professaient des opinions très avancées ;
ils affichaient, sur la prétendue conspiration, un scepti-
cisme des plus complets. Néanmoins les seuls hommes
armés étaient les soldats de l'armée révolutionnaire
de 1793. L'accusateur public près le tribunal criminel de
la Haute-Garonne écrivait au ministre de la Police générale de la République, à la date du 12 prairial, une lettre
très alarmante : « Tant que la municipalité actuelle sera
en place, qu'elle disposera de deux mille hommes armés,
parfaitement dans ses principes, la terreur enchaînera les
esprits et les volontés ; les témoins seront en butte aux
fureurs d'un parti désespéré d'être mis en évidence. »
L'accusateur public constate l'incrédulité de la municipalité sur le complot ; puis il ajoute que les violences et les
voies de fait se reproduisent toujours avec la même
audace, la même négligence des officiers de police et la
même impunité. Ces violences s'exerçaient principalement
contre les journalistes anti-terroristes. « Enfin, citoyen
ministre, c'est un fait que je suis, ainsi que plusieurs
républicains amis du gouvernement, un objet de haine,
de fureur et de calomnie à toute la faction. Nos jours sont
menacés à chaque instant par des scélérats familiarisés
avec le crime. »

La lettre était écrite de la main du greffier et signée

épanchement donné à la nature, le père continua son souper qu'il
avait commencé. On causa des affaires domestiques et le citoyen
Vadier fut le premier à conseiller à son fils de se retirer pour ne pas
abuser de la complaisance de Toulza, en lui recommandant de lui
trouver un logement pour le lendemain matin. Ils se retirèrent vers
minuit. Toulza dit qu'à leur première entrevue Vadier père et fils
furent longtemps à s'embrasser et à pleurer. Ils s'entretinrent ensuite des souffrances que le vieux Vadier avait endurées depuis le
temps qu'ils ne s'étaient pas vus. Ensuite ils parlèrent des moyens à
prendre pour se procurer le nécessaire, un logement pour le lendemain, les souliers et les hardes dont il avait besoin.

seulement de Janole, qui ajoute une feuille manuscrite
annonçant l'arrestation de Vadier et exprimant l'espoir
qu'il ne sera pas désavoué. Il termine ainsi : « Cependant,
comme le terrorisme est ici puissant et armé ; que déjà
des menaces se font entendre, que la garnison est faible,
qu'on tentera tout pour délivrer ce personnage, je pense
qu'il sera prudent de le faire partir pour Paris avec les
précautions convenables, et sans doute il ne sera pas possible d'attendre votre réponse ». Le 19 prairial, Janole
dénonce la gouvernante de Vadier et la croit au courant
de la conspiration.

L'administration municipale est dévouée à la faction :
aussi ne croit-il pas devoir perdre un instant pour faire
partir Vadier : « Les motifs de crainte à son égard ne dimi-
nuent point ; je vous les ai déjà développés. Aux propos
alarmants se joignent des placards horribles répandus
partout avec profusion. Dans certains, on invite les aristocrates à se réunir enfin avec les braves Jacobins pour
écraser les hommes qui les oppriment. D'autres contiennent la promesse d'une grosse somme d'argent aux hommes courageux qui délivreront Vadier et m'arracheront la
vie ainsi qu'au général Sol. Voilà notre position. Mais
assurez le Directoire qu'il est ici un petit nombre de patriotes purs dont l'énergie en impose à tous les partis, et
qui saura mourir, s'il le faut, au poste que le devoir et
l'amour de leur pays leur auront désigné. »

Une lettre[1] écrite par le Commissaire du Directoire exécutif près l'administration centrale du département de la
Haute-Garonne, le 23 prairial, an IV, à celui près l'administration municipale de Toulouse, explique les appré-
hensions de l'accusateur public : « Je viens de recevoir,
citoyen, une lettre signée Vadier fils, écrite de la maison

1. Archives nationales, W³, 960.

d'arrêt de Toulouse, en date de ce jour (23 prairial). Ce citoyen se plaint d'avoir été arrêté arbitrairement sans mandat d'arrêt, sans ordre régulier; il parle de son innocence; il observe qu'il s'était déjà présenté avec docilité devant le directeur du jury et qu'il avait répondu à toutes les questions que la justice avait voulu lui faire : il invoque le respect dû à la liberté civile et aux dispositions inviolables de la Constitution. Nous désirons que les conspirateurs et leurs complices soient punis, et que tous les ennemis de notre Constitution soient réprimés. Mais nous ne devons pas souffrir qu'un citoyen, non déclaré en prévention par le directeur du jury, soit privé un seul instant de sa liberté. La municipalité de Toulouse a l'inspection des prisons. Veuillez, je vous prie, faire vérifier la plainte du citoyen Vadier fils et ramener l'état de choses à son égard au point d'équité et de notre droit social. C'est ainsi que nous prouverons aux calomniateurs notre attachement inflexible à notre devoir. »

Ramené à Paris, en cinq jours, par courrier extraordinaire, Vadier subit un interrogatoire devant le ministre de la Police, le 1er messidor an IV. Il déclara avoir vu Amar quelquefois, mais sans jamais parler d'affaires politiques. Le ministre ayant fait allusion à la lettre où l'ancien président du Comité de Sûreté générale parlait de la belle Constitution de l'an III : « Ce n'était point du tout une ironie. Je n'ai jamais parlé avec mépris des lois reçues ; mais mon opinion était alors qu'au milieu des obstacles que le royalisme ne cessait d'apporter à l'affermissement de la constitution républicaine, il était peut-être périlleux avant d'avoir vaincu ses entraves, d'établir trop vite ou prématurément l'exercice paisible de l'ordre constitutionnel. » Dans cette appréhension, il avait attribué le discrédit ou le dépérissement des finances à un changement de régime qui pouvait donner trop de latitude aux ennemis de la liberté. S'il s'était trompé dans une opinion qu'il n'avait pas entendu divulguer et qui devait être ensevelie dans le secret de l'amitié, il l'avait fait de bien bonne foi et n'avait jamais entendu marquer un semblant de mépris pour les Conseils et le gouvernement qu'il a toujours respectés et qu'il respectera toujours. Il suffisait pour s'en convaincre de remarquer la date de cette lettre et le caractère de la personne à qui elle était écrite, certainement bien étrangère à la politique.

On lui demande s'il n'avait pas écrit à des volontaires, à des officiers du bataillon de l'Ariège, en prenant la qualité de commissaire du Directoire exécutif près le faubourg Antoine ? « — Non, c'est une calomnie atroce. » Le 3 thermidor, Vadier comparaissait devant Gérard, le président du jury d'accusation de la Seine. S'il avait connu les projets de Babœuf, affirma-t-il, il aurait été le premier à combattre un projet aussi radical et aussi funeste aux républicains dont le plus grand intérêt est de se réunir au gouvernement, comme ils l'ont fait, au mois de vendémiaire. Il a entendu lire quelques fragments du journal de Babœuf, intitulé la *Tribune du Peuple*. Il a regardé son système comme extravagant et l'individu dont il ne connaît pas la moralité comme un fol. Il y avait, d'ailleurs, parmi ses partisans des personnes vénérant la mémoire de Robespierre et de Danton, qu'il avait ouvertement attaqués, parce qu'il les regardait comme visant au pouvoir absolu : « Pouvais-je, concluait-il, avec assez de logique, avoir la confiance de partis qui ne me paraissaient pas disposés à me pardonner d'avoir attaqué leurs patrons ? »

Le placard *pour le délivrer* était une tactique de ses ennemis. Les républicains de Toulouse observaient la loi et étaient impassibles comme elle. Malgré l'éclat et l'apparat donné à son arrestation et à sa traduction à Paris, il avait vu avec satisfaction que l'ordre public et la paix n'avaient pas été troublés un instant dans cette ville.

Le Directoire exécutif à la date du 1er messidor, prit un arrêté contre Vadier :

Égalité, Liberté. — 1er messidor, an IV. — Le Directoire exécutif,

Vu son arrêté du 19 floréal dernier concernant l'arrestation du nommé Vadier, ex-conventionnel, et autres comme prévenu de conspiration contre la sûreté intérieure et extérieure de la République ;

Après avoir entendu le rapport du ministre de la Police générale et pris lecture de l'interrogatoire subi par Vadier ledit jour devant le susdit ministre ; arrête en vertu de l'article 145 de l'acte constitutionnel et des lois des 27 et 28 germinal dernier que le nommé Vadier ex-conventionnel, arrêté le 27 prairial dernier à Toulouse, département de la Haute-Garonne, de présent en dépôt au bureau central du Canton de Paris, comme prévenu de conspiration tendant au renversement de la Constitution et du gouvernement, au pillage, au massacre des membres du Corps législatif et des autorités constituées, sera sans délai traduit devant le directeur du Jury d'accusation du canton de Paris, pour être procédé à son égard conformément aux lois.

Les ministres de la Police générale et de la Justice, sont chargés, chacun en ce qui les concerne, de tenir la main à son exécution.

Le présent arrêté ne sera pas imprimé.   CARNOT.

Lettre de Vadier des prisons de l'Abbaye [1].

On ne lira pas sans intérêt la lettre explicative adressée par Vadier, des prisons de l'Abbaye, au président du tribunal criminel de la Seine :

> Des prisons de l'Abbaye, le 8 messidor
> an 4 de la République.

Citoïen juge,

Il importe essentiellement à ma défense de mettre sous vos yeux et devant le jury accusateur l'exposition fidelle de tout ce qui m'est arrivé depuis le 10 floréal, dernier jour de ma sortie de Paris. La série des faits qui accompagne ce tableau et dont la preuve peut être faite à tous les instants, en garantit la véracité. Il n'échapera à votre sagacité, citoïen juge, qu'il existe entre la naïveté de cet exposé et les tergiversations d'un homme coupable, un contraste si choquaut que mon innocence doit éclater à cet aperçu. Quoique ces faits soient en partie disséminés dans les divers interrogatoires que j'ai subis, il importe que le jury puisse les saisir *uno contextu*, et c'est pour cela que je les ai réunis dans cet écrit. Je demande, citoïen juge, d'être puni, si je suis coupable... mais si mon innocence est aussi lumineuse que la clarté du jour... si la passion et la calomnie percent à travers les persécutions que j'éprouve... n'est-il pas temps de laisser en paix un malheureux viellard? 22 mois de torture, la perte de ma fortune et de ma santé, la proscription de ma famille, l'égorgement de mes proches, ont bien expié l'honneur d'avoir fondé la République et combattu la royauté... On a pu m'interdire le feu et l'eau, me laisser sans asile, sans biens, sans sépulture... mais rien ne pourra m'enle-

1. Archives nationales, W³, 360.

ver le témoignage consolateur d'une conscience irréprochable et d'un courage au-dessus des revers.

Salut et respect. VADIER.

J'ajouterai, citoien juge, que si j'étais coupable d'avoir trempé dans une conjuration quelconque, ce qui est contre mes principes et contre mon cœur, j'aurais l'âme assez élevée pour ne point m'avilir par de basses dénégations, et je saurais mourir sans descendre de la hauteur de mon caractère. VADIER.

Suit la lettre cotée et paraphée à chaque page dont voici le texte :

Vadier, ex-membre de la Convention nationale, au citoien Gérard, juge directeur du jury accusateur du Canton de Paris.

Citoien juge,

Le moyen de ne laisser aucun doute sur mon innocence est de rendre un compte fidèle de tous mes moments, depuis le 10 floréal, dernier jour de ma sortie de Paris. Je citerai les lieux, les dates, les particularités, les *personnes*; rien donc ne sera plus facile que de vérifier mes assertions. Il n'est pas moins du devoir des ministres de la loi de rechercher les faits justificatifs de l'innocence, que de recueillir les preuves du crime. Il doit résulter de ce tableau un *alibi* non interrompu, c'est-à-dire la preuve complète que je n'étais point à Paris lors des complots et des rassemblements dont la police a découvert les fils ; que je n'ai vu ni avant ni depuis mon départ *aucune* des personnes prévenues d'en être les auteurs ; que presque tous, notamment Babœuf, me sont inconnus même de vue.

J'ajouterai qu'aucun papier, placard ou document, soit

imprimé, relatif à ladite conspiration n'est venu à ma connaissance, je l'ignorerais encore sans les interrogations que j'ai subies et le peu de journaux que j'ai lus. Il en résultera que j'ai quitté d'abord mon domicile de Paris *par ordre supérieur* pour aller à Bagneux, que je suis parti *forcément* encore de Bagneux pour obéir à la loi qui enjoint aux ex-conventionnels, à peine de déportation, de s'éloigner de dix lieues du département de la Seine. Il n'en fallait pas moins pour m'obliger à me séparer d'une épouse chérie qui était dans le huitième mois de sa grossesse et qui vient d'accoucher le 7 messidor courant... il en résultera qu'à partir du 10 floréal jusques à ce jour, il n'a pu exister de liaison, société... communication, complot, rassemblement, et entre les personnes prévenues d'avoir trempé dans la conspiration du 22 floréal et moi. Il en résultera que les échos du royalisme d'une part qui ont publié que j'étais à Toulouse « dès le 21 floréal, à la tête des Jacobins, où je m'étais emparé d'un obusier et de 14 bariques de poudre de l'arsenal, et qui ont débité de l'autre que j'étais le même jour à Paris, chantant la *Marseillaise* avec les terroristes dans un café de la rue du Bac », n'ont si audacieusement menti que pour m'englober dans tous les cas dans un plan de conspiration dont ils sont eux-mêmes les moteurs, et où l'on voudrait me comprendre *comme victime*.

Je suis donc sorti de Paris, le 10 floréal au matin, muni d'un passeport de la municipalité du 10ᵉ arrondissement, accompagné du citoïen Fleuré, chez qui je suis logé à Paris, et du citoïen Pons domicilié rue du Bac. Pour tromper la malveillance, et ne pas découvrir mon asile, je sortis par la barrière de la Conférence et pris le chemin de Passy, Boulogne et Saint-Cloud. J'indiquerai s'il le faut, le lieu et les personnes chez qui je couchais la nuit du 10.

Le 11, au matin, je quittai le citoïen Pons et me rendis par Viroflay et Chatillon à Bagneux avec Fleuré chez le citoïen Quéaux, d'où je n'ai plus bougé *jusques au 24*, jour de mon départ pour Toulouse. Il est de fait que je n'ai point quitté *un instant* la famille Quéaux pendant les treize jours que j'ai resté chez eux, et que je n'y ai vu *personne* de ma connaissance excepté ma femme et le citoïen Fleuré. Ceci peut être attesté par Quéaux, sa femme et ses deux enfants. Plusieurs autres personnes qui ne me connaissaient point de nom, mais qui se rappelleront sûrement ma taille, mon âge, ma figure et surtout *mon costume* ont eu occasion de me voir chez Quéaux pendant tout ce temps et à *toutes les heures du jour*.

Je citerai le jardinier de la maison avec qui j'étais souvent dans le jardin, le citoïen Labroue, agent national, et son épouse, une femme appelée la mère Chrétien et sa fille, blanchisseuse, qui restèrent quatre jours consécutifs chez Quéaux pour y faire une lessive, un huissier de Fontenay-aux-Roses, un marchand de drap de la rue Honoré, qui vint un jour dîner chez Quéaux et dont je n'ai pas retenu le nom, le citoïen Patard, employé au département, et son fils qui y dînèrent aussi *le 20 floréal*. J'avais pour costume une lévite de drap gros bleu, un gilet écarlate croisé à petits boutons blancs façon d'yvoire... chapeau rond à long poil et une cravatte ou chal de soye carmélite rayé de rose.

Je partis de Bagneux, pour obéir à la loi, le 24 floréal après dîner. Je déterminai Fleuré à m'accompagner à Toulouse et à faire cette route à pied. Voici ce qui l'y engagea : ce fut d'abord son amitié pour moi et les instances de mon épouse, un motif d'intérêt y concourut encore. Fleuré était tailleur des ci-devant Mousquetaires; il lui est dû de l'argent, notamment à Limoges, Brive,

Ausch, Toulouse et il espéra d'en faire le recouvrement et de s'en revenir par Lyon, d'où il est natif, pour y voir son père qui est un octogénaire qui vit encore. Un double motif me détermina à voyager en cette forme : elle me parut la plus sûre et la moins dispendieuse. Nous fûmes coucher le 24, à Long-Jumeau. Un assez beau chien de basse-cour nous suivit un peu au-dessus du Bourg-de-l'Égalité, et nous ne pûmes nous en débarrasser qu'à Toulouse.

Le 25, à Ville-Sauvage, un peu au-dessus d'Étampes.

Le 26, à Serrecote, en deçà d'Orléans.

Le 27, à Laferté-Lowondalle.

Là, mes jambes commencèrent d'enfler avec tous les symptômes d'un érésipèle. Je m'adressai à la poste et à l'étapier pour avoir une voiture ou une charrête jusqu'à Châteauroux, mais la chose ne fut pas possible.

Je continuai ma route le 28, à pied, et fus coucher à Salbrit. Mon compagnon de voyage me fît une chaussure de basane qu'il assujettit aux souliers par des attaches en forme de sandales de capucin. Nos passeports furent visités à Salbrit, par une brigade de gendarmerie qui nous prenait pour des malfaiteurs.

Le 29, le mal aux jambes empira et je ne pus aller qu'à La Loge, qui n'est qu'à deux lieues de Salbrit. Là, je fis inutilement les mêmes tentatives qu'à Laferté; il fallut marcher, et je fus coucher, le 30, à Vastan. Le 1ᵉʳ prairial, je couchais à Châteauroux, mais je ne pus avoir de lit, tant les auberges étaient remplies de fermiers qui étaient venus soumissionner des biens nationaux. Le 2, nous logeâmes à Argenton. Le 3, à Rodez, près de Bois-Mandé. Le 4, au Dognon. Le 5, à Razay. Et le 6, à Limoges. Je fis route depuis Rodez jusque au Razay avec un roulier nommé Pierre L'Attelier, établi à Vierson. Ce brave homme me laissait monter de temps en temps sur sa voiture. Mais au lieu d'en être soulagé, le poids du corps et le cahottement ne firent qu'aigrir mes souffrances. Je rencontrai encore entre Rodes et le Dognon le citoïen Févrieux, du lieu de Vébres, au département de l'Arriège, qui allait à Paris pour son procès; il me donna des nouvelles de mon fils et m'assura que je serais beaucoup plus tranquille à Toulouse qu'à Paris. Enfin je fis rencontre, entre Rodez et Argenton, du citoïen Guévernon, membre du Conseil des Cinq Cents, qui était dans la diligence de Limoges. Il m'apprit toutes les calomnies que les journaux royalistes avaient répandu contre moi; il fut touché de ma situation lorsque je lui eus fait part de mon innocence, de mon attachement au gouvernement, de l'ordre que j'avais reçu de partir; dès qu'il eut visité mes papiers, il me promit de rendre compte de tout à Paris et même de faire insérer une lettre dans le journal des hommes libres; enfin, il m'offrit des secours et sa recommandation auprès de sa famille, si je jugeais à propos de passer à Saint-Léonard et de m'y présenter de sa part. De Limoges, je fus coucher le 7 à Pierre-Buffière. Le 8, je logeai au Barriolet. Le 9, à Noailles, en delà de Brive. Le 10, à Longeac, en delà de la rivière de Pauillac. Sur les avenues de cette dernière ville, je vis les corps constitués, accompagnés de la garde nationale et des citoyens, occupés à célébrer la fête de la Victoire.

Le 11, nous arrivâmes au pont de Rodez. Là, mes souffrances avaient augmenté de manière qu'il ne me fut plus possible d'aller plus loin. Heureusement que le 12, au matin, arriva à la poste où j'étais logé, la malle du courrier de Toulouse, apellé *Legrand;* il eut pitié de ma situation, et n'ayant pas avec lui de voyageur, il se chargea de moi jusques à Pompignan, moyennant un écu par poste.

Je fis donc seize postes avec ce courrier; je dinai avec lui à Cahors, à l'auberge du Bout-du-Pont, et j'arrivai le 13 à Pompignan, à trois heures du matin. Je ne pus trouver de lit dans les deux auberges, tout était rempli, la foire étant à Grisoles; il fallait pourtant attendre mon compagnon de voyage Fleuré, qui, ne pouvant aller aussi vite que la poste, n'arriva que le 14 à Pompignan à 8 heures du matin. Il se reposa, et nous dinâmes ensemble à table d'hôte avec les voyageurs des deux diligences de Toulouse et de Montauban. Je reconnus, parmi les convives, la veuve du citoïen Pouliac, ci-devant seigneur de Saverdun, qui ne me reconnut point, non plus que son petit-fils, appelé le Chevalier du Juge, un citoyen et trois dames vétues de noir, allant de Montauban à Sorèze, et un négociant de Bordeaux.

J'oubliais de dire qu'à l'auberge de *Douzenach* poste et demie en deça de Brive, je rencontrai Fabre Neveu, courrier de Toulouse, dînant avec un voyageur. Je le chargeai *sans aucun mystère* en présence de ce voyageur et des gens de l'auberge, de voir mon fils à son arrivée, et de lui annoncer la mienne en le priant de ma part de venir au devant de moi à Pompignan. Je me serais bien gardé d'en user ainsi, si j'avais pu me douter d'un mandat d'arrêt et du danger de le voir exécuter à Toulouse. Mais pouvais-je prévoir que la même autorité qui m'avait ordonné l'ordre de sortir de Paris me ferait arrêter à deux cents lieues de cette ville! Je partis après dîner de Pompignan, le 14, avec Fleuré et nous arrivâmes vers les huit heures et demie du soir à Toulouse à la porte appelée du Basacle où nous fûmes assaillis par une averse qui perça jusqu'à la chemise et faillit nous entraîner dans les égouts. J'abordai chez la citoyenne Gaubert, ma cousine germaine, logée à la place du Salin, où je croyais trouver mon fils; elle m'embrassa, les larmes aux yeux, et je ne pus en tirer autre chose, sinon qu'on allait me conduire chez le citoyen Arthaud, ex-directeur de la poste aux lettres, où je serais instruit de tout. Une citoyenne qui avait un parapluie me prit sous le bras et me conduisit en silence chez ledit Arthaud, dont j'ignorais le logement et où Fleuré me suivit ; nous perdîmes dans ce trajet le chien qui nous avait suivi depuis le Bourg-Égalité.

Ayant frappé chez Arthaud, celui-ci sortit dans la rue et ne me dit que ces mots… « J'ai du monde chez moi, je vais passer devant, suivez-moi, dans la rue des Balances, vous y serez en sûreté. » Nous suivîmes Arthaud qui nous introduisit chez Toulza, potier d'étain. Celui-ci m'accueillit avec amitié, mais me prévint que sa maison étant publique et mal située et son logement très rétréci, il ne pouvait m'offrir asile que jusqu'à la nuit du lendemain.

La citoyenne qui m'avait conduit sortit pour chercher mon fils qui arriva peu de temps après avec le citoyen Boyer : ils ne restèrent auprès de moi que quelques instants, mon fils promit de trouver un asile pour le lendemain, tout ce qu'il put me dire c'est que le bruit courait qu'il y avait un mandat d'arrêt contre moi, qu'on soupçonnait lancé par l'accusateur public du département de l'Arriège, mais, soyez tranquille, me dit-il, toute ma crainte était que vous ne fussiez arrêté en route ; dès que vous êtes arrivé, nous prendrons toutes les précautions que la sagesse peut inspirer pour vous mettre en repos. Je me couchai après cette entrevue et après avoir pansé mes jambes, j'avais tant de besoin de repos, que je restai au lit le lendemain 13, jusqu'à l'heure à peu près où la gendarmerie vint m'arrêter, qui était, je crois, de 4 à 5 de l'après-midi.

On mit le plus grand éclat à cette arrestation. Un ba-

taillon, des canonniers, 10 à 12 brigades de gendarmerie
comme s'il eût été question de Stofflet ou Charrete. Je
crois pourtant que ces précautions furent salutaires pour
moi, car j'entendis des huées et des cris de mort et je
scavais qu'un peuple trompé immole aisément ses meilleurs amis. Je ne parlerai point de la procédure qui a été
faite à cette occasion, elle paraitra sans doute devant le
jury ainsi que mon portefeuille où l'on a mis le scellé
paraphé de moi; on verra dans les divers interrogatoires
que j'ai subis éclater mon innocence et ma sincérité,
comme dans ce tableau fidèle de ma conduite. J'ai été
gardé à vue nuit et jour dans la maison d'arrêt de Toulouse et on m'a cruellement refusé la satisfaction de voir
mon fils.

J'eus la douleur d'apprendre qu'il avait été arrêté avec
le même éclat que moi sur un ordre arbitraire au moment
où il venait de defféroir à un mandat d'amener du directeur du jury. Le concierge refusa de signer son écrou et
il fut mis en liberté par la commission des prisons le surlendemain. Le 23 prairial, vers les 11 heures du soir je
fus enlevé de mon lit et conduit sur la route de Paris. Il
ne me fut pas possible de prendre même une chemise, de
dire adieu à Fleuré mon compagnon de voyage qui dor-
mait dans la même chambre et qu'on a qualiffié de conspirateur de cela seul qu'il était avec moi. Je fus encaqué
dans une berline à trois places où nous avons été cinq
jusqu'à Paris, scavoir trois officiers, un maréchal de logis
de gendarmerie et moi, je n'ai pu obtenir de reposer une
demie heure sur une paillasse et j'ai été ainsi torturé
dans l'état le plus souffrant pendant cinq nuits et cinq
jours et demi. Arrivé à Caussade entre Montauban et
Cahors, je fus hué, outragé et lapidé dans la voiture par
un peuple attroupé et furieux pendant qu'on relayait les

chevaux, je dus mon salut à la vitesse de ceux-ci et à la résistance courageuse de mon escorte, mais je n'ai échappé aux dangers qui me menaçaient sur toute la route que par la généreuse ruse de mes conducteurs qui voulurent bien me travestir sous l'habit du maréchal des logis.

J'arrivai à Paris dans cet équipage à l'hôtel de Toulouse, rue Git-le-Cœur, le 1er messidor vers une heure après midi et fus conduit par ordre du ministre de la police aux prisons de la ci-devant mairie. Interrogé ensuite par le ministre et puis par le directeur du jury, j'ai été transféré et écroué de son ordre, dans les prisons de l'Abbaye où je viens d'écrire ce compte fidèle de ma conduite ce 8 messidor an IV de la République.   VADIER.

Costume du citoyen Fleuré pendant le voyage de Paris à Toulouse. Habit de camelot, poil feuille morte, boutons d'acier, gilet fond blanc, coton et soye quadrillé en couleur, pantalon de drap rayé gris et noir, houpelande de bouracan verdâtre, colet parements et revers d'une espèce de panne noire, chapeau à trois cornes de moyenne grandeur.   VADIER.

Durant cette détention, Vadier trouva dans la prison du Bureau central le chanteur royaliste Ange Pitou dont un roman d'Alexandre Dumas et une opérette en vogue ont popularisé la figure. Au cours de ses nombreuses incarcérations, Pitou s'était rencontré avec les chefs du parti vaincu; c'est ainsi qu'arrêté après l'insurrection de Vendémiaire, il coudoya Babœuf et ses prétendus complices. Transféré à la Force, il y fut détenu dans le même département que les Septembriseurs. Déporté à Cayenne, en 1798, il put voir Collot d'Herbois et Billaud-Varennes, promenant leur sinistre mélancolie dans ce triste désert.

De cette existence mouvementée résulta une moisson de souvenirs publiés en 1820, sous le titre : *Une vie orageuse et des matériaux pour l'histoire*[1].

Ces matériaux sont fort suspects, de l'aveu même des royalistes. Mais comme le fait de l'incarcération simultanée des deux personnages en cause est exact, il est curieux de rapporter quelques passages de la conversation qui se serait établie entre interlocuteurs d'origine aussi diverse que Vadier et Ange Pitou. Ils y passèrent en revue la Révolution tout entière. Ils parlèrent de l'ouverture des États-Généraux, de la division des trois ordres, du serment du Jeu de Paume, qui provoque ces réflexions de Vadier : « Le Roi nous laissa faire. Nous fûmes les plus forts. Cet acte de rébellion était trop marquant pour que nous obtinssions notre pardon. Nous ne pouvions revenir sur nos pas : il fallut alors nous décider à mourir ou à forcer le Roi d'éloigner ses troupes et de nous abandonner son clergé et sa noblesse. La mésintelligence qui existait entre les deux branches de la famille régnante nous servit admirablement..... Pour renverser le monarque ou le soumettre à nos lois, il fallut pour un temps lui conserver le manteau et le sceptre. Nous avions besoin de mettre le clergé dans notre plan : c'est ce que nous

1. Ce livre, d'une très grande rareté, se trouve à la Bibliothèque nationale sous la cote Ln²⁷ 16382 : il fut détruit sous la Restauration avant d'être mis en vente. Le *Journal de l'Imprimerie* déclarait, en 1839, qu'il n'en avait été tiré que deux exemplaires. M. Fernand Engerand, qui prépare une étude très documentée sur Ange Pitou, ne croit pas à l'exactitude de ce chiffre restreint. Le livre n'en est pas moins une haute curiosité bibliographique et M. Engerand a été heureusement inspiré en publiant, sous forme de *Confession d'un révolutionnaire*, l'intéressante conversation de Vadier dans la *Quinzaine* (numéro du 1ᵉʳ septembre 1795). Ajoutons néanmoins que la véracité d'Ange Pitou est fortement mise en doute par les écrivains royalistes eux-mêmes, comme il est facile de s'en convaincre par la lecture de l'article biographique qui lui est consacré dans la *Biographie de Michaud*.

fîmes en flattant l'ambition des prêtres contre les évêques ; par ce moyen, l'anarchie se glissa dans le sanctuaire..... De ce moment, la religion fut soumise à l'Assemblée. Alors la monarchie fut en nos mains, car l'encensoir et le sceptre nous donnaient l'épée.....

ANGE PITOU. — De quelle époque datez-vous la République ?

VADIER. — Du jour du départ du Roi pour Varennes, le 20 juin 1791. Ce même jour nous ramènera aux Tuileries, en 1792, dans le même dessein.

ANGE PITOU. — Que penser du 21 janvier ?

VADIER. — Il fallait que sa tête tombât, ou la nôtre ; lui ouvrir la prison du Temple, après la commotion du 10 août, c'était nous traduire, à côté de lui, au tribunal du peuple. Une monarchie de quatorze siècles lui donnait gain de cause contre des novateurs comme nous : pour nécessiter des mesures extraordinaires, avoir des complices à l'infini, refouler les réactions secrètes des défenseurs du Roi et faire pâlir l'ennemi qui pénétrait sur notre territoire, pendant que nous étions sans discipline, sans ordre et sans force, au milieu de la confusion, nous fîmes opérer le 2 septembre[1] ; le 21 janvier en fut la conséquence, et je puis vous avouer franchement qu'aucun de nous n'a condamné Louis XVI comme particulier, mais comme roi faible et indécis.

ANGE PITOU. — La République était alors une chimère : vous remplaciez Louis XVI par Louis-Philippe d'Orléans.

VADIER. — Point du tout ! En 1789, nous nous étions servis de la fortune et de la popularité de ce prince pour nous mettre au niveau des deux ordres. Si le chef de la

---

1. Ange Pitou fait coopérer à la préparation des journées de septembre Vadier qui se trouvait à cette époque à Pamiers, président du tribunal du district.

seconde branche eût honoré son ambition par une régularité de mœurs pareilles à celle du roi, nous aurions pu
songer à lui ; mais les alentours de d'Orléans auraient fait
crouler notre édifice ; malgré notre amour pour l'indépendance, notre mépris pour le cagotisme et nos goûts
pour les plaisirs, nous exigions au moins des dehors
décents de ceux que nous appelions aux premières fonctions de l'État. Ainsi ce prince fut toujours l'instrument
de nos manœuvres et jamais l'objet de nos vœux. Nous
savions bien, d'ailleurs, qu'il n'était patriote que pour se
venger des dédains de la Cour. Nous avons même eu des
raisons de croire que son vote au procès de son cousin
fut dicté par un motif d'intérêt et de crainte. Nous savions
qu'il ne voulait pas émigrer pour conserver sa fortune à
ses enfants ; la réponse qu'il fit au prince de Galles, qui
le sollicitait de rester en Angleterre, nous a convaincus
de ce fait. Son vote nous surprit et nous indigna en secret,
et nous résolûmes de le perdre pour nous rendre agréables
aux deux partis. Pour montrer au peuple que la Montagne
ne faisait acception de personne, un même décret, rendu
le même jour, 3 octobre 1793, sur la proposition de Billaud-Varennes, porta que Marie-Antoinette serait jugée, et
Louis-Philippe d'Orléans-Égalité envoyé comme girondin
et fédéraliste au tribunal révolutionnaire. Ce deuxième
décret, rendu avec trop de précipitation, dérangea le plan
que nous avions concerté à huis clos d'appeler Égalité en
témoignage contre l'épouse du ci-devant Roi..... L'attitude
des Girondins qui votèrent la mort conditionnelle du Roi
fut une des causes de leur perte. Les mêmes hommes
qui ont opéré le 10 août ont jugé Capet ; ils prétendent
s'innocenter à nos dépens. Non, non, tous les votants
pour la mort conditionnelle et pour l'appel au peuple
sont des égoïstes qui cherchaient leur salut à nos dépens

et au risque de la guerre civile. Déjà la Vendée était
sur pied. Si on assemblait le peuple après nos votes,
la révolte devenait générale. Point de milieu, ou Louis
était innocent, ou il était coupable : s'il était innocent,
la mort conditionnelle était une imposture à la conscience ;
s'il était coupable (et il ne pouvait l'être que par les événements que nous avions consommés par les Girondins),
la moitié de ses juges devait-elle escobarder pour son
salut et livrer l'autre moitié à l'animadversion du peuple
et de l'histoire ?..... Philippe Égalité, Bourbon par naissance, et juge incompétent d'un procès dans lequel il eût
dû se récuser, passa le troisième et expia sa vie passée
par une mort assez courageuse. En partant de Marseille,
il s'attendit à la mort. Nous le fîmes surveiller, car nous
étions aussi curieux que qui que ce soit de savoir comment il terminerait sa carrière.....

ANGE PITOU. — Enfin, si vous croyez à la République,
pourquoi conspirez-vous contre elle, comme vous avez
fait contre le Roi ?

VADIER. — La République en France eut pour nous
la saveur du fruit défendu. En 1788, tout le monde était
républicain sans le vouloir. Si les deux partis de la Convention ne valaient pas mieux l'un que l'autre, au moins
l'un d'eux, qui était la Montagne, conserva contre la
Gironde l'intégralité de la France.

ANGE PITOU. — Mais Louis XVI ne valait-il pas bien la
Montagne et la Gironde ?

VADIER. — Beaucoup de Montagnards ont condamné le
Roi moins pour sa culpabilité que comme coupable, par
son indulgence, des torts irréparables qu'ils ont eus envers
lui.

ANGE PITOU. — Vous avez assassiné Louis XVI comme
tyran, vos collègues de la Gironde comme fédéralistes

divisant l'État, Robespierre comme despote : maintenant vous attaquez le Directoire comme gouvernement oligarchique. Quelle puissance vous faut-il donc?

VADIER. — La comparaison du présent au passé nous rend insupportables à nous-mêmes. Combien de fois me suis-je surpris, à la tête du Comité de Sûreté générale, versant des larmes de regret de n'être plus dans ma petite place de conseiller au Présidial de Pamiers.

Le chanteur populaire a dû mettre dans la bouche de Vadier, sans protestation possible, des théories qui lui étaient absolument personnelles. Sans doute les hommes de toutes les opinions, que le malheur réunit dans la promiscuité des préaux politiques sont enclins à se pardonner, s'expliquer et se plaindre. Mais il est difficile de concilier les regrets et la prostration de Vadier avec son attitude si résolue, si railleuse et si énergique devant la Haute-Cour de Vendôme, où il devait revendiquer comme un honneur sa participation aux actes du gouvernement révolutionnaire.

CHAPITRE III

LA HAUTE-COUR DE VENDÔME

Chefs d'accusation contre Vadier. — Transfert à Vendôme. — Le fils
Vadier demande à défendre son père. — Refus du Conseil des
Cinq-Cents. — Interrogatoire de Vadier par le président de la
Haute-Cour. — L'accusateur national Bailly. — Défense de Vadier.
— La parole lui est enlevée. — Acquittement de Vadier. — Le décret de déportation. — Appréciation de Buonarroti. — Dévouement
de la seconde femme de Vadier. — Départ pour Cherbourg. — Au
fort de l'île Pelée. — Régime des prisonniers d'État sous le Directoire. — Élargissement de Vadier.

La pièce sur laquelle était étayée l'accusation de complicité de Vadier faisait partie des papiers saisis chez
Babœuf, d'après laquelle l'ex-conventionnel paraissait
devoir faire partie d'un comité insurrecteur en opposition
avec le comité organisé par Babœuf. On citait, de plus,
une lettre de l'accusateur public, près le tribunal criminel
de l'Ariège, annonçant un grand événement qui devait
incessamment arriver dans la République. Ces deux chefs
d'accusation résultent d'une lettre de Cochon, ministre de
la Police générale de la République, au ministre de la
Justice, en date du 23 prairial, an IV.

La lettre de l'accusateur public de l'Ariège, avait été
adressée au représentant Clauzel, en date du 9 pluviôse :

« L'attachement que je vous ai voué me force à vous prévenir d'une petite conversation dont le hasard me rendit témoin, hier soir, en passant sous la place couverte de Foix, enveloppé dans mon manteau. Plusieurs partisans de l'anarchie fesaient une conférence sur les affaires du temps et voici à la lettre ce que j'entendis : Ou Vadier sera bientôt guillotiné ou il fera bientôt guilloliner Clauzel ; le règne des factieux de Thermidor est passé ; le Directoire n'en veut plus, on les coupera tous, comme ils ont fait couper les autres. Nous saurons bientôt par Vadier l'issue du grand événement et, alors, c'est à nous de nous tenir fermes ici ; tandis que lui abattra là-bas ses ennemis, nous ferons ici justice des nôtres et nous recomposerons une autre Convention qui mettra tout au pas.

Voilà, citoyen, dans la plus exacte vérité, ce que j'ai entendu de mes deux oreilles ; je n'ai eu qu'un instant pour saisir au passage les mots que je vous rapporte, c'est à vous à tirer parti de cet avis et à vous défier tant des menées ostensibles que cachées de votre plus dangereux ennemi. Point de reconnaissance, ny de remerciement, je dois à moi-même et à ma reconnaissance pour un service que vous m'avez rendu de vous prévenir de ce que j'ay entendu sur votre compte.

Salut et fraternité, J.-F. VIDALAT. »

La pièce saisie chez Babœuf n'était guère plus explicite ; elle dénotait la volonté bien arrêtée d'écarter du mouvement Vadier et ses anciens collègues : « Il est question d'atténuer les efforts d'un Comité d'insurrection qui veut naitre à côté du nôtre, mais qui n'est pas en mesure, qui est sans moyens sous tous les rapports et que nous ne croyons pas capable de faire le bien, quoique nous soyons éloignés de supposer à ses auteurs des intentions préci-

sément mauvaises. Ce Comité veut se composer des Amar,
Vadier, Laignelot, Javognes, Choudieu, Ricord et autres,
tous personnages qui ont déjà tâté du pouvoir et qui, les
uns par l'usage qu'il en ont fait, les autres par le peu de
caractère qu'ils ont mis à le conserver intact dans leurs
mains, nous donnent lieu à de justes méfiances, nous forcent
à les séparer de nous, tout au moins, avec d'autant plus de
raison que nous doutons fort qu'ils aient pour objet précisément un but aussi accompli que le nôtre, c'est-à-dire
le plus grand triomphe des principes démocratiques et le
bonheur de tous... Ces hommes ont bu dans la coupe du
pouvoir, ils ne se sont pas montrés tous et rigoureusement démocrates : il faut des hommes neufs, des hommes
purement sans-culottes et de véritables hommes du peuple. »

Vadier fut transféré à Vendôme la nuit du 10 au 11 fructidor; la Haute-Cour nationale devait siéger à l'Abbaye
de la Trinité convertie en prison et Palais de Justice. Au
Conseil des Cinq-Cents, où dominait un fort courant anti-
révolutionnaire, Rouyer réclamait la déportation pour
l'être exécrable aux soixante ans de vertu.....

Le 2 vendémiaire an V, le fils Vadier demandait au
Conseil l'autorisation de défendre son père devant la
Haute-Cour; il désirait se rendre à Vendôme, non seulement pour remplir cette tâche, mais encore pour lui pro-
diguer ses soins. Dans ces circonstances, il sollicitait,
sans l'obtenir, une loi l'y autorisant. Le Conseil des Cinq-
Cents passa purement et simplement à l'ordre du jour.

Parmi les diverses pièces de procédure[1] relatives à
Vadier près la Haute-Cour de Vendôme, la plus intéressante est la déposition du représentant Leonard Gay-

1. Archives nationales. W. 565, n° 6.

Vernon, qui avait rencontré Vadier entre Argenton et
Limoges ; il lui dit combien était profonde la douleur que
lui causaient les événements survenus à Paris ; ils ne
pouvaient réjouir que les ennemis de la liberté et de la
République. Personne n'était plus attaché que lui aux lois
et au gouvernement, ni plus ennemi de tout ce qui peut
troubler l'ordre public.

Le 22 germinal [1] Vadier fut interrogé par le président ;
il raconta son voyage tel que nous le connaissons d'après
la lettre adressée au président du jury de la Seine :
« L'ordre de quitter Paris n'avait été donné qu'à moi
des ex-conventionnels, parce que j'avais la haine honorable de tous les royalistes et qu'il fallait nécessairement
commencer par moi. On me signifia un ordre de sortir de
Paris, appuyé sur des lois qui regardent les étrangers ».
Il était donc absent aux réunions des ex-conventionnels,
qui auraient eu lieu notamment le 18 floréal, il ne croyait
pas à leur existence. « Comment voulez-vous que j'aie eu
connaissance de ces réunions fabuleuses? Je crois qu'elles
n'ont jamais existé et, quand elles eussent existé, l'*alibi*
est formel.

Le Président. — Voyez si vous avez quelque chose de
plus à dire?

Vadier. — Que voulez-vous que je vous dise? J'ai observé que j'étais parti de Paris le 10, à huit heures du
matin ; j'ai été à Bagneux et, le 21, je suis parti pour
Toulouse et je n'y ai pas vu un chat qui m'ait parlé d'une
conspiration. J'ai été bien surpris quand on m'a arrêté,
et ce qu'il y a de plus fort, c'est que j'avais demandé mon
fils pour me défendre et qu'on me l'a refusé ; mais c'est
égal, je n'ai pas besoin de défenseur dans cette affaire.

1. Débats du procès de Vendôme, recueillis par des sténographes ;
p. 514, t. III. — Bibliothèque nationale.

Léonard Gay-Vernon [1] adressa une déposition dont il fut donné lecture. Elle confirmait sa précédente déclaration. Pour sonder Vadier, il lui avait demandé s'il serait fâché qu'il rendît publique leur rencontre fortuite; il le pria de n'en faire aucun mystère, d'en parler même à des journalistes; il lui témoigna combien était profonde la douleur que lui causait la nouvelle des événements de Paris. A ses offres d'argent, il répondit qu'il avait trente louis en or. En se séparant, le citoyen Vadier le chargea de faire savoir à une citoyenne, résidant à Paris, et qu'il nommait *Jeannette*, qu'il se portait bien. Le député avait, dès son retour, instruit le ministre de la Police de cette rencontre.

Vadier continue : On a eu l'injustice, pendant que j'étais dans la prison à Toulouse, de me faire garder à vue nuit et jour par un piquet de gendarmerie; on voulait donner l'idée qu'on pourrait craindre mon évasion et que la tranquillité publique serait troublée; il y avait de l'artillerie volante pour mon arrestation, deux bataillons et de la cavalerie. On arrêta mon fils. Dans ma défense, j'espère faire ressortir tout cela; il devient nécessaire que j'instruise non seulement la Haute-Cour, mais le peuple entier.

Le défenseur Réal, faisant allusion à la détention de Fleuré, dit : Il n'y a eu de laissé en liberté que le dogue qui les accompagnait.

Vadier, toujours railleur : Le dogue fut pris aussi.

On me fit partir, il ne me fut pas possible de voir même Fleuré. On me fit partir avec les hardes que j'avais sur le corps, sans pouvoir communiquer ni avec mon fils, ni avec mes parents. Je fus transporté sur la grande route et là je trouvai une espèce d'armée qui entourait une

1. Page 516. *Id.*

berline. Nous fûmes entassés avec trois officiers de gendarmerie et le maréchal des logis dans une berline à trois places. Vers neuf heures, à Caussade, la foule nous environna, disant : Nous voulons voir le scélérat Vadier. Chacun s'arme de pierres; une grêle de pierres tomba sur la voiture pendant qu'on relayait les chevaux. Ces officiers de gendarmerie étaient de braves gens, quoique je n'entre pas dans leurs opinions; mais ce sont des gens humains. Ils me dirent : Citoyen, ne vous inquiétez pas, ce n'est rien, laissez-nous faire. Ils fermèrent les vasistas; ils se mirent derrière la voiture, le pistolet à la main et disant qu'ils allaient casser la tête au premier qui avancerait. Ils eurent ensuite cette attention très ingénieuse de me travestir sous l'habit du maréchal des logis. Lorsque nous fûmes à Cahors, ils se gardèrent bien de dire qu'ils venaient de Toulouse. Ils disaient : Nous venons de Perpignan. — Qu'alliez-vous faire à Perpignan? — Nous y avons été pour réorganiser la gendarmerie nationale. — C'est bien, n'avez-vous pas ouï-dire qu'on a arrêté un grand conspirateur, un grand coupable à Toulouse? — Oui, il doit passer dans huit ou dix jours; il passera peut-être par ici. — Oh! s'il passe par ici, il n'ira pas plus loin. Voilà comme je fus accompagné en revenant à Paris.

L'accusateur national[1] Bailly ne regardait point Vadier comme exempt de blâme et d'imprudence, mais il ne trouvait pas de preuves suffisantes pour le déclarer auteur ou complice de la conspiration. Après avoir désigné les accusés qui avaient volontairement et personnellement pris part à la conspiration, il convint qu'il ne pouvait comprendre Amar et Vadier dans cette catégorie : « l'un

1. Débats de la Haute-Cour de Vendôme, p. 123, t. IV, le 10 floréal.

était absent et éloigné de Paris, aux époques les plus
marquantes de l'exécution du plan des deux partis conjurés contre la sûreté intérieure de la République; l'autre
n'est atteint que par les *on-dit* qui sont loin de faire impression sur nous et, à l'égard de tous deux, le débat n'a
produit ni preuve, ni présomption d'un fait direct et personnel de participation à la conspiration. »

Le 22 floréal, Vadier prit la parole : « Quoique l'accusateur national ne m'ait pas trouvé coupable, cependant
je dois éclairer le jury, qui n'a pas encore prononcé. Je
suis dépouillé de tout : il ne me reste que mon honneur
et je prétends le conserver. Rien n'est plus glorieux que
d'avoir été membre de cette Convention qui a fondé la
République et à laquelle nous devons nos succès militaires qui en ont été le fruit. Le massacre des patriotes
est organisé partout et mis en permanence. On traite les
illustres journées du 14 Juillet et du 10 Août de soulève-
ments et les principes patriotiques de rêveries honteuses
et d'opinions pestilentielles. »

Cet accusé, dit le *Moniteur* à qui nous empruntons le
compte rendu des débats, a fait une apologie très étendue
et très complète du gouvernement révolutionnaire, qu'il
regarde comme le meilleur modèle qu'on puisse suivre
pour bien gouverner. L'accusateur national, Bailly, n'a pu
souffrir que ce prévenu fît un plus long éloge de l'assassinat, du vol, de l'incendie, fruits funestes et naturels du
plus exécrable régime qui jamais ait dégradé les hommes.
Il n'a pas eu de peine à confondre cet insensé. Il a dit
que ce n'était point ici le lieu d'entendre l'apologie de la
conduite révolutionnaire de cet accusé, qu'il devait se
renfermer dans sa défense et ne parler que sur le contenu de son acte d'accusation. Il a demandé au tribunal
un jugement conforme à ses conclusions. Le tumulte a

été extrême parmi les accusés, dont plusieurs paraissaient écouter le discours de Vadier avec délices.

Vadier. — Vous m'arracherez la vie plutôt que de m'empêcher de parler.

Amar criait que c'était une injustice. Le président lui a fait observer qu'il n'a pas la parole. Amar continuait toujours et l'ordre fut donné de le conduire dans sa prison. Plusieurs prévenus voulurent le suivre, mais les gendarmes s'y opposèrent; les plus violentes imprécations retentissaient dans la salle d'audience lorsque le jugement suivant fut rendu : « Attendu que le citoyen Vadier n'a point voulu parler sur sa défense, et que tout ce qu'il a dit ne tend qu'à faire l'apologie du gouvernement révolutionnaire, la Haute-Cour ordonne que la parole sera ôtée à cet accusé. »

Vadier. — Je ne pourrai donc pas me défendre?

Le président. — Défendez-vous, parlez de votre accusation et ne faites pas l'apologie du gouvernement révolutionnaire.

Vadier. — Puisque vous m'ôtez les moyens de prouver que toutes les persécutions que j'ai éprouvées sont injustes, je n'ai plus rien à dire.

Le lendemain, Vadier veut continuer sa défense. Il ne change rien à son mode de justification : il fait encore l'apologie « de toutes les horreurs qui ont dévasté notre patrie, et du gouvernement révolutionnaire qu'il regarde toujours comme le plus sublime des gouvernements. » Il fut de nouveau rappelé à l'ordre et applaudi par ses coaccusés.

L'un des jurés s'était plaint des atteintes portées à la liberté de la défense. La Haute-Cour maintint son jugement et la parole fût ôtée à Vadier qui interpella le chef du jury en le priant de la lui faire maintenir. Le chef du jury ne voulut pas interrompre les débats, mais, à la fin de la séance, il déclara qu'il avait dû s'abstenir de toute réclamation « contraire à ce caractère d'impassibilité qui convient à des jurés républicains et que les accusateurs nationaux, ainsi que les accusés, ont fait souvent remarquer en ceux dont j'ai l'avantage d'être le chef. »

Le 7 prairial, tandis que Babœuf et Darthé étaient condamnés à mort et exécutés, Vadier fut acquitté; mais il resta en détention en vertu du décret de déportation qui l'avait frappé sur les bancs de la Convention. Le nom de Vadier avait été omis dans le décret du 4 prairial; les juges de la Haute-Cour et le gouvernement, par une interprétation vraiment pharisaïque des textes, soutinrent qu'il y était du moins *sous-entendu*.

Dans son livre sur *Gracchus Babeuf et la conjuration des égaux*, Philippe Buonarroti apprécie sévèrement cette injuste mesure : « Ce malheureux vieillard qui, par l'intégrité avec laquelle il avait rempli, avant Thermidor, les fonctions difficiles de président du Comité de Sûreté générale, s'était attiré la haine aveugle des ennemis de la Révolution et de la justice, venait à peine d'échapper à une sanglante proscription, lorsqu'on saisit un nouveau prétexte pour l'y replonger. Quoiqu'il n'eût eu aucune connaissance de la conspiration et qu'aucun soupçon ne s'élevât contre lui, il fut arrêté, traîné à travers mille dangers de Toulouse à Paris, mis en accusation et traduit à Vendôme. Dans le cours des débats, il essaya en vain de justifier sa conduite publique, la parole lui fut ôtée. Cependant force fut de l'acquitter; mais, tout en l'acquittant, on ordonna que sa détention continuerait, attendu, ce fut le motif allégué, qu'il existait un décret de la Convention qui le déportait. Le croira-t-on? ce décret avait été révo-

qué et n'existait plus. Et ce fut par une erreur de fait si
facile à vérifier que les membres du premier tribunal de
la République, auxquels une loi avait attribué le don de
l'infaillibilité, infligèrent arbitrairement, et sans interroger là-dessus la partie intéressée, une peine très grave qui
dura longtemps et eût été perpétuelle, si le grand crime
du 18 brumaire n'y avait mis un terme. »

Vadier, avec cinq autres condamnés à la déportation,
fut dirigé sur Cherbourg, à destination de Cayenne. Heureusement pour lui, la flotte anglaise, en croisière devant
la rade s'opposait à la sortie des bâtiments. Son ancienne
gouvernante, devenue sa femme, fut d'un dévouement
admirable durant ces quatre années de captivité, subies
au milieu des privations les plus dures, les biens de
Vadier ayant été placés à nouveau sous séquestre. Sa
touchante abnégation éclate dans une lettre qu'elle adressait au ministre de la Justice quelques jours après le jugement. Elle protestait contre la détention illégale de son
mari. Après avoir établi juridiquement que le décret du
12 germinal n'existait plus, puisqu'il avait été rapporté
par celui du 4 prairial, elle continue : « A l'époque du
20 vendémiaire, mon mary ne se trouvait frappé par
aucun décret. Il n'était ni accusé, ni déporté. Il n'avait
donc pas besoin d'amnistie. Il est remarquable qu'à cette
époque la Constitution de l'an III était acceptée par le
peuple français et que dès lors les pouvoirs étant démar-
qués et leurs limites bien posées, on ne pouvait plus
renouveller contre mon mari des mesures révolutionnaires
de sécurité générale ou de proscription arbitraire. Lorsqu'on supposerait quelque obscurité dans le silence qu'on
a gardé à son égard dans le décret du 20 vendémiaire, on
ne pourrait *l'interpréter qu'en sa faveur* et si, par impos-

sible, il demeurait le moindre doute sur son entière absolution, la loy d'amnistie du 4 brumaire, dont il est évident qu'il n'avait pas besoin, achèverait de le résoudre. La Convention nationale reconnut si bien que mon mari était exempt de toutes recherches, qu'elle lui fit payer des indemnités, leva des scellés, restitua des effets et papiers, même ceux qu'il avait produits à la Commission des Vingt-et-Un. Le gouvernement actuel ordonna de son côté la main levée du séquestre qui avait été mis sur ses biens. Dans cet état de choses, pouvait-il s'attendre, citoyen ministre, qu'à la faveur de l'injuste accusation où ses ennemis l'ont enveloppé, on pourrait renouveller contre luy un ancien sistème de persécution ? Le corps législatif n'avait pas le droit de créer contre luy une exception qui n'existait pas dans la loy d'amnistie du 4 brumaire. Il n'avait pas le droit d'exercer par cet acte le pouvoir judiciaire qui luy est interdit par la constitution, d'infliger une peine afflictive ni d'y remplir, envers un citoyen qui n'est plus membre de la législature, les fonctions de juré accusateur.

J'ai donc eu raison de dire que mon mary est détenu par ordre arbitraire, que le jugement de la Haute-Cour contient une énonciation fausse et erronée et un véritable abus de pouvoir. J'ai crû, citoyen ministre, devoir vous dénoncer cette infraction à la Constitution et réclamer vos bons offices auprès du gouvernement pour obtenir la liberté de mon mary, si vous ne croyez pas devoir l'ordonner vous-même. Déporter mon mary à l'âge de 64 ans, accablé d'infirmités, affaissé sous le poids du chagrin et des persécutions qu'il éprouve, ce serait lui porter le coup de la mort. Pareil traitement serait, citoyen ministre, aussy contraire à votre justice qu'aux sentiments d'humanité. J'ay donc droit de compter que vous voudrez bien

luy accorder au moins le choix de son tombeau ; si je suis
trompée dans mon attente, si vous ne pouvez suspendre
sa déportation, si sa proscription enfin est décidée, je
demande, citoyen ministre, qu'il me soit permis de le
suivre dans son exil, de partager sa destinée, de le servir
dans sa vieillesse, de mesler mes cendres dans le même
tombeau. Je demande de pouvoir m'embarquer sur le
même bâtiment, et que le gouvernement m'accorde, à
cet effet, les passeport et ordres nécessaires. La loy qui
me permet de suivre mon mary deviendrait inutile, si sa
détention m'est inconnue, si je ne peux veiller à son existence et le suivre dans son trajet.

Veuillez, citoyen ministre, prendre en considération
ma demande qui est le vœu de la justice, de l'humanité,
de la tendresse conjugale ; de ce qu'il y a de plus doux
dans le malheur, de plus équitable et de plus sacré sur la
terre. Salut et respect.   J. VADIER.

La femme de Vadier multiplia ses démarches. Désireuse
d'adoucir, en la partageant, l'infortune de son mari, elle
alla demander un passeport au ministre de la Marine qui
lui répondit : « Allez, madame, et donnez-lui l'assurance
que tant que je serai ministre, il n'y aura pas de frégate
pour le transférer à Cayenne [1]. »

Vadier et les cinq autres accusés condamnés à la déportation avaient été, par ordre du ministre de l'Intérieur,
en date du 26 prairial an V, transférés de Vendôme à
Cherbourg sous la conduite d'un agent du directoire et de
sept hommes d'escorte.

Ils parcoururent cette longue route, écrit Buonarroti
qui faisait partie du sinistre voyage « enchaînés et en-

---

1. *Dictionnaire biographique de Rabbe.*

fermés dans des cages grillées, tantôt exposés aux menaces, tantôt recevant les plus touchantes marques d'affection et de respect. A Falaise, à Caen et à Valogne, ils
coururent d'imminents dangers, mais ils furent accueillis
avec amitié et honorés au Mellereau, à Argentan et à
Saint-Lô. Dans cette dernière ville, le maire, à la tête du
corps municipal, les complimenta et les embrassa en les
appelant mes frères malheureux : « Vous avez défendu,
dit-il, les droits du peuple, tout bon citoyen vous doit
amour et reconnaissance. » Par arrêté du Conseil général,
ils furent logés dans la salle des séances, où les secours
et les consolations leur furent prodigués. Pendant longtemps, les habitants de Vendôme montrèrent, avec atten-
drissement aux voyageurs, la dernière demeure des
martyrs de l'égalité. »

Ils arrivèrent à Cherbourg le 14 messidor. Le ministre
de l'Intérieur avait chargé [1] la municipalité de Cherbourg
de prendre des mesures pour recevoir ces condamnés, en
dépôt, dans la prison de la ville ; mais cette prison n'existant pas, la municipalité s'était concertée avec l'autorité
militaire pour que des locaux alors vacants du fort de l'île
Pelée, à l'entrée de la rade, fussent affectés à ces prisonniers d'État, de sorte que la municipalité les fit aussitôt
conduire à cette forteresse.

La *salle* du fort national dite *du Conseil* devait leur servir
de logement commun, mais à la suite d'entreprises de violence, et de propos menaçants tenus par certains détenus
contre leurs conducteurs et Buonarotti « dont les jours
seraient mal en sûreté si on les réunissait dans une
chambre commune de détention », Cazin, Moroy et Blon-

1. Renseignements communiqués par MM. Paul Piton et Amiot,
bibliothécaire-archiviste de Cherbourg, d'après les registres de correspondance conservés aux archives de la Ville.

deau furent emprisonnés dans un autre local de la forteresse et par suite Vadier, Germain et Buonarroti occupaient seuls la chambre du Conseil. En vue d'empêcher toutes communications entre les détenus et la garnison du fort, les fenêtres de la chambre du Conseil avaient été, préalablement à l'arrivée des condamnés, pourvues extérieurement d'un entourage en bois, dont la partie supérieure évasée et ouverte permettait péniblement l'entrée du jour et de l'air. Le masque de ces fenêtres fut enlevé sur l'observation de l'officier de santé du fort, que l'imparfait renouvellement de l'air était préjudiciable à la santé des détenus, très altérée déjà par la fatigue du voyage.

Un *règlement d'ordre et de police à suivre pour la détention des condamnés de la Haute-Cour* avait été arrêté, dès le 11 messidor an V, par la municipalité de Cherbourg, à laquelle incombait, selon les ordres ministériels, la surveillance administrative de ces condamnés. Ce règlement en vingt articles allouait aux détenus, pour leur subsistance, vingt-quatre onces de pain blanc par jour et, pour boisson, de l'eau, sauf aux intéressés à se nourrir autrement, mais à leur frais. Ce régime fut bientôt amélioré après attestation par le médecin de l'insuffisance de cette nourriture ; le ministre de l'intérieur avait invité l'administration municipale à provoquer les déclarations des détenus qui n'avaient pas la possibilité d'améliorer, par leurs ressources pécuniaires, la nourriture prévue par le règlement ; et de fournir à ceux-ci une soupe et une demi-livre de viande, ou l'équivalent à dîner ; et, le soir, un demi-litron de légumes. Les dépenses de nourriture[1], et

---

1. En l'an VI, le cantinier Haïron, accusé de lésinerie par les détenus qu'il s'était chargé de nourrir, se désista de cette convention, en alléguant des pertes. Une femme Zambiel lui succéda, mais elle fut

autres frais d'entretien des prisonniers furent fixés pour
chacun à quarante-deux livres par mois. Toutefois, des
négligences ou des retards s'étant produits, de la part du
ministère, dans les délégations au payeur du département des crédits nécessaires à l'acquittement de ces
dépenses, et celui-ci ayant, par suite, refusé d'accueillir
les ordres de paiement qui lui furent présentés à ce
sujet, l'administration municipale se trouva dans une
situation fort embarrassante, dont elle se plaignit au
ministre, par lettre du 14 fructidor, lettre dans laquelle
il est exposé que cette situation « devenait une arme
dangereuse entre les mains de la malveillance, qui, cher-
chant sans cesse à tout envenimer et à tout détruire,
publiait que l'oppression des vrais patriotes était à l'ordre
du jour et qu'on l'exécutait dans les personnes de Buona-
rotty et consors ». La municipalité ajoutait « que l'on
avait vu des militaires de la garnison du fort partager la
meilleure partie de leur nourriture avec les détenus ».

Il était permis aux condamnés, par ce règlement, de se
promener deux fois par jour et une heure chaque fois, sur
la troisième batterie du fort. Ils devaient être escortés,
dans ces promenades, par le sergent du poste et deux
hommes de garde, dont la consigne était de suivre les
détenus « de même pas » sans leur parler ni communiquer. La rigueur du vent et du froid, pendant l'hiver, sur
cette batterie haute, ayant conduit les condamnés, an VI,
à demander à l'administration municipale qu'elle leur
assignât, pour leurs promenades, un endroit plus abrité,
ils obtinrent l'autorisation d'effectuer leurs promenades

sans doute obligée de renoncer à cette entreprise, ainsi qu'il semble
résulter d'un ordre qui fut donné, au concierge du fort, de laisser
un couteau à chacun des détenus, qui, chargés de se nourrir, ne
pouvaient se passer de cet objet pour faire leur cuisine.

réglementaires dans une galerie attenante à leur logement. Un arrêté du Directoire exécutif, du 26 fructidor
an VII, parvenu à la municipalité de Cherbourg le cinquième jour complémentaire, ordonna que Vadier serait
provisoirement mis en liberté, pour se retirer dans la
commune de Chartres. Cet arrêté reçut son exécution le
1er vendémiaire an VIII.

CHAPITRE IV

Le salon du conventionnel Chasles. — Les conventionnels survivants. — Souvenirs de Philarète Chasles. — Un procès civil. —
Testament de Vadier. — Domiciles successifs de Vadier. — La
famille de Vadier. — Les enfants et la seconde femme de Vadier.

Vadier ne fit dans l'Ariège que de courtes apparitions,
et c'est à Paris qu'il installa son foyer pendant toute la
durée de l'Empire. Il vivait parmi « tous les débris de la
République, toutes les têtes épargnées, oubliées ou seulement effleurées par les grandes tempêtes précédentes »
qui se donnaient rendez-vous à l'Hôtel Flavencourt, chez
l'ex-conventionnel d'Eure-et-Loir, Chasles « *en catimini*,
rasant les murs, tremblant d'être aperçus ». Dans ses
Mémoires, Philarète Chasles a rendu avec une rare inten-
sité de vie, avec une vigoureuse puissance d'observation
l'impression causée à son œil d'enfant par la vue de ces
vieux conventionnels. « Quand je lus plus tard dans les
histoires que le farouche Amar était un loup, que Malla-
vine avait présidé les plus terribles séances de la Convention, et que Vadier était une hyène, je n'en revenais pas.
Ces loups et ces hyènes étaient de fort bonnes gens et je
les peindrais tels que mon enfance les a vus, sans partia-

lité : la jeunesse voit juste et ne pardonne pas ; l'enfance
est encore plus barbare. Tous ces hommes n'étaient ni
bons ni méchants. Une passion intense, générale, publique, contemporaine, les avait emportés comme un
torrent emporterait un nageur qu'il soulèverait en l'en-
traînant. Aussi paraissent-ils grands et redoutables parce
qu'ils bondissaient sur les flots rouges et tumultueux
d'une révolution. Hors de ce courant impétueux c'étaient
les meilleurs et, à quelques exceptions près, les plus
honnêtes gens du monde ; ardents, sans cela ils n'auraient
pas été portés à la cime des houles révolutionnaires ;
esprits en général faux, ils ne voyaient pas que le mouvement suivi par eux était passager et factice ; enfin médiocres, la plupart, quant à l'intelligence, mais point
cruels. »

Voici le magistral portrait de Vadier :

« Le roi des Voltairiens conventionnels, c'était le vieux
Vadier. Imaginez Voltaire à quatre-vingts ans, Voltaire
amaigri, le nez crochu, le menton plus pointu, l'œil plus
petit et scintillant dans son orbite ; Voltaire gascon ; suppléant à l'aménité du courtisan par la vivacité pétulante
du Provençal. Il y avait un point d'interrogation dans
toutes ses phrases, une épigramme dans chaque sourire,
une malice dans chaque attitude. Il était grand comme
Saturne, osseux et décharné comme lui ; quelques rares
cheveux blancs pendillaient sur sa tête chauve, dont tous
les traits étaient recourbés et toutes les lignes acérées.
Près de lui se tenait presque toujours debout une grande
et belle personne brune, Provençale de teint et d'expression, aux prunelles ardentes et fixes, remarquable d'ailleurs, et dont la vivacité contenue, semblant dominer
une mélancolie profonde, étonnait mon esprit d'enfant
comme un inconcevable mélange. Rien n'était plus cu-

rieux aussi que de voir, en face du monosyllabique Vadier, plus spirituel par ses gestes et ses réticences même que par ses rares discours, quelque adepte révolutionnaire de Jean-Jacques et de Raynal, toute verve, tout élan, toute ardeur; la neige près du volcan. Ces destructeurs absolus du monde ancien m'avaient environné sans m'effrayer. L'aspect de Vadier narguait ma compréhension enfantine. Je me le rappelle comme s'il était en face de moi, entouré de tisanes de toutes les espèces, placées sur la cheminée, dans la cheminée, et sur une petite table ronde à la mode de Louis XV; courbé en deux, en relevant sa tête blanche pour ricaner tout bas, avec un bruit sec et strident qui vibrait sans retentir. Je le regardais et ne pouvais me lasser de cette contemplation; je ne savais pas alors qu'il renfermait l'énigme d'un monde entier. Des cent années précédentes il résumait toute la portion sarcastique, dénigrante et destructive. C'était l'ironie froide et inexorable; il ne prononçait que des mots, et ces mots étaient la plupart du temps d'une syllabe; on eût dit qu'en parlant il se moquait de sa parole. La Révolution était pour lui la pointe sanglante d'une épigramme. Au milieu de tout cela je l'ai vu donner à des pauvres; il avait de l'humanité, et son œil cave brillait de fureur, si l'on racontait en sa présence un trait d'oppression ou de barbarie. Quant aux siècles monarchiques il ne les concevait que profondément ridicules, et il les traitait comme un satirique traite un mauvais auteur. Ainsi les railleurs de tout un siècle, en remontant de Champfort à Fontenelle, se concentraient dans ce vieillard extraordinaire. Avec plus de fougue et de grâce, il eût été moins complet; tel que je le vis, ce n'était plus un homme, mais une négation. »

L'intégrité de Vadier resta toujours au-dessus du soupçon ; il ne voulut même acquérir légitimement aucun bien national, entre autres la propriété voisine de Peygulier, qui appartenait autrefois aux jésuites du collège de Pamiers, pour qu'on ne pût lui reprocher d'avoir bénéficié de la Révolution. Avant comme après 1789, le patrimoine de Vadier se composait de trois grandes propriétés, celle de Bordenave, près Belpech à la limite de l'Ariège et de l'Aude ; celle de Peyroutet et celle de Nicol. Cette dernière avait été acquise le 4 septembre 1764 de Mme Lavaysse, mariée à La Baumelle, en échange de la terre et seigneurie du Carla. Mme Lavaysse était la sœur de l'un des co-accusés de Calas à Toulouse ; elle s'était mariée à La Baumelle, l'historien de Mme de Maintenon, qui chercha à utiliser son renom d'homme spirituel en luttant de son mieux contre la popularité de Voltaire : il mourut à Paris en 1773.

Ce contrat d'échange devait, un demi-siècle plus tard, servir de base à un de ces procès si nombreux auxquels donnèrent ouverture les lois de la Révolution. En voici l'origne : l'une des clauses du contrat portait qu'en cas d'éviction ou de dépossession de ladite terre et seigneurie du Carla, soit de la part du Roi, soit de la part d'autres personnes, ladite dame de La Baumelle rentrerait de plein droit dans l'entier domaine de Nicol « dans le même état où il se trouvera pour lors, de même qu'en pareil cas ledit sieur Vadier rentrerait dans sa terre et seigneurie du Carla ». En l'an IX, les héritiers La Baumelle, affirmant que la suppression des droits seigneuriaux avait réalisé cette condition résolutoire, prétendirent rentrer dans la propriété de Nicol. Vadier proposa un arbitrage qui fut refusé. Une instance s'engagea. Le juge de paix de la Butte-des-Moulins ne put concilier les parties. Vadier, qui comparut sur la citation', dit qu'elle était « des plus mal fondées sous tous les rapports de fait et de droit, comme on le prouvera si, au mépris des lois qui nous régissent, des principes les plus familiers et des exceptions les plus péremptoires, la citoyenne Lavaysse (veuve Angleviel) vient à donner des suites à une instance aussi légèrement engagée [1]. »

Une très longue procédure s'instruisit; Vadier fut condamné une première fois par défaut, le 13 fructidor an XI; mais la procédure était, paraît-il, entachée de nullité, et lorsque Vadier fit opposition au jugement, les héritiers La Baumelle ne se présentèrent pas à leur tour. Les intérêts de Vadier étaient défendus par Prieur (de la Marne), son ancien collègue à la Convention, qui avait conquis une situation importante au barreau de Paris. Les détails de l'affaire sont d'un médiocre intérêt; disons que les adversaires furent finalement condamnés, le 13 août 1811, à rembourser les frais occasionnés par leur instance téméraire.

Après le gain de son procès, Vadier vint passer quelque temps à sa propriété de Peyroutet. Une lettre nous le montre très préoccupé du prompt règlement de ses affaires : elle vaudrait la peine d'être citée en entier, car elle prouve l'excellence des relations de l'ancien conventionnel avec les bourgeois de Pamiers, dont quelques-uns comptaient des parents parmi les victimes de la période révolutionnaire : ils ne dédaignaient point de demander sa protection auprès des puissants du jour qui étaient ses amis après avoir été ses collègues à la Convention. Il obligeait ses compatriotes de tout son pouvoir, et se tenait néanmoins à l'écart du gouvernement impérial.

1. Pièce écrite de la main de Vadier.

Vadier avait apporté à la défense de son patrimoine privé la même énergie qu'il avait déployée autrefois dans les affaires publiques. Quelques années après, il écrivait son testament olographe dont il nous paraît intéressant de reproduire les parties essentielles :

Testament de Vadier[1].

Après avoir adoré le Souverain Créateur de tous les êtres, imploré sa miséricorde pour le salut de mon âme, la paix, l'union et le bonheur de ma famille, j'ai écrit mes dispositions de dernière volonté, dans le présent testament olographe, ainsi qu'il suit : Je veux qu'au désir de la loi, les trois quarts de mes biens, composant la réserve légale, soient partagés entre mes trois enfants qui sont : Jacques-Roger-Honoré-Philippe Vadier, mon fils aîné, habitant à Toulouse; Jean-Baptiste-Joseph-Marie Vadier, mon fils puîné, habitant à Rieux de Pelleport, au département de l'Ariège, procréés l'un et l'autre de mon premier mariage avec feue Jeanne-Marie Lavigne, et Marie-Prudence-David Vadier, ma fille, provenue de mon second mariage avec Jeanne Ferran, auquel effet j'institue mes trois enfants mes héritiers particuliers à titre de legs universel, en la réserve légale... Venant à la quotité disponible desdits biens, je donne et lègue à Jeanne Ferran, mon épouse, tout ce que la loi m'accorde la faculté de disposer, et qui consiste au quart de tous mes biens, meubles et immeubles, en toute propriété, pour, par elle, en jouir et disposer comme de ses biens propres; je l'institue aussi mon héritière

1. L'original du testament, à demi rongé par les souris, est déposé en l'étude de Mᵉ de Faure-Massabrac ; une copie dûment légalisée se trouve entre les mains de M. Lavigne, à Crampagna.

particulière, à titre de legs universel en la quotité disponible. Les motifs de mes libéralités envers mon épouse
sont bien connus de ma famille : personne n'ignore
qu'elle a sauvé ma vie et ma fortune des orages de la
Révolution, partagé mes malheurs et ma captivité, réparé,
par son économie, le désordre de mes affaires et prolongé
mes jours par ses soins et les preuves continuelles de sa
tendresse. Procédant au partage de ma succession, en
vertu du pouvoir qui m'en est accordé par la loi, ma
volonté est que le plus important de mes biens immeubles,
qui est incontestablement le domaine de Bordenave, situé
au territoire de Belpech, devienne l'appanage de mes deux
fils du premier lit. Je veux que celui de Jeanne Ferran,
mon épouse, soit composé comme je le compose, du domaine de Peyroutet, situé au territoire de Montaut, maison et terres qui en dépendent et de ce qui s'y trouvera à
mon décès.

Enfin, la part héréditaire de Marie-Prudence-David
Vadier, ma fille provenue de mon mariage avec Jeanne
Ferran, sera composée comme je la compose du domaine
de Nicol, situé au territoire de Montaut, avec ses bâtiments, terres et dépendances ».

Après avoir calculé les dépréciations résultant du partage, il établit les reprises dotales, fixe les soultes et propose des expédients amiables pour éviter les formes
dispendieuses des gens de plume. Les malheurs de la
Révolution avaient bouleversé sa famille, sa fortune, sa
destinée.

« Lors du décès de Jeanne-Marie Lavigne, qui arriva le
15 floréal an II de la République, mes deux fils se mirent
en possession, en mon absence, du domaine de leur mère
et de tout ce qui pouvait lui appartenir dans la maison :
il en coûterait trop à mon cœur de leur rappeler qu'ils se

marièrent tous les deux sans m'en prévenir et sans demander mon consentement, qu'en profitant ensuite de
cette même absence et des malheurs et tribulations
immérités qui en furent la suite, on évacua [1] de fond en
comble mes deux maisons à la ville et à la campagne,
celle de ma mère décédée, tous mes revenus accumulés
sous la régie de mon fils aîné, argent monnayé, bijoux,
argenterie, linge de table et de corps, cuivre, literie,
meubles meublants, glaces, bibliothèques, tableaux et
gravures, tous mes papiers, titres honorables de ma profession et justificatifs de ma vie publique et privée, titres
de créances, contrats et papiers de famille, et tous autres
actifs ou passifs, quittances de tout genre, enfin jusqu'aux
orangers de mon jardin, etc., etc. A cette spoliation totale
fut ajoutée celle de l'entière succession de Philippe Massot, ma mère, qui décéda aussi pendant mon absence et
ma mission à Paris. Cette succession consistait : 1° en une

---

1. Les archives de l'Ariège possèdent une affiche du district de
Pamiers concernant la confiscation des biens de Vadier, condamné à
la déportation. Les meubles avaient été enlevés et le directoire du
district prenait des mesures pour faire rechercher les objets et les
auteurs de l'enlèvement (floréal an V). Depuis germinal, les biens de
Vadier étaient mis sous sequestre au nom de la nation, notamment
le domaine de Peyroutet. Les fermiers de cette terre avaient versé à
la recette générale du département la somme de 410.640 livres en
assignats pour prix du bail et à titre de caution de leur gestion. En
prairial an XII, Vadier adressa une pétition au gouvernement pour
demander la restitution de ce dépôt. La question fut instruite par
l'administration départementale de l'Ariège (avis motivé du sous-
préfet de Pamiers). Les fermiers déclarèrent qu'ils n'avaient rien à
prétendre sur l'argent versé; Vadier fut renvoyé se pourvoir devant
le gouvernement central pour obtenir le remboursement réclamé.
Le sous-préfet avait eu soin de spécifier que la somme devait être
ramenée à l'échelle de dépréciation des assignats. Ces deux actes,
dont l'original est aux Archives de l'Ariège, prouvent que les biens
de Vadier avaient été sequestrés et non confisqués irrévocablement,
qu'il obtint en l'an XII la levée du sequestre et que durant ce temps
(an III - an XII) les fermages de Peyroutet avaient été versés au
Trésor public.

créance chirographaire d'une somme assez conséquente
que je ne peux fixer, en ayant perdu le souvenir, et dont
mon fils aîné se fit payer le montant par le débiteur qui
était le sieur Massot, marchand à la ville de Lezat ; 2° en
mobilier, linge, hardes, bijoux, argenterie, lits, meubles, etc. Il existait parmi ces effets une croix de diamants
du prix au moins de cinq cents livres, une écuelle, gobe-
let, cafetière d'argent, etc., tout cela fit partie de l'enlèvement commis par les valets et préposés de mon fils et
de son ordre. A cette distraction s'ajoute enfin la succession et les effets de feu Marc Vadier, mon second fils,
avocat, que la faux de la mort moissonna aussi à cette
cruelle époque et qui fut suivie de celle de mon quatrième
fils nommé Montaclar. C'est donc à cette époque lamentable que mon fils aîné crut pouvoir s'approprier toutes
les ressources d'une maison qu'il croyait devoir s'écrouler,
par l'effet de la proscription de son père. Il fit donc enlever de chez moi, non seulement tout ce qui m'appartenait en propre, mais encore la dépouille de tous ceux et
celles que la mort venait de me ravir. Mon second fils,
cet enfant chéri et si digne de l'être, quoique soumis à la
puissance paternelle, jouissait de mon aveu, des hono-
raires dus à ses talents prématurés, il en avait fait avec
économie, une réserve en cas de besoins imprévus ; mon
fils aîné comprit cet objet dans la distraction et se l'ap-
propria provisoirement : on répondra, afin d'atténuer ces
justes griefs, que le fait du déplacement de tout ce qui
m'appartenait de disponible, avait pour but de le préserver
de la confiscation ou du séquestre. Ah ! j'aime à croire
que telle a pu être l'intention de mon fils, mais je ne puis,
avec justice, imputer à ses entours la dénégation du déplacement et de la vente même qui se fit à l'encan d'une
partie du mobilier dans la maison que mon fils possède à

Toulouse, rue Done Coraille, au vu et su de toute la contrée, et une allégation postérieure qui consiste à soutenir
que si quelque chose a été déplacé dans l'intention de le
préserver, on a eu le malheur de le déposer dans les
mains infidèles de gens qui ont nié le dépôt et en ont fait
leur propriété. Telle est l'affligeante position où les
malheurs de la Révolution m'ont réduit ; le plus cruel de
ces malheurs est de produire dans ma famille une division
aussi ruineuse qu'interminable, et c'est pour l'en préserver
que j'ai écrit les présentes dispositions. Je veux convaincre
mes deux fils de la tendresse que je leur ai conservée,
nonobstant une aussi forte lézion de mes intérêts, je veux
oublier tout ce qui a pu y porter atteinte ; je veux éteindre
au sein de ma famille jusques au germe des discussions
que la malveillance ou l'envie pourrait y exciter du dehors.
A ces effets, oubliant à jamais les distractions commises
sur mon patrimoine, à la faveur de mon absence et des
persécutions qui l'ont prolongée, oubliant que ces voies
de fait, constatées par l'aveu même de leurs auteurs, préposés de mon fils aîné, et par la notoriété publique,
excusées ou qualifiées de bonne ou de mauvaise foi, n'en
ont pas moins opéré la distraction et la dilapidation d'un
cinquième au moins de ma médiocre fortune, lequel cinquième a été perdu pour moi et pour les deux tiers de
mes successibles et privativement pour ceux d'entre eux
à qui seul je dois la vie et les ressources qui me restent,
préférant néanmoins aux vues sordides d'un vil intérêt, la
paix, l'union et le repos de ma famille, et lui concilier
ainsi l'estime et la considération des gens de bien. C'est à
ce seul effet, qu'animé de l'esprit de justice et d'impartialité et de l'amour paternel que je conserverai jusqu'à la
mort envers tous les membres de ma famille, mes successibles, c'est à cet effet que j'ai écrit dans toute la pureté

de cette intention, les dispositions subséquentes ; je veux
que l'intégralité de la dot stipulée et fixée dans le contrat
de mon premier mariage avec feue Jeanne-Marie Lavigne,
à la somme de douze mille livres, pour que cette destination fasse retour tout entière à mes deux fils et soit distraite
ou précomptée à leur profit sur ma succession, pour être
partagée entre eux au désir de la loi. Je veux aussi que la
dot de six mille livres que Jeanne Ferran, mon épouse
actuelle, s'est constituée dans son contrat de mariage, lui
soit remboursée ou précomptée sur ma succession hors
part, c'est-à-dire indépendamment du legs que je lui ai
fait du quart de mes biens, lequel est pour moi la quotité
disponible. Je déclarerai à cette occasion que sur le quart
de mes biens, mon intention est d'accorder un témoignage de reconnaissance à Anne Ferran, ma belle-sœur,
pour les services essentiels qu'elle m'a rendus ; je sais
bien que ma chère épouse m'acquittera de ce devoir sacré, qu'elle ne se séparera qu'à la mort d'une aussi bonne
sœur, mais si mon épouse venait à la prédécéder, je veux,
dans ce cas seulement, que sur ce même legs tous successeurs et ayant cause de mon épouse soient tenus, au
cas de son prédécès, et à défaut de ses dispositions, d'acquitter une pension alimentaire que je fixe à 300 francs,
espèces métalliques et par trimestre à la dite Anne Ferran,
ma belle-sœur.

J'attends de la tendresse de mes enfants et du respect
que doit leur inspirer ma mémoire, qu'ils consentiront,
de plein gré, au partage que je viens de faire de ma succession, et de tout ce que je viens de régler avec justice,
pour leur tranquillité commune. J'ai consulté, dans cette
opération délicate, tout ce qu'une longue expérience a
pu me fournir de lumières et de renseignements, tout ce
que la tendresse et la bonne foi réunies aux droits de la

nature et de l'égalité qui constituent les devoirs d'un bon
père, envers chacun de ses successibles, ses enfants, ont
pu me suggérer pour leur bonheur, leur union, leur avantage commun et réciproque. Si par un effet de la failli-
bilité commune à tous les hommes, il m'était échappé la
moindre erreur, elle serait bien légère, bien excusable,
par la pureté, j'ose dire la sainteté de l'intention qui
repose au fond de mon cœur. Ce serait donc une grande
folie que d'y rechercher la source d'un procès qui absor-
berait la totalité d'une succession déjà à moitié dévorée
par les orages de la Révolution et les déprédations domestiques dont l'amour de la paix m'a forcé d'atténuer
l'aperçu, dont ma tendresse paternelle voudrait bien se
dissuader elle-même. Il me reste à nommer à la tutelle
de ma fille mineure, au cas que je vienne à décéder avant
sa parfaite majorité ou avant son établissement en mariage; je veux, dans ce cas, que Jeanne Ferran, mon
épouse, soit tutrice de sa fille; connaissant sa vive tendresse pour son enfant et son incorruptible probité, je
crois devoir la dispenser de tout compte tutélaire, et lui
donner quittance de tous reliquats.

Je laisse à mon épouse et à ma fille le soin de récompenser, s'il y a lieu, celui ou ceux de mes domestiques,
valets ou servantes qui se trouveront à mon service lors
de mon décès : je ne puis m'empêcher de signaler dans
ce nombre la respectable Anne Fournier, qui, sous le
nom de servante, n'a cessé de mériter celui de notre
bonne amie, et qui ne doit quitter notre demeure qu'à sa
mort. Mon avis là-dessus sera, j'en suis bien sûr, celui de
mon épouse et de ma fille; je m'en rapporte aussi sur
elles quant aux aumônes et prières usitées en pareil cas,
ainsi que sur le choix du lieu de la sépulture. Je les conjure de faire en sorte que nos cendres puissent s'y réunir

un jour, de même que nos cœurs n'ont cessé de l'être sur
la terre; je les conjure, ainsi que mes autres successibles,
d'écarter de ce devoir pieux toute espèce de luxe et d'appareil; l'encens le plus agréable au souverain créateur de
tous les êtres, le seul utile aux morts, est la pureté de la
conscience. Comme tous mes biens se trouvent situés
dans le Midi, dans les départements de l'Aude et de
l'Ariège, j'ai constamment conservé, sans interruption,
depuis mil sept cent quatre-vingt-neuf, mon domicile à
Paris [1], quoique j'aie résidé par intervalle, trois ou quatre
ans, à ma campagne de Peyroulet, sous le règne du Con-
sulat et sous l'Empire. Ce serait régulièrement aux autorités de mon domicile à Paris que devrait être dévolue
l'exécution de mes dernières volontés, mais comme d'une
part, je ne suis pas certain de conserver ce domicile à
Paris, que je le suis encore moins de pouvoir habiter sur
mes possessions qui peuvent encore devenir le théâtre de
nouveaux troubles, je ne puis que déplorer le malheur
qui me forcerait à vivre hors de mon pays dans les derniers jours de ma longue et douloureuse carrière, éloigné
d'une partie de ma famille et de mes propriétés, et me
priverait de l'embrasser avant de mourir; puisse-t-elle
au moins consoler mes derniers moments en souscrivant
à son bonheur et à son repos qui consistent à accepter

1. En arrivant aux États-Généraux, Vadier se logea, 20, rue Mont-
bauron, à Versailles. Après les journées d'octobre, son domicile, qu'il
garda jusqu'en 1816, fut à Paris, rue Saint-Honoré, 1446. La chambre de Vadier était au premier sur la rue, exposée au midi, très près
et à égale distance de l'Assemblée et des Jacobins. Dans le nouveau
système de numérotage, le 1446 devint le n° 288 (*Recueil des actes
de propriété à l'administ. du Domaine*, vol. 65, numéro 245). La
maison a été démolie en vertu d'un jugement d'expropriation pour
cause d'utilité publique du 22 mars 1877 (vol. 3667-16): l'emplace-
ment est sur le sol de la rue des Pyramides, du côté de l'église
Saint-Roch. A Bruxelles le conventionnel exilé habita et mourut
rue des Douze-Apôtres.

avec une sage résignation mes dernières volontés, en quelque lieu que je me trouve à l'époque de mon décès.

Je rends grâce à Dieu tout-puissant de ce qu'il m'a permis d'écrire mes dernières dispositions en pleine et parfaite santé et dans toute la force de raison et de jugement dont la nature a pu me rendre susceptible. Je finis par recommander mon âme à Dieu et implorer sa miséricorde. Je conjure mes deux fils en son nom, s'ils veulent honorer et chérir ma mémoire, s'ils veulent que le tout-puissant les bénisse et prolonge leurs jours sur la terre, je les conjure de reporter après ma mort le respect et la tendresse qu'ils me doivent en faveur de mon épouse, leur belle-mère : je fais la même recommandation à ma fille. Je les conjure tous les trois, au nom du ciel et par ce qu'il y a de plus sacré sur la terre, de sacrifier tout vil intérêt, de se détacher de cet amour des biens périssables de cette terre d'exil. Qu'ils n'oublient jamais que c'est à cette femme généreuse et digne de tous les éloges qu'ils doivent la conservation de leur père et des débris de son patrimoine. Sans doute qu'il n'échappera pas toujours à la fureur des ennemis qui depuis près de trente ans persécutent son innocence. Eh bien, cette femme généreuse ne m'abandonnera qu'à la mort. C'est elle seule qui en conservant ma vie jusqu'ici a sauvé la succession que mes trois enfants ont à partager avec elle; c'est donc à leur reconnaissance, à leur équité, que j'adresse ce dernier vœu; je prie le ciel que ce ne soit pas en vain ».

C'est dans sa campagne de Peyroutet que, le 20 octobre 1814, Vadier écrivit ces dernières volontés, avec la préoccupation d'assurer la tranquillité aux êtres qui lui étaient également chers, et de maintenir la paix, l'union et l'harmonie au sein de sa famille.

Le conventionnel s'était marié deux fois à plus de
trente années d'intervalle, d'abord avec une dame Lavigne, morte en 1793, ensuite avec Jeanne Ferran, en
1796. De son premier mariage, Vadier eut quatre fils,
dont deux moururent pendant la Révolution; l'un d'eux,
désigné sous le nom de Vadier cadet, l'autre de Montaclar. Vadier cadet [1] donnait les plus brillantes espérances.

Les deux enfants survivants du premier mariage étaient
Jacques et Nicol.

Jacques-Honoré était, en 1793, officier de police de
sûreté près l'armée des Pyrénées-Orientales. Il se fixa à
Toulouse après la Révolution, s'y maria et eut une fille,
Honorine, qui se maria avec un conseiller à la Cour de

---

1. Une lettre de Vadier cadet, du 18 mars 1784, adressée par exprès
à M. Subra, étudiant en droit chez le sieur Sévran, coiffeur des
dames, aux quatre coins de la Daurade, à Toulouse, nous le montre
fort peiné de la séparation de son frere et d'un ami très cher. Il y
fait allusion aux ballons récemment inventés par Montgolfier : « Que
cette ville est languissante, il ny a pas meme de plaisir qui nij de-
viene amer, je suis bien sur que tu trouves une grande différence
de cette bicoque avec cette aimable ville de Toulouse ou lon trouve
le moyen de gouter mille et mille plaisirs, je suis bien sur que tu
ne ty ennuyes pas, il y a mille moyens de se distraire, tu dois a présent sans doute conoitre les etres de cette ville, si je puis guérir
bientot jespere de vous aller voir, tu dois bien tamuser en voyant
partir touts les globes, pour nous nous sommes a jeun den avoir
vu lancer aucun, Mᵉ Lafage va avoir fini celui quil fait, il doit etre
lancé la seconde fete de paques, je ne scais pas si on aura besoin de
fourches pour le faire élever, c'est ce qu'il nous tarde fort de voir. »
— Collection Subra-Duquier.
Trois années plus tard, ce jeune homme plaidait pour la paroisse
de Tarascon qui voulait faire défense au maire d'assister aux mar-
guilleries de cette église, et sa plaidoierie trop véhémente occasionna
un scandale à l'audience (Série B. Sénéchaussée de Pamiers, p. 279.
— Archives de l'Ariège). Ayant manqué de respect envers la partie
adverse, il fut interrompu par le procureur du Roi qui lui rappela
que « l'honnêteté et la décence doivent être la règle de ses efforts et
qu'il manquera son but toutes les fois qu'il cherchera à les confondre ». Sur les réquisitions du Procureur du Roi, la Cour ordonna
à l'avocat de passer immédiatement aux faits de la Cause. Mention
de l'incident fut faite en marge du plumitif de l'audience.

Toulouse, M. Carol. Nicol Vadier vécut étranger à la politique. Il mourut longtemps après son frère aîné, en 1849, à Verniolle, chez sa petite-fille Joséphine, mariée avec le docteur Sans. Il avait une fille unique, Rose, qui se maria à Rieux-de-Pelleport, avec J. Lavigne, dont elle eut trois enfants, Henri, Louis et Joséphine. Louis et Joséphine sont morts sans enfants. Henri Lavigne, fils de Rose Vadier et de Jean Lavigne, a laissé un fils, Léon Lavigne, qui habite actuellement Crampagna (Ariège) et qui est avec son jeune fils Gaston, le seul descendant du conventionnel.

De sa seconde femme, Vadier eut, en 1797, une autre fille, Victorine, qui se maria, en 1826, à Bruxelles avec M. Tussaut [1], avocat à Saint-Girons, nommé après Juillet 1830, sous-préfet de Pamiers.

1. M. Tussaut était veuf et avait une fille, Théodorine, qui fut adoptée par Mme Tussaut et se maria avec M. de Perpessac, député de Toulouse sous le second Empire. Mme Tussaut lui laissa par testament Nicol, Peyroutet et tout l'argent placé sur la Banque de Bruxelles.
Pour être éclairé sur les sentiments intimes inspirés à son mari par la fille de Vadier, il suffit de parcourir cet article du testament de M. Tussaut (1832) qui institue sa femme tutrice de la fille qu'il avait eue d'un premier mariage. « En conséquence je choisis et je nomme pour sa tutrice, dame Marie-Prudence-David Vadier, mon épouse qui n'a cessé de me donner pour ma fille, en tout temps et en tout lieu, les preuves les plus touchantes de tendresse et d'intérêt. Ses hautes qualités, ses talens, sa vertu sont, pour moi, le garant le plus certain, le plus consolant que ma fille sera élevée dans les vrais principes de la raison et de la morale et qu'en tout son éducation sera dirigée vers un but bien entendu. Il est inutile donc que je fasse ici à mon épouse la moindre recommandation dans l'intérêt de ma fille. Dépositaire de tous mes secrets, de toutes mes pensées, elle aura toujours présent à son esprit tout ce que ma sollicitude avait à craindre et à espérer pour son bonheur. Le passé d'ailleurs me répond de l'avenir et c'est moins une tutrice qu'une mère que je laisse à ma fille. Je recommande à ma fille d'aimer sa tutrice ; d'avoir pour elle les égards et l'obéissance qu'elle devrait à moi-même ; de l'environner de tous ses soins, de son respect et de sa reconnaissance ; de ne jamais se séparer d'elle ; de sacrifier tout au devoir de la servir, d'être son appui, sa compagne jusqu'à son

Dans le mois qui suivit la mort de Vadier à Bruxelles, sa seconde femme, Ferran (Jeanne), veuve Vadier, vint s'installer à Peyroutet, commune de Montaut[1]; elle y mourut le 23 août 1857, âgée de cent deux ans; elle était née à Sentenac, canton de Labastide de Sérou. Elle avait accompagné Vadier à Paris et l'épousa à trente-huit ans. Dans les divers documents que nous avons sous les yeux, elle apparaît successivement sous les noms de Jeanneton, Jeannette, Jeanne, de servante, fille de service, fille de confiance, gouvernante et enfin femme légitime. C'était une fort belle personne dont Vadier cultiva l'intelligence naturelle : presque centenaire, elle lisait les comédies de Molière et les tragédies de Voltaire, dont elle récitait avec une mémoire impeccable des tirades entières. Mme Tussaut qui avait vu pour la première fois son père dans les prisons de l'Abbaye (elle avait trois semaines), était, sous tous les rapports, une femme supérieure. Douée d'une intelligence hors ligne, possédant une instruction très sérieuse, elle joignait à de très rares qualités de l'esprit et du cœur le caractère le plus gai et le plus aimable. On ne pouvait la connaître sans subir le charme de cette

dernier soupir. Je lui recommande, quelque soit son âge, de ne jamais former aucun projet, aucun établissement sans le consentement de mon épouse; de suivre ses conseils et d'exécuter ses volontés. Que Théodorine, en un mot, soit sa fille, comme mon épouse s'est montrée sa mère, de sentiment et de cœur. C'est en se rappelant sans cesse ces recommandations, c'est en s'y conformant que ma fille respectera le mieux ma mémoire ».

1. Un jardinier du Vernet, Boudenne, qui travaille depuis cinquante ans à la propriété du Vernet, fut le serviteur de madame Vadier, « petite et forte »; il nous a donné divers détails sur son existence à Peyroutet et celle de sa fille qu'il appelle *la Badierouno*. Lorsque Vadier venait à ses propriétés, il se promenait dans les environs, aimé des uns, détesté des autres. Au cours de l'une de ces promenades, il fut précipité dans un fossé et couché en joue par le fils d'une des victimes qui l'eut infailliblement tué si on ne lui avait arraché le fusil des mains.

nature si complète et sans s'attacher beaucoup à elle.
Mme Tussaut avait été élevée auprès de ses parents qu'elle
n'avait jamais quittés. Mais elle était la fille de Vadier.
Devenue la femme du sous-préfet de Pamiers, elle se
rendit pour la première fois à la saison thermale d'Ax.
Dès qu'elle pénétra dans la grande salle à manger de
l'hôtel Sicre, les personnes présentes se levèrent de table,
comme à l'arrivée d'une pestiférée [1].

Une voisine de campagne d'une rare distinction intel-
lectuelle, que nous avons eu occasion d'interroger sur
l'existence, à Peyroutet, de madame Vadier et de sa fille
qu'elle a très intimement connues, a bien voulu nous
fournir quelques renseignements, mais sous la condition
expresse que son nom ne paraîtrait point dans cet ouvrage. Elle n'aura pas fait en vain appel à notre discrétion et « à notre délicatesse ». Un tel scrupule dénote
de quel poids douloureux pèse encore sur certaines âmes
le souvenir des hommes de la Révolution française. Lorsqu'elle connut ces dames, malgré leur âge avancé, elles
avaient conservé l'une et l'autre, sans pourtant se res-
sembler, l'amabilité d'expression et la vivacité du regard
qui étaient les traits dominants de leur physionomie.
Leur vie était des plus simples et des plus honorables.
Elles évitaient soigneusement de parler du passé politique de Vadier. Quelques souvenirs de leur vie à Bruxelles

1. Tout a été mis en œuvre pour donner un caractère odieux aux
mesures rigoureuses du gouvernement révolutionaire; c'est ainsi
que, d'après une légende, Castel, l'un des quatorze exécutés de l'A-
riège, était sur la charrette fatale; à Mazères, la première étape après
Pamiers, le maire Farbos l'assura que son arrestation devait être le
résultat d'une erreur et prit sur lui de le faire descendre : « Non,
non, répondit Castel, c'est une occasion unique d'aller voir Paris;
là-bas, j'écrirai à mon ami Vadier, qui me fera aussitôt relâcher. »
Malgré l'insistance du maire, Castel voulut partir à toute force. De
la prison des Carmes, il adressa de nombreuses lettres à Vadier;
elles restèrent sans réponse et il fut exécuté.

se mêlaient souvent à la conversation; mais ils avaient
trait surtout à leurs relations de société, et les personnes
dont les noms étaient ordinairement prononcés étaient
tout à fait étrangères aux événements antérieurs à leur
exil en Belgique. Madame Vadier, bonne et très charitable,
avait su prendre et conserver le rang que lui avait donné
son mariage; et dans le salon de sa fille, où elle occupait
toujours la première place, son intelligence et sa bonhomie suppléaient aux lacunes de son éducation première;
elle avait beaucoup lu, beaucoup retenu et, à quatre-
vingt-dix ans, elle apprenait encore par cœur les vers de
Lamartine, son poète de prédilection.

———

CHAPITRE V

EXIL ET MORT DE VADIER

Exception à la loi d'amnistie. — Les préfets de la Restauration. —
En route pour l'exil. — Tolérance du gouvernement des Pays-Bas. —
Mariage de Mlle Vadier. — Existence retirée de Vadier à Bruxelles. —
Vadier et le futur général Chazal. — Épithalame en l'honneur de
Mme Rude. — Relations en exil. — Mort de Vadier. — Psychologie
des conventionnels. — Appréciation générale. — La légende de
Natalène.

Après les Cent-Jours, la Chambre introuvable votait,
le 12 janvier 1816, la loi d'amnistie d'où furent exceptés
les anciens conventionnels régicides ayant adhéré à l'acte
additionnel. Dans l'esprit du gouvernement de la Restauration, l'adhésion donnée au retour de l'usurpateur était
imputée à plus grand crime que la participation au
jugement qui avait amené Louis XVI place de la Révolution.

Vadier, retiré depuis quelque temps dans son domaine
de Peyroutet, était, paraît-il, sorti de sa retraite, pendant
l'interrègne, pour se joindre aux fédérés de Toulouse, où
il fut arrêté et détenu après le retour du Roi : « On croit
généralement, déclarait le sous-préfet de Pamiers, le
22 janvier 1816, qu'il a accepté l'acte additionnel. Ce fait

sera bien difficile à prouver, si les registres des votes
n'ont pas été conservés. Cet homme est âgé d'environ
quatre-vingt-quatre ans, il n'est pas moins dangereux
pour cela. » Le préfet de l'Ariège amplifiait ces renseignements en y ajoutant de son cru une calomnie immonde à
l'adresse d'une jeune fille, dont la réputation fut toujours
intacte : la servilité peut quelquefois entraîner une âme
naturellement basse au dernier degré de la turpitude et
de l'infamie. Ce triste fonctionnaire écrivait au ministre
de la police, le 29 janvier et le 7 février : « Vadier est le
seul qui se trouve, à ce que je crois, dans ce pays-ci.
Comme j'ai l'assurance par M. le préfet de la Haute-
Garonne qu'il a signé l'acte additionnel chez le sieur
Coppée, notaire de cette ville, je vais lui faire signifier
l'ordre d'avoir à quitter la France avant le 23 du courant.
Octogénaire, il avait soixante ans de vertus en 1793. Il
réside auprès de Pamiers. Il a deux fils, un d'eux habite
Toulouse; c'est un exécrable sujet. L'autre vit en paysan
dans un village près de Pamiers. Et une fille qui paraît
avoir des vertus à la mode de celles de son père. On la
croit enceinte des œuvres d'un ancien valet de Vadier
devenu capitaine d'infanterie et maintenant retiré à
Pamiers. »

Dès que la loi d'amnistie fut promulguée et connue à
Toulouse, la femme et la fille de Vadier écrivirent au duc
de Richelieu, ministre des affaires étrangères : « L'épouse
et la fille du sieur Vadier, ex-conventionnel, implorent la
clémence de Sa Majesté et l'humanité de Votre Excellence
en faveur de leur époux et père. La loi qui vient d'être
rendue ne s'appliquera point à cet infortuné vieillard, si
on veut bien considérer : 1° qu'il n'a rien accepté de
Buonaparte; qu'il n'a cessé de manifester la juste aversion

que lui inspirait son gouvernement. Qu'il se vit forcé de quitter Paris en 1807, quoiqu'il y fut, et qu'il y soit encore domicilié, rue des Fourneaux, n° 18, afin de se soustraire aux suspicions et à la défiance ombrageuse de la police. 2° Que dix ans de persécutions et de calomnies, la perte de tous ses biens meubles et de ses revenus, par l'effet du séquestre et du pillage, trois ans et demi de torture à l'île Pelée, un an d'accusation injuste sur les gradins de Vendôme ; tout cela, Monseigneur, a dû expier bien des erreurs ; je ne sais si la mort n'est point préférable à de telles tribulations. Il suffit cependant que l'infortuné pour qui nous invoquons la clémence du Roi ait encouru la disgrâce de Sa Majesté par des opinions qui, tant de fois, ont été si rigoureusement punies, pour qu'il obéisse avec soumission à la loi dont il paraît frappé de nouveau. S'il avait le malheur de ne pas obtenir la permission de résider au sein de ses propriétés, il implore la faveur de se retirer à l'étranger, mais dans le pays le plus rapproché de ses biens, qui sont dans l'Ariège et dans l'Aude. Agé de quatre-vingts ans révolus, accablé d'infirmités et ayant plus d'un pied dans la tombe, il lui est impossible d'entreprendre un long voyage. Nous désirerions, Monseigneur, que ce fût à Genève, ou telle autre ville de la Suisse la plus voisine, qu'il plaira à Votre Excellence de désigner, si, contre son attente, toute grâce lui est refusée. Alors, elle voudra bien nous faire passer sans délai un passeport pour protéger sa sûreté pendant sa route et chez l'étranger. »

Cette supplique ne recevant point de réponse, Vadier dut se préoccuper d'obéir à la loi ; il fit viser son passeport à la préfecture de Toulouse. M. de Rémusat, préfet de la Haute-Garonne écrivait le 1er février 1816, au ministre de la Police générale pour l'informer que Vadier lui avait fait présenter un passeport pour Paris, en échange duquel il demandait un passeport pour l'étranger. « Cet individu n'appartient point à mon département, je n'ai pas cru devoir accéder à sa demande, et je me suis borné à viser son passeport qui m'a été présenté, en insérant dans la formule du visa l'obligation de se présenter, dès son arrivée à Paris, devant M. le préfet de police. »

Le 6 février, le préfet du Lot, Leray-Marnésie, informait le ministre que Vadier passait en poste par cette ville, se rendant à Paris, porteur d'un passeport qu'il s'était fait représenter et qui avait été visé par le préfet de la Haute-Garonne. Cette autorisation expresse ne lui avait pas permis de retenir Vadier ou de changer sa direction. Vadier, arrivé à Paris, descendait à l'hôtel de Toulouse, chez Arimon, rue Gît-le-Cœur, 6. Dans une lettre du 13 février 1816, adressée au préfet de police, le ministre secrétaire d'État prie le préfet de lui transmettre tous renseignements utiles sur l'arrivée et le séjour à Paris de Vadier. M. de Cazes ajoute en marge, et de sa propre main : *et de le faire surveiller spécialement*. En exécution des ordres ministériels, un agent est posté en observation.

L'entourage de Vadier, plongé dans une inquiétude mortelle, écrivait au ministre de la police pour implorer de nouveau la clémence du Roi et l'humanité de ses ministres. « Nous avons attendu vainement la réponse, et le délai étant de rigueur, ce malheureux vieillard, qui n'avait pas quitté son lit depuis trois mois, s'est exposé à entreprendre le voyage de Paris pour venir chercher des passeports pour l'étranger. Les fatigues d'une route longue et pénible et la rigueur du temps ont empiré son état. Il se trouve dans l'impossibilité de continuer son voyage. J'ose espérer, Monseigneur, que vous daignerez avoir égard à l'affreuse situation d'un *octogénaire* infirme

et que vous voudrez bien lui accorder un sursis aux dispositions de l'article 7 de la loi, afin de rétablir sa santé. Si,
contre notre attente, cette grâce lui était refusée, veuillez,
Monseigneur, me faire délivrer un passeport *aujourd'hui
même*, car il aime mieux mourir que de désobéir à la loi.
Dans ce dernier cas, Monseigneur, vous voudrez m'accorder un délai suffisant pour le transporter hors du
royaume où il ne peut se rendre qu'en litière ou en chaise
à porteurs, ce dont vous jugerez par le certificat ci-joint. »

A la demande était jointe un certificat du médecin de
Vadier, « menacé tous les ans, depuis dix ans et à plusieurs
reprises, d'attaques d'apoplexie assez sérieuses pour
opérer chaque fois une très grande faiblesse dans tout
le côté gauche et rendre les fonctions de l'estomac et des
autres viscères du ventre très difficiles et très pénibles.
J'atteste en outre, que depuis très longtemps il est attaqué
d'un catarrhe pectoral auquel ainsi qu'à son âge on peut
rapporter : 1° les étouffements, les spasmes fréquents au
cœur, les vertiges et l'atération momentanée de ses idées;
2° la toux et l'expectoration qui ont jusqu'ici résisté à
tous les moyens qu'on n'a cessé de leur opposer. D'après
cet état du malade et les divers accidents, l'augmenta-
tion qu'y a apporté le voyage qu'il vient de faire, quoique
à petites journées, j'estime qu'il doit, d'ici à un temps que
je ne puis fixer aujourd'hui, garder le repos et la chambre,
s'il ne veut les multiplier et les aggraver. »

Le ministre transmettait certificat et requête à son
préfet de police, et le comte Anglès prescrivait au
Dr Barras, médecin de la préfecture, d'aller visiter le
malade. « Vous examinerez si l'état de sa santé est tel
qu'il ne puisse absolument se mettre en route et vous me
ferez connaître le plus promptement possible les ré-
sultats. » Au docteur, venu pour constater son état, le

maître d'hôtel annonça que Vadier était parti le matin même, 20 février 1816, qu'il le croyait en route pour Bruxelles. Cette disparition imprévue de Vadier inquiète vivement les autorités qui se mettent à sa recherche. Il s'était pourvu d'un passeport pour Mons ; mais ne cherchait-il point à tromper la surveillance de la police par des bruits mesongers qui se croisaient sur la destination choisie? Aucun rapport des frontières n'avait annoncé son passage par celle Nord ; d'un autre côté, les journaux avaient supposé son arrivée à Milan et une lettre du ministre de la guerre donnait au ministre de la police communication d'un rapport du général commandant le département des Hautes-Pyrénées d'où il résultait que Vadier serait caché sous le nom de Truffo, à Saint-Paul, commune du département des Pyrénées-Orientales. Le préfet répond que Vadier n'est pas à Saint-Paul-Fenouillot ; peut-être est-il à Saint-Paul-de-Selles et il en prévient le préfet de l'Ariège. Sur le simple soupçon que l'invisible Vadier pouvait être rentré dans son département, le préfet de l'Ariège avait ordonné une visite domiciliaire à Peyroutet : « Cette visite a été exécutée infructueusement le 15 mars, par un officier et deux brigades de gendarmerie. Le sieur Delprat, hommes d'affaires de Vadier, représenta une lettre reconnue pour être de sa propre main et que j'ai maintenant sous les yeux et qui est timbrée de Mons et datée du 4 mars, d'après laquelle lui, sa femme et sa fille seraient arrivés dans cette ville le 26 février. Il donne dans la même lettre son adresse ainsi : « A Mademoiselle Victorine (nom de sa fille), à Mons, maison de M. Genevois, imprimeur-libraire, Grande-Place, n° 15, en face de la Maison Commune. » Quoiqu'on ne puisse raisonnablement supposer que cette lettre soit une ruse, parce qu'un homme octogénaire et deux femmes ne pourraient rester

longtemps cachés, je mettrai Delprat dans le cas de fournir une attestation authentique des autorités du lieu où se
trouve Vadier. Mais comment peut-il rester à Mons, ville
des Pays-Bas, s'il a été convenu entre les ministres des
quatre cours alliées de ce royaume, ni l'Allemagne, ni
l'Italie, ni la Suisse ne pourraient recevoir les individus
atteints par la loi du 12 janvier. »

Ainsi mis en demeure, Vadier adressa de Mons un certificat du bougmestre, accompagné d'une lettre écrite de
la main de sa fille et signée par lui :

> Monsieur le préfet,
> J'envoie le certificat que vous exigez et que mes fondés
de pouvoirs vous feront remettre. J'ai pris des passeports
à Toulouse pour me rendre à Paris et, là, le ministre de la
police m'en a délivré un pour le royaume des Pays-Bas ; il
a été visé par le ministre des relations extérieures et par
Mgr de Fagel, ambassadeur de S. M. le roi de Hollande et
des Pays-Bas. Vous voyez, monsieur, que vous auriez pu
facilement détruire les soupçons de la malveillance en
prenant des informations près votre gouvernement.
> J'ai l'honneur de vous saluer avec considération.
>
> VADIER.
>
> Mons, ce 4 avril 1816.

La Tour du Pin, ambassadeur de France, obéissant aux
instructions de son gouvernement, essaya bien de créer
des difficultés aux réfugiés ; mais Guillaume Ier, roi des
Pays-Bas, était tolérant par la nature de son âme et aussi
par ses principes. Les réfugiés conventionnels n'eurent
qu'à s'en louer [1].

Vadier se trouvant hors d'atteinte, on n'avait d'autre res-

1. Notes de Baudot.

source que de molester les personnes chargées de ses intérêts et avec une telle brutalité que le préfet lui-même est
obligé de désavouer et de blâmer ses agents. Il écrit le
2 juin 1816 au sous-préfet de Pamiers : « Il m'a été dit, monsieur, que le sieur Tisseyre, commandant une poignée de
garde nationale de Montaut, avait été au domicile du sieur
Vadier où demeure le sieur Delprat, pour y opérer le
désarmement de ce dernier et qu'il l'aurait invectivé ainsi
que les autres habitants de cette maison. Quelques coupables que soient et le sieur Vadier et ses adhérents, ceci
ne donne pas le droit de les maltraiter en paroles quand il
s'agit d'un acte administratif que les circonstances
exigent, mais qu'il est inutile et déplacé d'accompagner
de paroles grossières, de reproches, etc. Laissons ces
gens en proie à leur propre conscience, ne maltraitons
pas les paysans qui les servent et surtout évitons leurs
manières, leur brutalité, leurs propos insultants. »

Le 31 mai 1825, Vadier maria, à Bruxelles, sa fille avec
un avocat de ses compatriotes. Voici les actes de la cérémonie civile et religieuse :

*Acte civil du mariage du sieur Jean-François-Hypolyte
Tussau, avec Mlle Marie-Prudence-David Vadier*[1].

Le trente-unième jour du mois de mai, l'an 1800 vingt-
cinq, à onze heures et demie du matin. Acte de mariage
de Jean-François-Hypolyte Tussau, né à Saint-Girons,
département de l'Ariège, l'an mil sept cent quatre-vingt-
onze, le six novembre, avocat, y demeurant avec sa mère,
veuf de Marie-Anne-Henriette Dufour, fils majeur de

1. État civil de Bruxelles. — Province du Brabant méridional.
Secrétariat. Dépôt des archives de l'état civil. N° 265.

Théodore Tussau et de Magdalène Le Chart, dont la
veuve rentière, d'une part; et de Marie-Prudence-David
Vadier, née à Paris, le sept messidor l'an quatre, sans
profession, demeurant section 7, n° 1207, chez ses parents, fille majeure de Marc-Guillaume-Alexis Vadier, et
de Joanne Ferran, conjoints, d'autre part. Les pièces
requises sont : l'acte de consentement de la mère du
futur; les publications qui ont eu lieu à Saint-Girons, le
premier et huit du courant, sans opposition; le consentement susdit enregistré ici par Oorlof, le vingt-sept du
courant; les publications faites en cette ville par moi,
officier de l'état civil, le huit et quinze du courant, à neuf
heures du matin, sans qu'il y ait eu opposition. Après
lecture faite de leurs actes de naissance, et d'autres
pièces, ainsi que celle du chapitre six, titre du mariage,
les contractants ont déclaré : De prendre pour époux,
l'un, Marie-Prudence-David Vadier, l'autre, Jean-François-Hypolyte Tussau, ensuite je, soussigné, Joseph Van
Gameren, officier délégué de l'état civil, ai déclaré, au
nom de la loi, qu'ils sont réunis par le mariage, et signé,
après lecture, en présence du père de l'épouse, de Louis
Seutin, âgé de trente ans, médecin, demeurant sur le
Cantesstien, de Henri Vanderhaeren, âgé de trente ans,
peintre, rue d'Arenberg, de Jean-Baptiste Huet, âgé de
quarante-six ans, emploié, rue de Christine, et de Ber-
nard-Félix Pieret, âgé de cinquante-quatre ans, chef du
premier bureau, place Saint-Jean, et de Bertrand Barère,
demeurant ici, par la mère de l'époux, fondé de pouvoir,
qui, avec les époux, ont aussi signé.

L'*acte du mariage religieux* est du 31 mai 1825 :
« Anno 1825, du 31 maii, Joannes Frenciscus Hippolitus
Tussau, viduus Mariæ-Annæ-Henricæ Dufour, ecclesiæ
Sancti Gerontii in Diœcesi Spamensi subditus; et Maria

Prudentia David Vadier, ecclesiæ S.-S. Michaelis et Gudulæ... Bruxellis subdita; præmissà utrimque unà bannorum proclamatione, obtentâ autem dispensatione super dùabus reliquir; coram me proprio Parocho Sponsæ, Matrimonium contraxerunt, Testibus Francisco Rude Divionensi, et Henrico Vanderhaert Lovaniensi : in quorum fidem has litteras in formâ authenticâ dedi Bruxellis 7 à junii 1825. A. Sotteau, S.-S. et Gud. Past. Civitatis Bruxell. Decanus, e vu non e voti Apostolicus. »

Un professeur français établi à Bruxelles, A. Baron, nous a fait connaître[1] bien des agissements des exilés entre eux, il les fait défiler devant lui, il rapporte leurs conversations, leurs querelles, leurs dissentiments, il cite les noms, et chose singulière il omet celui de Vadier. Cela tient sans doute à la vie retirée que menait Vadier à Bruxelles. Nous pouvons heureusement puiser à d'autres sources : M. Jules Claretie, parmi les écrivains contemporains l'un des plus riches en souvenirs de la période révolutionnaire, a cité[2] une anecdote caractéristique qui lui fut contée par le général Chazal, ancien ministre de la guerre en Belgique. Ce général était le fils du conventionnel qui, devenu membre des Cinq-Cents, remplaça quelques instants au fauteuil Lucien Bonaparte pendant la séance du 19 brumaire : « Le futur général Chazal jouait, étant enfant, encore bien petit, dans une des allées du Parc, à Bruxelles, lorsque son cerceau vint se heurter contre les jambes d'un grand vieillard pensif assis sur un banc. L'enfant s'excusa, le vieillard, instinctivement, prit le cerceau entre ses doigts noueux, et, avant de le rendre, se prit à causer avec ce gamin qu'il trouvait gentil. Les regards des vieilles gens semblent chercher un

1. *Revue de Paris*, 1831.
2. *Revue de la Révolution française*, 12ᵉ année, n° 2.

peu de leur passé dans les yeux clairs des petits. Ils se
rajeunissent à cette jeunesse. Et le vieux souriait au babil
de l'enfant.

— Comment t'appelles-tu? dit enfin cet homme... Oui,
le nom de ton papa?

— Chazal, monsieur.

— Chazal!

A ce nom, le front du vieillard se rembrunit subitement,
ses sourcils se froncèrent.

— Chazal, l'ancien conventionnel?

— Oui, monsieur!

— Eh bien! dit l'homme, devenu farouche, tu lui diras,
à ton père, que tu as rencontré quelqu'un qui regrette de
ne pas l'avoir fait exécuter. Et tu ajouteras que c'est Vadier qui t'a dit ça!

Vadier! L'enfant s'enfuit, emportant son cerceau et se
retournant pour revoir encore ce maigre et terrible vieillard qui lui faisait peur. En arrivant chez son père, le
petit Chazal était encore tout ému et tremblant. Il se hâta
d'aller conter son aventure à l'ex-conventionnel, exilé
comme Vadier.

— Tu ne sais pas, dit-il, j'ai rencontré au parc un
vieux monsieur qui m'a dit qu'il s'appelait Vadier et qu'il
regrettait bien...

Mais Chazal ne laissa pas achever la phrase de l'enfant :

— Vadier! interrompit-il, Vadier! En voilà un que je
regrette de ne pas avoir vu monter sur l'échafaud!

Et le petit Chazal retrouvait dans la colère de son père
ce même accent de violence concentrée, qui, tout à l'heure,
l'avait terrifié dans les paroles du vieux Vadier. Les conventionnels proscrits continuaient à se haïr malgré l'exil,
malgré les années, comme ces guerriers de légendes scan-
dinaves qui se combattent encore, après leur mort. »

Chazal était, d'après A. Baudot, un des bas acolytes de Cambacérès, à Bruxelles, et l'on sent tout le mépris qu'il devait inspirer à Vadier. Par contre, il était resté en bons termes avec Barrère, Cambon, Baudot, David, dont il fréquentait assidûment l'atelier. C'est pendant l'exil que Vadier composa en l'honneur de madame Rude, Sophie Fremiet, née à Dijon, le 20 juin 1797, et morte à Paris, le 4 décembre 1867, cette pièce curieuse que possède M. Félix Delhasse dans sa riche collection de Bruxelles. Le grand artiste Rude, qui était venu retrouver Louis David exilé, s'y maria vers 1824. Ce serait donc en 1825 que Vadier, presque nonagénaire, aurait composé cet *Epithalame*.

EPITHALAME [1]

A madame Rude (née Sophie Fremiet), sur la naissance de son premier enfant.

Lorsque le dieu des arts veut de ses favoris
  Renforcer la troupe héroïque,
  Il réunit, au temple de Cypris,
Les cœurs et les talents de ceux qu'il a choisis
  Pour l'honneur de la République.
Phœbus, à ce sujet, m'a soufflé, cette nuit,
Un songe gracieux... En voici le récit :
Le dieu du Pinde et ceux (?) de Cythérée
En grand gala, célébraient un festin;
Bals et concerts, spectacles, baise-main,
Récréaient, tour à tour, la céleste assemblée.
Il s'agissait d'une belle accouchée,

1. *Intermédiaire des chercheurs et des curieux*, t. XXIII, p. 606. — *Bulletin de la Société ariégeoise*, t. IV, n° 9. Contrairement à l'avis de ces deux publications, nous inclinerions à penser qu'il s'agit plutôt d'une œuvre de Mlle Vadier. Le style doucereux, à la Fabre d'Eglantine, de cette reminiscence des petits vers du XVIIIe siècle est par trop différent de l'âpre ironie de Vadier, qui ne dut guère sacrifier aux Muses, même pour célébrer les grâces de Mme Rude.

D'un premier né de l'amour et des arts.
Chacun des immortels voulait avoir sa part
        De cette agréable journée.
        Les doctes sœurs de l'Hélicon
        Prirent un congé d'Apollon
Pour faire leur visite à l'aimable alitée.
Les grâces et les ris, jouant sous le rideau,
        Folâtraient autour d'un berceau
        Paré des richesses de Flore ;
        La jeune Hébé, le charmant Adonis,
Berçaient le bien-aimé de la cour de Cypris.
Mon rêve en était là, quand j'aperçus l'Aurore,
Et bientôt Apollon, qui descend de son char
Et quitte la voûte éthérée,
Laissant les autres dieux enivrés de nectar,
Dont la douce vapeur se répand en rosée.
Il menait à sa suite Apelle et Phidias
Pour couronner Sophie... (Elle tient dans ses bras
Le premier fruit du plus tendre hyménée,
Son digne époux la suit pas à pas) ;
— Cet enfant, dit Phœbus, se couvrira de gloire,
J'ai déjà mis son nom au temple de Mémoire ;
Il sera, par mes soins, l'orgueil de ses parents,
L'honneur de la patrie et l'espoir des savants.
Qu'on ne parle plus tant ou de Rome ou d'Athènes :
L'école de David, celle de Canova,
        Vont multiplier par douzaines
        Les prodiges de ces temps-là.
Sur les pas glorieux de ces dignes athlètes,
Nous verrons le burin, le crayon, le pinceau,
Donner la vie au marbre, un corps à la gravure,
Et ravir les secrets du Dieu de la peinture.
Après ce beau discours, le seigneur Apollon
Remonta vers l'Olympe avec sa compagnie,
Promettant d'adopter le divin nourrisson
        De l'incomparable Sophie.
Ici finit mon rêve, et tout rêve est folie,
        N'importe... Il est de mon désir
Le fidèle interprète, et j'ose vous l'offrir

ENVOI :

> Pour louer vos vertus, vos charmes, vos attraits,
> De votre excellent cœur faire un portrait fidèle,
> C'est à ce digne époux que j'en laisse les frais,
> Puisqu'il a le bonheur de jouir du modèle.

Vadier vécut les douze dernières années de sa vie au milieu des conventionnels réfugiés dans les Pays-Bas et mourut le 14 décembre 1828, l'esprit tranquille, la conscience calme. Après un service solennel à Sainte-Gudule, les restes du vieux Vadier allèrent reposer auprès de la dépouille du peintre David. Près la colonne consacrée au *restaurateur de la peinture*, la fille et le gendre de Vadier élevèrent un modeste monument avec cette inscription :

A la mémoire de Marc-Guillaume-Alexis Vadier, membre de l'Assemblée constituante, député à la Convention, mort en exil le 14 décembre 1828. Il se dévoua pour la patrie et pour la liberté.

Voici, au sujet de sa mort ce que publia le *Courrier des Pays-Bas* : « M. Vadier, autrefois député par le peuple français à l'Assemblée constituante et à la Convention et dont nous avons annoncé la mort arrivée le 14 de ce mois, a terminé sa carrière sans souffrance, au sein d'une famille qui le chérissait et qu'il laisse inconsolable. Ce conventionnel fut toujours constant dans ses opinions et ses principes. Il remplit avec intégrité les fonctions pénibles et importantes, dont il fut chargé à diverses époques. Ceux qui l'ont connu savent que son cœur a jusqu'au dernier moment battu pour son pays et la liberté[1]. »

D'après son acte de décès, pris par M. Félix Delhasse,

1. 20 décembre 1828.

à l'état civil de la ville de Bruxelles, Marie-Guillaume Vadier, propriétaire, demeurait rue des Douze-Apôtres, section 7, n° 1251. Nul ne se réjouissait de notre proscription, dit Barère dans ses *Mémoires*, l'on parlait des réfugiés conventionnels avec les égards touchants et bien sentis que les peuples libres témoignent pour le malheur. Lorsque moururent, à Bruxelles, David, Vadier, Cambon, Ramel, Cavaignac et quelques autres conventionnels qui périrent en exil dans un état voisin de l'indigence, les Bruxellois honorèrent leur cendre de leurs regrets et les accompagnèrent religieusement au dernier asile.

Nous avons demandé des renseignements sur le séjour à Bruxelles de l'ancien président du Comité de Sûreté générale, à M. Félix Delhasse, un des vétérans du libéralisme belge, nous avons reçu en réponse une lettre, d'un vif intérêt historique, permettant de rectifier certaines erreurs répandues dans les biographies universelles. « Ce que je sais, c'est que Buonarroti, qui fut mon premier maître, citait le nom de Vadier comme un exemple, comme un modèle. C'était en mai 1830. Vadier n'était plus, mais son souvenir était encore vivant parmi les purs de la proscription. Je dis les *purs*, les Choudieu, les Ingrand, afin qu'on ne les confonde pas avec les Barère, les Chazal, les Cavaignac, les Sieyès, thermidoriens, bonapartistes, etc. Vadier [1] n'a pas été inhumé au cimetière de Lœcken, mais

1. Non seulement, nous écrit M. Félix Delhasse, la biographie Michaud, mais d'autres biographies, celle de Didot-Hoefer, entre autres, donnent pour femme à Rude madame Denon. Erreur ! Démentez-ça hardiment, comme aussi la grotesque cérémonie dans un monastère prussien. Que de mensonges, que d'infamies n'a-t-on pas inventées contre les colosses de la grande Révolution française ! Buonarroti, le type le plus pur des hommes de ce temps-là, n'a-t-il pas été représenté comme un renégat, comme un misérable espion de Louis-Philippe, mourant repentant dans une petite localité de la Belgique, alors qu'il était encore vivant à Paris. Ces infamies sont

bien au cimetière de Bruxelles, sur la chaussée de Louvain, lequel a été supprimé. J'y ai vu la tombe de Vadier ou plutôt la plaque qui la recouvrait. Cette plaque, dressée debout, a été transportée au nouveau cimetière dit d'Evere, à côté de la colonne du peintre David dont les restes ont été rendus à la France en 1882. »

On voit le cercle des relations de Vadier en exil. Dans leurs conversations, les conventionnels ne regrettaient rien de leurs actes contre la monarchie qu'ils avaient mise en pièces dès qu'ils furent certains de sa trahison, de sa complicité avec l'étranger. Au lit de mort ils n'abdiquèrent point leur haine.

Ils avaient plus d'hésitation sur la justice de leurs luttes fratricides au milieu des secousses névrotiques de 1793. Cambon avait quelques doutes sur les fleurs de lys trouvées chez Robespierre, dont parle Courtois dans son rapport. Il s'en expliqua vivement un jour à Bruxelles avec Vadier, en présence de Charles Teste et de Baudot. *Vadier convint qu'elles avaient été transportées du Comité de Sûreté générale au domicile de Robespierre après sa mort.* « J'ai parlé franchement, dit Baudot, de ma haine pour Robespierre, ses systèmes et ses applications, mais la vérité a aussi ses droits et je ne crois pas du tout que Robespierre fût d'intelligence avec la royauté. » Laurent de l'Ardèche parle aussi de cet aveu de Vadier [1].

Sa participation aux discordes intestines de la Convention, sa qualité de thermidorien, jettent un mauvais vernis sur le nom de Vadier, mais les persécutions ulté-

imprimées dans un livre, à l'usage de l'Université catholique à Louvain. L'auteur, A Thonissen, célèbre professeur à cette même Université et devenu ministre de l'intérieur de Belgique, est mort il y a trois ans.

1. V. *Réfutation de l'histoire de Montgaillard*, p. 318.

rieurement subies disent assez qu'il ne faut pas, en effet,
le confondre avec les Tallien et les marquis de la Rovère.
Les anciens conventionnels n'ignoraient pas que dans
l'œuvre commune, Vadier avait pris la tâche la plus
ingrate. Louis Blanc, qui par expérience personnelle
aurait dû apprécier à leur valeur la justice et la bonne
foi des partis, voit dans Vadier un singulier mélange de
« lâcheté, de barbarie et d'orgueil. »

S'il eût écouté ses préférences, — de même que son
ami Barère eût mieux aimé continuer à écrire, entre
deux plaidoiries, des vers bigourdans pleins de frai-
cheur, — Vadier se serait paisiblement promené, sans
autre dégoût que les souvenirs du Palais, dans sa propriété de Peyroutet, dont l'étendue comprenait tout ce
que le regard pouvait embrasser, à l'ombre des noyers,
des platanes et des ormeaux qu'il avait plantés, à travers
les charmilles de vieux tilleuls, dans cette allée de mûriers
et de cerisiers qui l'eût doucement conduit à sa métairie
de Nicol, vers les coteaux du Lauragais.

On a parlé de la lâcheté de Vadier; les jugements des
historiens sont heureusement soumis à revision : en pro-
nonçant l'arrêt de mort du roi, avec ses collègues de la
Convention, ne se dévouait-il point aux pires supplices, si
les armées de l'Europe coalisée avaient triomphé? Pour
peu que l'on ait l'expérience des Assemblées vulgaires,
on sait quel courage est nécessaire à un homme pour y
émettre simplement son opinion. On pense ce qu'il en
fallait à la Convention. Or, comment taxer de lâcheté
l'homme qui dictait des ordres à Fouquier-Tinville; qui
tint tête à Danton et à Robespierre et eut raison de ces colosses; qui, devant la réaction triomphante, loin de courber la tête, se glorifia de ses actes révolutionnaires, et cela
à deux pas de Sanson, amené près la Haute-Cour de Ven-

dôme. Paul Sabatier, dans sa remarquable *Vie de François d'Assise*, tout en glorifiant l'apôtre angélique de la pauvreté et de l'amour, est amené incidemment à ces réflexions : « Les hommes de 93 sont encore tout près de nous, mais c'est à bon droit que la légende s'est emparée d'eux, et c'est pitié de voir ces hommes qui, dix fois par jour, avaient à prendre des résolutions où tout était en jeu, leur sort, celui de leurs idées et parfois celui de la patrie, jugés comme s'ils avaient été de bons bourgeois, ayant le loisir de discuter longuement chaque matin le vêtement à mettre ou le menu d'un dîner. La plupart du temps, les historiens n'ont aperçu sur eux qu'une partie de la vérité, car il n'y a pas eu seulement deux hommes en eux : presque tous sont à la fois poètes, démagogues, prophètes, tyrans, héros, martyrs. » Ce jugement, très sain, nous a d'autant plus frappé que l'admiration de saint François d'Assise ne prédispose pas spécialement l'esprit à l'indulgence envers les hommes qui eurent à soutenir de si rudes combats.

Un autre écrivain faisait à son tour, et très justement, la psychologie des conventionnels qui trouve, croyons-nous, son application chez Vadier : « Les géants de la Convention qui tenaient tête à l'Europe en armes et envoyaient leurs adversaires à la guillotine pour une simple contradiction étaient pourtant des hommes comme nous, chez lesquels les circonstances avaient simplement mis en jeu, des possibilités de caractère que nous possédons tous. C'étaient, au fond, d'honnêtes et pacifiques bourgeois comme nous, agités par les mêmes passions, et qui en temps ordinaire eussent probablement mené au fond de leur étude, de leur cabinet, de leur comptoir, l'existence la plus tranquille et la plus effacée. Des événements extraordinaires firent vibrer certaines fibres de leur cerveau, immobilisées à l'état ordinaire, et ils devinrent ces figures colossales que déjà la postérité ne comprend plus[1]. »

La Restauration avait excepté de la loi d'amnistie le vieillard octogénaire qui dût prendre en chaise à porteurs la route de l'exil. Il vécut douze années, entouré de l'affection des siens et du respect des Montagnards exilés, visitant l'atelier de Louis David, son ancien collègue du Comité de Sûreté générale, aimant à deviser en dialecte pyrénéen avec sa femme et son ami Barère, joyeusement et l'ironie aux lèvres.

Il nous a plu singulièrement de rencontrer, parmi les témoins qui assistaient au mariage de sa fille, les noms de Rude et de Barère : Rude, dont le ciseau génial devait fixer dans le marbre de l'Arc de Triomphe le rythme ailé de la *Marseillaise* et l'enthousiasme de nos armées républicaines ; Barère, cette autre figure énergique et charmante, étrangement méconnue et calomniée[2], qui, au milieu des soucis du gouvernement, connut du moins cette joie sublime d'être l'interprète vibrant des sentiments de la nation française auprès des héroïques soldats de la Révolution. Leurs chefs les entraînaient d'un mot : *Barère à la tribune!*

Ceux-là se sont trompés qui ont inventé deux Frances distinctes : une France de bandits et une France de héros ; l'une et l'autre furent en communion constante et parfaite pour lutter contre l'étanger. Les citoyens qui siégeaient dans les comités exprimaient en décrets, en mesures de

1. G. Le Bon. Rôle du caractère dans la vie des peuples ; *Revue scientifique*, 20 janvier 1894, p. 73.
2. Le jugement définitif sur Barère nous semble avoir été porté par le grand Carnot dans ses *Mémoires ;* c'est celui que nous adoptons de préférence aux récits des contre-révolutionnaires et des historiens anglais.

gouvernement, les sentiments qui vibraient indistinctement sur les bancs de la Convention, dans les clubs des
grandes cités, comme dans les rues des moindres villages
et aux bivouacs des volontaires.

C'est en terre étrangère que reposent, irritées d'un tel
exil, les cendres du caustique et farouche montagnard,
loin du pays dont pour sa large part il avait assuré l'intégrité contre les entreprises de l'Europe monarchique et
féodale. Souhaitons, sans trop l'espérer — l'homme étant
essentiellement un animal de combat — qu'au cycle douloureux et cruel des luttes sanglantes succède une période
ininterrompue de travail et de paix; mais on ne saurait
s'empêcher de constater l'injustice de la légende qui crée
pour l'an II deux Frances juxtaposées, l'une scélérate et
l'autre héroïque. Tous respirèrent du même souffle, à la
face du pays affranchi et de l'univers émancipé. A-t-on
oublié la joie des volontaires à défiler devant la Convention et leurs adresses pour terrasser l'ennemi du
dedans? A-t-on oublié les liens noués entre généraux et
représentants dans la fraternité des batailles? Lorsque
la coalition se rua sur nos frontières, les conventionnels,
bousculés par les événements, n'eurent guère le loisir de
philosopher : il fallait agir. Les circonstances auraient été
plus propices à la méditation, peut-être bien qu'ils n'eussent point changé de méthode. Il suffit de parcourir l'histoire[1] : la Terreur avait été utilisée par nos rois pour qui
l'extermination des adversaires fut un dogme consacré par
l'Église. Les républicains pouvaient inaugurer la politi-

1. Un exemple entre mille : M. l'abbé Léglise, membre de la
Société archéologique de Bordeaux, parlant dans une récente mono-
graphie de la commune de Monségur (Gironde), des exploits de
Monluc, assure « que ces exécutions sommaires étaient moins le
fait d'instincts sanguinaires que la mise en pratique d'un système

que évangélique[1], mais M. le comte Tolstoï n'avait point
encore prêché la bonne parole, et ces hommes eurent la
méchanceté noire de se défendre quand et comme on les
attaquait. Qu'ils se fussent contentés de battre les princes
et les armées de la coalition à plate couture, rien de
mieux. La monarchie avait tellement accoutumé le pays
aux défaites que les succès des armées de la République
allaient tout de même au cœur de ses plus violents adversaires. Mais que ces gens de peu, que ces gueux dignes
de la corde, aient eu l'audace de toucher à la hache pré-
torienne, l'outrecuidance ne dépassait-elle point les
bornes? Devenus les souverains et prenant leur rôle
au sérieux, ils s'adjugèrent sans façon les prérogatives
de la souveraineté : que ne tendaient-ils la joue gauche
dès que la droite fut frappée? On leur consacrerait
aujourd'hui de belles tirades posthumes, mais le peuple
serait mort de famine, la Révolution eût été balayée, la
royauté rétablie, la France démembrée.

L'enfance de Vadier, comme celle de ses compatriotes,
fut bercée par une légende locale se rapportant aux premiers âges du christianisme.

Écoutez la naïve histoire dans sa grâce touchante et sa
poétique simplicité.

Aux temps du paganisme, l'antique cité de Pamiers
adorait avec une ferveur ardente Mars et Vénus; la fille
du gouverneur, s'étant convertie à la foi nouvelle, fut

délibéré et froidement poursuivi pour éteindre la guerre civile en
peu de temps ».

1. M. Maurice Barrès ne partage point cette illusion : « Nul
événement historique ne se passe de brutalité. Taine qui pense que
l'évolution d'il y a cent ans aurait pu se faire pacifiquement se trompe.
Que l'on rêve de mener l'humanité par des pentes douces, c'est un
rêve qu'un esprit reconnaît illusoire tout en le caressant ». (*Cocarde*,
23 sept. 1891.)

condamnée à mort par son père et menée au supplice.
La tête tranchée, elle se dirigea vers le camp romain.
A chaque goutte de sang versé jaillissait une source claire
et vive : sur l'herbe ensanglantée courait, dans le chant
des oiseaux, l'eau pure et sacrée des Nymphes.

Ainsi mourut Natalène.

Le souvenir de cette jeune chrétienne revint peut-être
à l'esprit du farouche lutteur, après l'orage révolutionnaire, lorsqu'il se demandait, sans doute avec anxiété,
pourquoi le sang et les larmes marquent toute lumineuse
étape de l'humanité vers la civilisation et le progrès.

FIN.

TABLE DES MATIÈRES

Pages

PRÉFACE, par M. Jules Claretie. 5

AVANT LA TERREUR.

CHAPITRE I. — AVANT LES ÉTATS-GÉNÉRAUX.

Le gouvernement révolutionnaire. — Un homme de gouverne-
ment. — Vadier. — Police politique sous l'ancien régime. —
La Sûreté générale sous la Révolution. — Les ascendants de
Vadier. — L'évêque François de Camps. — M. de Verthamon.
— Vadier écolier. — Vadier volontaire et officier d'infanterie.
— Le régiment de Piémont à la bataille de Rosbach. — Vadier
agriculteur. — Vadier conseiller au présidial. — Les prési-
diaux sous l'ancien régime. — Une exécution capitale en 1772.   12

CHAPITRE II. — A LA CONSTITUANTE.

Un placard séditieux. — Vadier député aux États-Généraux. —
La ville de Pamiers et le comté de Foix. — Création du département de l'Ariège. — La Révolution à Pamiers. — Opinion de Vadier sur l'affaire de Pamiers. — Lettres de Vadier
à la municipalité. — Création d'un tribunal de commerce. —
Discours contre l'inviolabilité royale. — Rétractation de Vadier. — Invectives de Marat. — Discours contre la création

Pages

d'une garde royale. — Vadier désigné à la reconnaissance publique. — Retour triomphal à Toulouse et à Pamiers. 49

CHAPITRE III. — PENDANT LA LÉGISLATIVE.

Vadier président du tribunal de district. — Lettre de Vadier à Maximilien Robespierre. — Lettre de Danton. — Vadier nommé député à la Convention nationale. — Iconographie de Vadier. — Portraits du conventionnel. 79

PENDANT LA TERREUR.

CHAPITRE I. — VADIER A LA CONVENTION.

Les pauvres de Paris. — Jugement du Roi. — Discours de Vadier. — Inviolabilité royale. — Les Girondins. — Opinion de Vadier sur Marat. — Menées fédéralistes à Toulouse et Nancy. — Les armées révolutionnaires et les agents nationaux. — Placard contre Condorcet. — Les Dantonistes. — Fabre d'Eglantine et Philippeaux. — Inviolabilité des représentants. — Vadier président de la Convention. — Les régicides. — Le beau-père de Camille Desmoulins. — Mise en liberté de Thomas Payne. — La Commune de Paris. — Haine à l'Angleterre. — Les hommes de couleur. — Accolade fraternelle du président. — Le notaire Chaudot. — Procès de Danton. — Notes de Courtois de l'Aube. — Imprécations de Danton contre Vadier. — Altercation avec David. — Vadier au tribunal révolutionnaire. — Apostrophe du *Vieux Cordelier*. — Vadier président du Club des Jacobins. — Les prêtres. — La liberté des laboureurs. — Le tribunal révolutionnaire. — Lutte contre Robespierre. — Loi du 22 prairial. — Opinion de Condorcet sur Robespierre. — Lutte entre les Comités de Sûreté générale et de Salut public. — Rapport sur l'affaire Catherine Théos. — Explications complémentaires de Senart. — Défense du Comité de Sûreté générale. — Vadier contre Robespierre. — Discours des 8 et 9 thermidor. — Poésie en dialecte ariégeois de Taschereau de Farges. — Dénonciation de Lecointre. — Réponse de Vadier à Lecointre. — Rapport de Saladin. — Disparition de Vadier. — Décret de déportation du 12 germinal. — Amnistie du 4 brumaire an IV. 87

CHAPITRE II. — LA TERREUR DANS L'ARIÈGE.

Pages

La dictature de l'an II. — La mission de Chaudron-Rousseau à
l'armée des Pyrénées-Orientales. — Le portefeuille d'un proconsul. — Trahisons en face de l'ennemi. — Les Comités de
surveillance. — Listes de suspects pour une commune; —
pour un département. — Lettres du représentant Clauzel; —
du fils Vadier; — du président du Comité de Sûreté générale
au représentant Chaudron-Rousseau. — Portrait graphologique de Vadier. — Lettres de Vadier à Fouquier-Tinville. —
Les quatorze condamnés de l'Ariège. — Transfert des prisonniers à Paris. — Accusations contre Vadier. — Entrevue de
Vadier avec le fils d'une des victimes. — Les parents des victimes. — Calomnies de Senart et de Vilatte. — Bibliographie
relative à Vadier. — Vadier se défend. — La petite Vendée
pyrénéenne.   175

APRÈS LA TERREUR.

CHAPITRE I. — L'AGITATION JACOBINE SOUS LE DIRECTOIRE.

Le café Chrétien. — La Société du Panthéon. — La *Chanson des
Égaux*. — Fermeture des clubs. — Arrestation de Drouet et
de Babœuf. — Le terroriste Baby. — Attaque du camp de Grenelle. — Un déjeuner chez Lakanal. — Jugement et exécution
de Baby. — La dénonciation de Lakanal.   245

CHAPITRE II. — ARRESTATION DE VADIER.

Départ pour Toulouse. — Lettres de la gouvernante de Vadier.
— Arrestation de Vadier. — Son interrogatoire devant le directeur du jury de la Haute-Garonne. — Interrogatoire du fils
de Vadier. — Divergence d'opinion entre les autorités locales.
— Vadier ramené à Paris par courrier extraordinaire. — Interrogatoire devant le ministre de la police. — Comparution
devant le président du jury d'accusation de la Seine. — Lettre
justificative de Vadier. — Son voyage à pied de Paris à Toulouse. — Un entretien de Vadier avec le chanteur royaliste
Ange Pitou.   259

CHAPITRE III. — LA HAUTE-COUR DE VENDÔME.

Chefs d'accusation contre Vadier. — Transfert à Vendôme. —
Le fils de Vadier demande à défendre son père. — Refus du

Pages

Conseil des Cinq-Cents. — Interrogatoire de Vadier par le président de la Haute-Cour. — L'accusateur national Bailly. — Défense de Vadier. — La parole lui est enlevée. — Acquittement de Vadier. — Le décret de déportation. — Appréciation de Buonarroti. — Dévouement de la seconde femme de Vadier. — Départ pour Cherbourg. — Au fort de l'île Pelée. — Régime des prisonniers d'État sous le Directoire. — Élargissement de Vadier 287

CHAPITRE IV. — VADIER SOUS L'EMPIRE.

Le salon du conventionnel Chasles. — Les conventionnels survivants. — Souvenirs de Philarète Chasles. — Un procès civil. — Testament de Vadier. — Domiciles successifs de Vadier. — La famille de Vadier. — Les enfants et la seconde femme de Vadier 303

CHAPITRE V. — EXIL ET MORT DE VADIER.

Exception à la loi d'amnistie. — Les préfets de la Restauration. — En route pour l'exil. — Tolérance du gouvernement des Pays-Bas. — Mariage de Mlle Vadier. — Existence retirée de Vadier à Bruxelles. — Vadier et le futur général Chazal. — Épithalame en l'honneur de Mme Rude. — Relations en exil. — Mort de Vadier. — Psychologie des conventionnels. — Appréciation générale. — La légende de Natalène 323

FIN DE LA TABLE DES MATIÈRES.

IMPRIMERIE E. FLAMMARION, 26, RUE RACINE, PARIS.